بسم الله الرحمن الرحيم

دراســـات في
الإدارة المدرسية

محفوظة
جميع الحقوق

المملكة الأردنية الهاشمية

رقم الإيداع لدى دائرة المكتبة الوطنية

(2009/5/1657)

371.2

❖ السميح ، عبد المحسن بن محمد
❖ دراسات في الإدارة المدرسية / عبد المحسن بن محمد السميح
-عمان : دار الحامد للنشر ، 2009.
( ) ص.
❖ ر . أ : (2009/2/5/1657).
❖ الواصفات : /الإدارة المدرسية//التربية/

❖ أعدت دائرة المكتبة الوطنية بيانات الفهرسة و التصنيف الأولية.

• (ردمك) ISBN 978-9957-32-451-3

دار الحامد للنشر والتوزيع

شفا بدران – شارع العرب مقابل جامعة العلوم التطبيقية

هاتف : 5231081 -00962 فاكس 5235594 – 00962

ص . ب . (366) الرمز البريدي : (11941) عمان – الأردن

Site : www.daralhamed@net E-mail : info@daralhamed.net

E-mail : daralhamed@yahoo.com E-mail : dar_alhamed@hotmail.com

دراســـــات
في
الإدارة المدرسية

الأستاذ الدكتور

عبد المحسن بن محمد السميح

أستاذ الإدارة والتخطيط التربوي

قسم التربية بجامعة الإمام محمد بن سعود الإسلامية

الطبعة الأولى

1431هـ - 2010م

المحتويات

الدراسة الثالثة

أساليب إدارة الصراع التنظيمي
لدى مشرفي الإدارة المدرسية في ضوء معوقات عملهم

مقدمة الكتاب

الحمد لله وكفى، والصلاة والسلام على الرسول المصطفى، وعلى آله وصحبه ومن بالأثر اقتفى، وبعد،،،

فيقول الله عز وجل (وَمَا أُوتِيتُمْ مِنَ الْعِلْمِ إِلَّا قَلِيلًا) [سورة الإسراء، آية: 85]. ويقـول الرسـول صلى الله عليه وسلم: **(من سَلَكَ طريقاً يلتمس فيه عِلْماً سَهّلَ الله له طريقاً إلى الجنّة)** [رواه الترمذي برقم 2646].

أيها القارئ الكريم هذا الكتاب - جهد المقل - تمثل في خمس دراسات علمية أجريت لتطوير الإدارة المدرسية، نشرت في مجلات علمية محكمة، كانت **الدراسة الأولى تتعلق بمهام المرشد الطلابي بين الأهمية والممارسة، والدراسة الثانية سلطت الضوء على الإدارة المدرسية في مواجهة مظاهر الانحراف الأمني في المدارس الثانوية، والدراسة الثالثة ركزت على أساليب إدارة الصراع التنظيمي لدى مشرفي الإدارة المدرسية في ضوء معوقات عملهم، والدراسة الرابعة ناقشت ضغوط العمل لدى المعلمين وعلاقتها بالسلوك القيادي لدى المديرين، أما الدراسة الخامسة فقد ربطت بين الالتزام التنظيمي وعلاقته بالرضا الوظيفي لدى المديرين.**

جُمعت هذه الدراسات العلمية بين دفتي هذا الكتاب لتكون مساعداً ومعيناً لطلبـة العلـم التربويين وبالذات المتخصصين في الإدارة والتخطيط التربوي.

أسأل الله عز وجل أن يكون هذا الكتاب خالصاً لوجهه الكريم، وأن يحقق الهدف بأن يكون لبنة من لبنات تطوير الإدارة المدرسية، ومعيناً للباحثين والمهتمين، ومنيراً لطريق طلبة الدراسات العليا.

أ.د. عبد المحسن بن محمد السميح

1430/4/1هـ

الدراســـة الأولى

مهام المرشد الطلابي بين الأهمية والممارسة
دراسة ميدانية على مديري ومرشدي مدارس التعليم العام
بمنطقة الرياض التعليمية

ملخص الدراسة

تظهر الحاجة إلى مثل هذه الدراسة انطلاقا من التطور الحديث لمفهوم الإدارة المدرسية ولمفهوم التوجيه والإرشاد، اللذين استمدا تطورهما من تطور مفهوم التربية والتعليم من نقل المعرفة من جيل إلى جيل إلى الاهتمام بتربية الطلاب التربية الروحية والوجدانية والاجتماعية والعقلية والجسمية. ومن هذا المنطلق تظهر أهمية التوجيه والإرشاد الطلابي ويظهر تطور مفهومه من كونه كماليا إلى أمر أساس تعول عليه كثيرا الإدارة المدرسية في تحقيق أهدافها التربوية والتعليمية.

وقد هدفت هذه الدراسة إلى التعرف على مهام المرشد الطلابي ذات الأهمية الكبرى والصغرى من وجهة نظر مديري المدارس والمرشدين الطلابيين، وكذلك التحقق من مهام المرشد الطلابي ذات الممارسة الكبرى والصغرى، وبيان الأثر الإحصائي لاختلاف بعض السمات الشخصية المهمة للمديرين والمرشدين في تحديد درجة ممارسة مهام المرشد الطلابي، وأخيرا ترتيب أهم عشر معوقات تحول دون ممارسة المرشد لمهامه في التوجيه والإرشاد الطلابي من خلال وجهة نظر الفئتين. وقد لخصت الدراسات السابقة، وصممت استبانة من أجل تحقيق تلك الأهداف، وعليه فقد توصلت هذه الدراسة إلى نتائج تتعلق بأهمية وممارسة مهام المرشد الطلابي وكذا معوقات عمله من خلال وجهتي نظر مديري ومرشدي مدارس التعليم العام بمنطقة الرياض، كما قدمت الدراسة عدة مقترحات وتوصيات للرقي بعمل المرشد الطلابي وتفاعل مديري المدارس معه تأكيدا للحاجة إلى تفعيل مفهوم التوجيه والإرشاد الطلابي في مدارس التعليم العام بمنطقة الرياض، وباقي المناطق التعليمية بالمملكة.

مقدمة

تحاول هذه الدراسة الكشف عن وجهات نظر مديري ومرشدي مدارس التعليم العام بمنطقة الرياض في المملكة العربية السعودية حول أهمية وممارسة مهام المرشد الطلابي، تلك المهام التي حددتها وزارة المعارف -التربية والتعليم حاليا- فيما أسمته "القواعد التنظيمية لمدارس التعليم العام، 1420هـ ص19-20".

يحظى التوجيه والإرشاد الطلابي بأهمية كبيرة تمثلت باهتمام رجال التربية والتعليم – على سبيل المثال- بالمملكة العربية السعودية منذ إنشاء وزارة المعارف أو التربية والتعليم -حاليا- عام 1373هـ الموافق عام 1953م، إلا أن الانطلاقة الحقيقية والبداية التخطيطية لعملية التوجيه والإرشاد الطلابي كانت عام 1401هـ الموافق 1981م حين استقل التوجيه والإرشاد الطلابي بإدارة عامة عن إدارة التربية الاجتماعية.

فالمرشد الطلابي بخلفيته العلمية وخبرته الميدانية يقدم خدمات تربوية وإرشادية لجميع العاملين والمتواجدين بالمؤسسة التربوية من طلاب ومعلمين وإداريين بل وجميع المشاركين في العملية التعليمية. فدور المرشد الطلابي في المدرسة دور حيوي، هدفه الكبير تحقيق التوافق النفسي والتربوي والاجتماعي والمهني لبناء شخصية إسلامية سوية ينعم بها طلاب مدارس التعليم العام بالمملكة. فعملية التوجيه والإرشاد عموما هي "إنسانية تتضمن مجموعة من الخدمات التوجيهية والإرشادية التي تقدم للأفراد أينما كانوا بهدف تحقيق التوافق والصحة النفسية والإنتاجية والفاعلية والكفاءة، سواء قدمت هذه الخدمات بشكل مباشر أو غير مباشر ما دامت تهدف إلى بناء الإنسان السوي الفعال ومساعدته في تحقيق أهدافه وغايات وجوده" (عقل، 1417هـ ص24). أما عملية التوجيه والإرشاد الطلابي خصوصا فهي نشاط تربوي يهدف إلى مساعدة الطلاب وعلى التكيف مع المشكلات المدرسية (عقل، 1417هـ ص4).

ومما لا شك فيه أن مفهوم التربية والتعليم وكذا مفهوم الإدارة المدرسية قد تطور حديثا، والإسهام في بلورة هذا التطور يكون بطرق شتى، منها تحقيق التوجيه والإرشاد الطلابي لمهامه. فمفهوم التربية والتعليم والإدارة المدرسية تطورا بسرعة هائلة، فالمدرسة

ليست فقط مكانا لطلب العلم أو نقل المعرفة من جيل إلى جيل دون النظر في حاجات ذلك المتعلم الروحية والوجدانية والاجتماعية والعقلية والجسمية. وعليه فدور الإدارة المدرسية الحديثة سخر لخدمة تحقيق هذه الجوانب المهمة لطلاب الغد، فلم تعد إدارة المدرسة إدارة تقليدية أبدا. أوضح (زهران، 1982م، ص26) "أنه لا يمكن التفكير في التربية والتعليم بدون التوجيه والإرشاد، ولا يمكن الفصل التام بين التربية والتعليم وبين التوجيه والإرشاد". ومن هذا المنطلق وغيره، تظهر أهمية هذه الدراسة، وفيما يلي تلخيص لأهمية هذه الدراسة.

أهمية الدراسة:

تظهر أهمية هذه الدراسة من وجوه عدة، لعل من أهمها كون هذه الدراسة محاولة لـ:

1. التعرف على أكثر وأقل مهام المرشد الطلابي أهمية من خلال وجهة نظر مديري مدارس التعليم العام ومن خلال وجهة نظر المرشدين الطلابيين.

2. التأكد من أكثر وأقل المهام ممارسة في المدارس من قبل المرشدين الطلابيين، عن طريق الكشف عن وجهة نظر مديري المدارس والمرشدين الطلابيين.

3. الوصول إلى ترتيب أهم عشر معوقات تحول دون ممارسة المرشد الطلابي لمهامه الموكلة إليه من خلال وجهة نظر الفئتين.

4. تحقيق مبدأ التعاون بين مختلف أطراف العملية التعليمية لا سيما الإدارة المدرسية والإرشاد الطلابي، ذلك التعاون المبني على فهم كل طرف لدوره، والتعامل الإيجابي مع هذا الفهم يساعد بالضرورة على تحقيق التعاون.

5. مساعدة الإدارة العامة للتوجيه والإرشاد الطلابي بوزارة التربية والتعليم بالمملكة العربية السعودية ومثيلاتها في الدول العربية على معرفة واقع مهام المرشد الطلابي التي تطبق رسميا منذ عام 1420هـ لكون هذه الإدارة هي المسؤولة عن التخطيط والتطوير والإشراف والمتابعة والتقويم لكافة برامج التوجيه والإرشاد الطلابي في مدارس التعليم العام بالمملكة.

6. المساهمة في بناء المفهوم الحديث للإدارة المدرسية -المواكب لتطور مفهوم التربية والتعليم- من خلال الارتباط الوثيق بين التوجيه والإرشاد الطلابي وبين الإدارة المدرسية.

أهداف الدراسة:

تشتمل هذه الدراسة على جملة من الأهداف، منها ما يلي:

1. التعرف على مهام المرشد الطلابي ذات الأهمية الكبرى والصغرى من وجهة نظر الفئتين؛ مديري المدارس والمرشدين الطلابيين.

2. التحقق من مهام المرشد الطلابي ذات الممارسة الكبرى والصغرى من وجهة نظر الفئتين.

3. بيان الأثر الإحصائي لاختلاف المرحلة التعليمية، والوظيفة، والخبرة في مجال العمل للمديرين والمرشدين الطلابيين على تحديد درجة ممارسة مهام المرشد الطلابي في المدارس.

4. حصر وترتيب أهم عشر معوقات تحول دون ممارسة المرشد الطلابي لمهامه في التوجيه والإرشاد الطلابي من خلال وجهة نظر الفئتين.

أسئلة الدراسة:

إن هذه الدراسة تحاول الإجابة على الأسئلة التالية:

1. ما مهام المرشد الطلابي ذات الأهمية الكبرى والصغرى من وجهة نظر فئتين مهمتين هما المديرون والمرشدون؟

2. ما مهام المرشد الطلابي ذات الممارسة الكبرى والصغرى من وجهة نظر الفئتين؟

3. هل تختلف وجهات نظر الفئتين باختلاف المرحلة التعليمية، والوظيفة، والخبرة في مجال العمل تجاه ممارسة مهام المرشد الطلابي؟

4. ما ترتيب أهم عشر معوقات تحول دون ممارسة المرشد الطلابي لمهامه في الإرشاد الطلابي من وجهة نظر الفئتين؟

الدراسات السابقة:

تزخر المكتبة العربية بالكثير من الدراسات النظرية للتوجيه والإرشاد الطلابي، وتعاني النقص من الدراسات الميدانية في المجال نفسه، ومنها ندوة الإرشاد النفسي والتربوي التي عقدت في دولة الكويت (1984م)، وندوة التوجيه والإرشاد الطلابي في التعليم التي عقدت عام (1990م) بالرياض تحت رعاية الجمعية السعودية للعلوم التربوية والنفسية (جستن). ومن ذلك أيضا دراسات قام بها مكتب التربية لدول الخليج العربي، ودراسات أخرى كان لجميعها -النظري والعملي الميداني- الأثر الإيجابي في تقدم مسيرة التوجيه والإرشاد الطلابي في المدارس، وفي تبلور مفهوم التوجيه والإرشاد الطلابي. ومع هذا الاهتمام بدراسات الإرشاد الطلابي فإن الباحث لم يعثر على دراسة تبين رأي مدير المدرسة والمرشد الطلابي في مهام المرشد وترتيبها من وجهة نظرهما أخذا بعين الاعتبار درجة الأهمية ودرجة الممارسة اليومية لتلك المهام. أي لم يعثر على دراسة تؤصل العلاقة بين الإرشاد الطلابي والإدارة المدرسية، تلك العلاقة التي يجب أن يعمل على تطويرها وتحسينها كل مرتبط بالعملية التعليمية.

من دراسات ندوة الإرشاد النفسي والتربوي التي عقدت في الكويت دراسة (داود، 1984م) التي تناول فيها واقع تجربة الإرشاد والتوجيه المهني للمدارس المتوسطة في محافظة البصرة بالعراق. وقد خرجت هذه الدراسة بأن نسبة الطلبة الذين شملتهم الخدمات التوجيهية والإرشادية فقط 10.9٪ من مجموع العدد الكلي لطلاب العام الدراسي 1983/82م. وقد أوضحت الدراسة أن معظم المشكلات التي عالجها المرشدون التربويون تركزت في المشكلات الدراسية والأسرية والنفسية والصحية والاجتماعية. كما أن هناك دراسة أخرى حاولت التعرف على واقع التوجيه والإرشاد التربوي بدولة الكويت وسبل تخطيط طلاب المرحلة المتوسطة لمستقبلهم التعليمي والمهني التي قام بها (الفراء، 1984م). من النتائج المهمة لهذه الدراسة أن أكثر من 73٪ من الطلاب يناقشون مستقبلهم في المحيط الأسري، يلي ذلك محيط زملاء الدراسة، ثم مع مدير المدرسة بنسبة لم تتجاوز 4٪، أما المرشد الطلابي فكانت نسبة استشارته صفر٪. وهنا يتبين بوضوح انحسار دور المرشد الطلابي في تلك الفترة على الأقل فلم يستشره أحد من الطلاب في

مستقبله وذلك ناتج عن أسباب كثيرة منها عدم معرفة دور ومهام المرشد الطلابي في المدرسة.

ومن الدراسات الميدانية التي قدمت لندوة التوجيه والإرشاد الطلابي في التعليم التي عقدت عام (1990م) بمنطقة الرياض بالمملكة العربية السعودية دراسة استطلاعية لواقع برامج التوجيه والإرشاد الطلابي قام بها (الزهراني، 1410هـ). اشتملت عينة هذه الدراسة على (45) مرشدا طلابيا من منطقة الطائف التعليمية، الذين بينوا أن دور الإدارة المدرسية تجاه دعم برامج التوجيه والإرشاد الطلابي دون المستوى الإيجابي بسبب عدم إدراك إدارة المدرسة لطبيعة عمل مرشدي الطلاب. وخرجت هذه الدراسة بنتيجة مهمة تمثلت في أن المرشد الطلابي يكلف بأعمال إضافية لا علاقة لها بالتوجيه والإرشاد الطلابي. وهناك دراسة ميدانية أخرى قام بها (الشناوي، 1410هـ) بهدف تحليل مهني لعمل ستين مرشدا طلابيا، وخرجت هذه الدراسة بالعديد من الصعوبات الإدارية التي يعاني منها المرشدون ومن أهمها عدم تفهم مديري المدارس والمعلمين لطبيعة عمل الإرشاد، إضافة إلى تكليف المرشد الطلابي بأعمال إضافية غالبها إدارية، وعدم تعاون المعلمين مع المرشد الطلابي في أداء عمله نتيجة لعدم فهمهم لطبيعة عمله.

ومن الدراسات الميدانية أيضا الدراسة التي قام بها (النافع، 1412هـ) الذي حاول التعرف على واقع التوجيه والإرشاد المهني لطلاب المرحلة المتوسطة والثانوية بمنطقة الرياض. وتبين أن واقع التوجيه والإرشاد المهني فيما يخص الطلاب أنه يراعي الفروق الفردية بين الطلاب، ويبصر الطلاب بمستقبلهم المهني، ويعرفهم بالتخصصات والمهن التي بالإمكان الانخراط فيها، أما فيما يخص عمل المرشدين فهم يشاركون في الأعمال الإدارية كثيرا، ويعانون من عدم توفر الإمكانات اللازمة لممارسة أعمالهم الإرشادية. وقد قام مؤخرا (الدهام، 1420هـ) بدراسة ميدانية لقياس مدى فاعلية مديري المدارس في مجال التوجيه والإرشاد الطلابي، وكان من أبرز النتائج أن أكثر فاعلية مديري المدارس في مجال الخدمات الإرشادية تمثلت في معالجة السلوك السلبي داخل المدرسة، وتعزيز السلوك الإيجابي بين الطلاب، والاهتمام بتقديم غذاء صحي للطلاب من خلال المقصف المدرسي. أما أقل فاعلية مديري المدارس في مجال رعاية الخدمات الإرشادية فكانت في

تعريف الطلاب ببعض المهن المتوفرة في المجتمع، وعقد محاضرات دينية بالمدرسة، وتنمية الاتجاهات الإيجابية نحو المهن المختلفة.

كانت تلك بعض الدراسات السابقة في مجال التوجيه والإرشاد الطلابي خاصة فيما يخص علاقة هذا المجال بالإدارة المدرسية، وقد استفاد الباحث من نتائج هذه الدراسات ووظفها في حدود نطاق الدراسة الحالية. كما استفاد الباحث من الدراسات السابقة في بناء استبانة هذه الدراسة. وتجدر الإشارة إلى أن أيا من الدراسات السابقة لم يتطرق إلى معرفة رأي الإدارة المدرسية والإرشاد الطلابي في مهام المرشد الطلابي من حيث الأهمية والممارسة، وكذلك معوقات عمل المرشد الطلابي من وجهة نظر الفئتين أيضا.

منهج الدراسة:

استخدم الباحث في هذه الدراسة منهج المسح الاجتماعي بأداته الاستبانة أو المشهورة بالاستبيان (Questionnaire). وقد أوضحت (العرابي، 1990م، ص95) في معرض تأصيلها للمسح الاجتماعي أنه استخدم هذا المصطلح في بريطانيا ليشير إلى البحوث الميدانية، تلك البحوث التي تهدف إلى الكشف عن مدى المشكلة موضوع الدراسة، وتحديد الاحتياجات وتوجيه التخطيط الجديد وفقا للنتائج الواقعية، فالمسح الاجتماعي يحاول وضع التفسير العلمي للظواهر الاجتماعية وغيرها في ضوء الدراسات الواقعية الميدانية المستندة إلى التحديد الكمي الدقيق لمدى المشكلة، والكشف عن الارتباطات الإحصائية بينها وبين غيرها من المتغيرات (العرابي، 1990م، ص 96).

ومع أن المسح الاجتماعي يؤخذ عليه الشمولية وعدم الاهتمام بالتحليل والعمق، إلا أنه يمكن التغلب على ذلك بإجراء الدراسات الأولية الاستكشافية للظاهرة المراد دراستها، ومن ثم الوصول إلى الصيغة النهائية لأسئلة الاستبانة، أو أن الباحث يعزز معلوماته بأداة أخرى كالمقابلة أو الملاحظة (عبيدات، 1989م، ص205). وهكذا فقد تغلب الباحث على بعض قصور المسح الاجتماعي بإجراء الدراسة الأولية على عينة من المديرين والمرشدين، وكذا أجرى مقابلات مع نسبة لا بأس بها من المديرين والمرشدين الطلابيين،

ومع بعض وكلاء المدارس القائمين بأعمال الإرشاد، وذلك في محاولة لتفادي القصور الممكن حدوثه بسبب تطبيق منهج المسح الاجتماعي.

مجتمع وعينة الدراسة وأداتها:

تشكلت عينة هذه الدراسة من مديري مدارس التعليم العام والمرشدين الطلابيين بمنطقة الرياض في الفصل الدراسي الثاني من العام الدراسي 1424/23هـ البالغ عددهم (1652) مديرا ومرشدا طلابيا، (وزارة المعارف، 1423هـ). اختير منهم عينة ممثلة بطريقة العينة الطبقية العشوائية قوامها (165)، أي ما نسبته 10٪ منهم، وقد تجاوب منهم (90) مديرا ومرشدا، أي بنسبة قدرها 54.5٪ منهم. يشير (أبو زينة، وعوض، 1988م، ص28) إلى أن نسبة العينات في الدراسات المسحية تكون20٪ من أفراد المجتمع الكلي إذا كان عدد أفراد هذا المجتمع معتدلا ما بين (500-1000)، وتقل هذه النسبة كلما كبر حجم المجتمع الأصلي. وعليه، فإن النسبة التي استطاعت أن تحصل عليها هذه الدراسة تعد متمشية مع ما قرره (أبو زينة وعوض، 1988م)، وكذلك نسبة العائد من الاستبانة تعد مرتفعة إذ عاد منها ما يفوق النصف بقليل، علما أن "كوهين ومانيون" أوضحا أن المعدل للاستبانات العائد ة عادة ما يكون أربعين بالمائة (Cohen & Manion, 1994, P 99).

الجدول رقم (1)

عدد مديري ومرشدي المدارس

مقارنة بعدد الاستبانة الموزعة والعائدة

العدد الكلي للعينة		عدد الاستبانة الموزعة		عدد الاستبانة العائدة	
العدد	٪	العدد	٪	العدد	٪
1652	100	165	10	90	54.5

الجدول السابق يوضح العدد الكلي لأفراد العينة من المديرين والمرشدين الطلابيين في مدارس التعليم العام بمنطقة الرياض، وكذلك يبين الأعداد والنسب المئوية للمشاركين في هذه الدراسة من الفئتين: المديرين والمرشدين. وكما تبين من ذي قبل في منهج

الدراسة بأن الباحث اعتمد الاستبانة أداة لجمع البيانات المطلوبة، وقد قسم الباحث الاستبانة إلى أربعة أجزاء رئيسة، هي: المعلومات العامة كالمرحلة التعليمية والمستوى التعليمي وعدد سنوات الخبرة، والجزء الأوسط تضمن مهام المرشد الطلابي، وطلب من العينة - مديرين ومرشدين- تحديد درجة الأهمية والممارسة لكل مهمة، وفي الجزء الثالث طلب منهم ترتيب أهم عشر معوقات لعمل المرشد الطلابي، أما الجزء الأخير فقد ترك مفتوحا للمقترحات والملحوظات.

أما بالنسبة لصدق الأداة فقد اعتمد الباحث على الصدق الظاهري لفقرات الاستبانة، إضافة إلى صدق المحكمين، حيث عرض الباحث الاستبانة في صورتها الأولية على مجموعـة مـن أصحـاب الاختصاص لتحكيمها والتأكد من أن الأداة تقيس ما وضعت لأجله، وقد أخذ الباحث بوجهات نظر المحكمين. أما بالنسبة للثبات فقد تم حساب ثبات مجمل عبارات الأداة باستخدام معامـل ألفـا وكانت قيمته (0.96) وهي دالة إحصائيا وفي مستوى يسمح بالاطمئنان إلى ثبات الأداة.

نتائج المعلومات العامة:

يتضح من الجدول رقم (2) أعداد المدارس الابتدائية والمتوسطة والثانوية المشاركة بالدراسة، حيث كانت نسبة المدارس المتوسطة والثانوية 35.6٪ لكل منهما، أما المرحلة الابتدائية فقد كانت نسبة المشاركة منها 28.8٪. كما يتضح من الجدول أن عدد المشاركين في الدراسة مـن المـديرين 45 وكذلك من المرشد الطلابيين.

جدول رقم (2)
المراحل التعليمية المشاركة بالدراسة

المجموع		المدرسـة						الوظيفة
		ثانوي		متوسط		ابتدائي		
%	العدد	%	العدد	%	العدد	%	العدد	
100	45	35.6	16	35.6	16	28.8	13	مدير
100	45	35.6	16	35.6	16	28.8	13	مرشد
100	90	35.6	32	35.6	32	28.8	26	المجموع

جدول رقم (3)
المستوى التعليمي للمشاركين بالدراسة

المجموع		المستوى التعليمي						الوظيفة
		فوق الجامعي		جامعي		أقل من جامعي		
%	العدد	%	العدد	%	العدد	%	العدد	
100	45	4.4	2	91.2	41	2.2	2	مدير
100	45	6.7	3	93.3	42	0	0	مرشد
100	90	5.6	5	92.2	83	2.2	2	المجموع

يتبين من الجدول السابق ذي الرقم (3) الدرجة العلمية الحاصل عليها المشاركون في هـذه الدراسة، فالنسبة العظمى منهم حاصلون علـى الشهادة العلميـة الجامعيـة أي بنسبة 93.3% للمرشدين، ونسبة 91.2% للحاصلين عليها من المديرين، وعلى ذلك فمجموع نسبة الحاصلين علـى الشهادة الجامعية من الفئتين بلغ 92.2%. أما الحاصلون على شهادة علمية هي أقل مـن الجامعيـة فتركزت لدى المديرين بنسبة ضئيلة قوامها 2.2%، ولم يشـارك في الدراسة أي مرشد طلابي درجتـه العلميـة أقل من جامعية، ممـا يـدلل علـى حسـن اختيـار المرشدين الطلابيين مـن ذوي الكفـاءات العلمية العالية. ويوضح ذلك أيضا نسبة الحاصلين علـى شهادة فـوق الجامعيـة إمـا الماجستير أو الدكتوراه فقد وصلت في حق المرشدين إلى 6.7%، بينما وصلت في حق المديرين إلى 4.4%.

جدول رقم (4)
الخبرة في مجال العمل الحالي للمشاركين بالدراسة

المجموع		الخبرة في مجال العمل الحالي								الوظيفة
		16 فأكثر		من 11 إلى 15		من 6 إلى 10		5 سنوات فأقل		
%	العدد	%	العدد	%	العدد	%	العدد	%	العدد	
100	45	22.2	10	26.7	12	40	18	11.1	5	مدير
100	45	0	0	15.6	7	64.4	29	20	9	مرشد
100	90	11.1	10	21.1	19	52.2	47	15.6	14	المجموع

يوضح الجدول رقم (4) سنوات الخبرة في مجال الإدارة أو الإرشاد للمشاركين في الدراسة التي صنفت إلى أربع مجموعات، وكانت نتائجها على النحو التالي: 40٪ من المديرين و64.4٪ من المرشدين تراوحت سنوات خبرتهم بين ست وعشر سنوات، مكونة بذلك أعلى نسبة بين الفئتين قوامها 52.2٪. يلي ذلك المجموعة الثالثة من إحدى عشرة إلى خمس عشرة سنة حيث بلغت 21.1٪ محققة نسبة أعلى للمديرين إذ بلغت 26.7٪ وللمرشدين 15.6٪. أما المجموعة الأولى -خمس سنوات فأقل- فقد جاءت في الترتيب الثالث بنسبة بلغت 15.6٪ محققة نسبة أعلى للمرشدين حيث وصلت إلى 20٪ وللمديرين 11.1٪. وجاءت المجموعة الرابعة -ست عشرة سنة فأكثر- في الترتيب الأخير وتفرد بها المديرون دون المرشدين بنسبة بلغت للفئتين11.1٪ أما فيما يخص المديرون فقط فقد وصلت إلى 22.2٪. وعليه، يتضح من نتائج هذا الجدول المخصص للخبرة في مجال عمل المشاركين بالدراسة أنهم أصحاب خبرات لا يستهان بها في مجال التربية والتعليم بشكل عام، وفي الإدارة المدرسية وفي التوجيه والإرشاد الطلابي بشكل خاص.

جدول رقم (5)

التخصص العلمي للمشاركين بالدراسة

الوظيفة	التخصص								المجموع	
	تربية إسلامية ولغة عربية		اجتماعيات		علم نفس واجتماع ...		رياضيات وعلوم وفنية وبدنية			
	العدد	٪	العدد	٪	العدد	٪	العدد	٪	العدد	٪
مدير	19	43.2	9	20.5	5	11.4	11	25	44	100
مرشد	16	35.5	10	22.2	4	8.9	15	33.4	45	100
المجموع	35	39.3	19	21.3	9	10.2	26	29.2	89	100

يبين الجدول رقم (5) التخصصات العلمية للمديرين والمرشدين المشاركين بهذه الدراسة حيث قسمت إلى أربع تخصصات رئيسة، جاءت النسب متوزعة بين هذه التخصصات بفارق نسبي ليس بالكبير لصالح تخصصات التربية الإسلامية واللغة العربية

حيث بلغت نسبة المديرين والمرشدين المشاركين بهذه الدراسة 39.3٪ كأعلى نسبة، يلي تلك النسبة التخصصات العلمية الأخرى من رياضيات وعلوم وتربية فنية وبدنية بنسبة بلغت 29.2٪ من المشاركين في هذه الدراسة. يلي تلك النسبة تخصص الاجتماعيات -التاريخ والجغرافيا- بنسبة بلغت 21.3٪، وأخيرا تخصص علم النفس والاجتماع والخدمة الاجتماعية بنسبة وصلت فقط إلى 10.2٪. ومن خلال عرض هذه التخصصات العامة تظهر الحاجة الملحة إلى تعيين المتخصصين في الإدارة المدرسية وفي الإرشاد والتوجيه الطلابي وعدم الاكتفاء بأخذها كخبرة عملية أو ميدانية تكتسب من خلال الانخراط في سلك التعليم لمدة ومن ثم الانتقال إلى الإدارة أو الإرشاد، كما هو واقع الحال اليوم في الإدارة المدرسية والإرشاد الطلابي.

جدول رقم (6)

السن للمشاركين بالدراسة

الوظيفة	السن				المجموع	
	أقل من 40 سنة		أربعون سنة فأكثر			
	العدد	٪	العدد	٪	العدد	٪
مدير	33	76.7	10	23.3	43	100
مرشد	36	80	9	20	45	100
المجموع	69	78.4	19	21.6	88	100

الجدول رقم (6) يوضح أعمار المديرين والمرشدين المشاركين في هذه الدراسة حيث يبين أن 78.4٪ منهم أعمارهم أقل من أربعين عاما، و21.6٪ منهم أعمارهم أربعين سنة فأكثر. وبهذا يتبين أن أكثر من ثلثي العينة المشاركة بالدراسة هي من فئة الشباب الذين لم يبلغوا الأربعين عاما.

نتائج السؤال الأول:

تحددت أسئلة هذه الدراسة في أربعة، ومن أجل الحصول على إجاباتها أخذت آراء العينة من المديرين والمرشدين الطلابيين وعولجت إحصائيا عن طريق البرنامج الإحصائي SPSS. حدد السؤال الأول في التالي: ما مهام المرشد الطلابي ذات الأهمية

الكبرى والصغرى من وجهة نظر فئتين مهمتين هما المديرون والمرشدون؟ الجدول رقم (7) يوضح المهام العشر ذات الأهمية الكبرى لعمل المرشد الطلابي وذلك من خلال وجهة نظر الفئتين: المديرين والمرشدين.

جدول رقم (7)

المهام ذات الأهمية الكبرى من وجهة نظر المديرين والمرشدين

م	المهمـــة
1	يتخذ المرشد الخطوات اللازمة للارتقاء بمستويات المتأخرين دراسيا
2	يهتم المرشد بمعالجة سلوك الطلاب داخل المدرسة
3	يبحث المرشد حالات الطلاب التحصيلية والسلوكية
4	يعمل المرشد على اعتماد الخطة السنوية لبرامج التوجيه والإرشاد من مدير المدرسة
5	يدرس المرشد أسباب تأخر الطلاب دراسيا
6	يعمل المرشد على معالجة أوضاع المتأخرين دراسيا
7	يسهم المرشد في تعزيز السلوك الإيجابي بين الطلاب بالمدرسة
8	يحافظ المرشد على سرية ملفات وسجلات التوجيه والإرشاد
9	يقوم المرشد على رعاية الطلاب الموهوبين والمتفوقين دراسيا
10	يعقد المرشد لقاءات فردية مع أولياء أمور الطلاب الذين تظهر على أبنائهم بوادر سلبية في السلوك

يتبين من الجدول السابق أن المهام العشر التي اتفق عليها المديرون والمرشدون بأنها ذات الأهمية العالية قد تحددت في اتخاذ المرشد الطلابي الخطوات اللازمة للارتقاء بمستويات المتأخرين دراسيا، واهتمامه بمعالجة سلوك الطلاب داخل المدرسة، وبحثه حالات الطلاب التحصيلية والسلوكية، واعتماده الخطة السنوية لبرامج التوجيه والإرشاد من قبل مدير المدرسة. كما أن من المهام التي أخذت الأهمية الكبرى لدى المديرين والمرشدين على السواء دراسة المرشد الطلابي ومعالجته أوضاع الطلاب المتأخرين دراسيا، وإسهامه في تعزيز السلوك الإيجابي بين الطلاب بالمدرسة. كما أكد أفراد العينة من المديرين والمرشدين الطلابيين على أن محافظة المرشد الطلابي على السرية التامة لملفات التوجيه والإرشاد من المهام الكبيرة، وكذا مهمة قيامه على رعاية الطلاب الموهوبين والمتفوقين دراسيا، وأيضا مهمة عقد لقاءات دورية مع أولياء أمور الطلاب الذين تظهر على أبنائهم بوادر سلوكية سلبية. هذه المهام رأت العينة أنها حاصلة على

الأهمية الكبرى من بين مهام المرشد الطلابي التي نصت عليها وزارة التربية والتعليم - المعارف سابقا - فيما أسمته "القواعد التنظيمية للمدارس، 1420هـ ص19-20".

تجدر الإشارة إلى أن هناك مهام انفرد المديرون بوصفها: مهمة. فعلى سبيل المثال مهمة اهتمام مدير المدرسة عموما بعمل المرشد الطلابي جاءت من ضمن المهمات العشر ذات الأهمية الكبرى. أما المرشد الطلابي فقد انفرد أيضا برأيه حول مهمة إعداده للخطة السنوية لبرامج التوجيه والإرشاد بالمدرسة. ومن الملاحظ أن المجموعتين اتفقتا على مهمة اعتماد الخطة من قبل المدير بأنها من ضمن المهام العشر ذات الأهمية، أما إعداد الخطة فقد جاء فقط من وجهة نظر المرشدين، والتعليل أن الخطة إذا وجدت أو أعدت من قبل المرشد الطلابي فإنه يعتمدها من قبل المدير. فغريب أن يتفقا في أهمية مهمة الاعتماد والشرعية لهذه الخطة السنوية، ويختلفا في مهمة إعدادها من أساسه!

اتفق أفراد العينة من المديرين والمرشدين الطلابيين على تحديد سبع من مهام المرشد الطلابي ذات الأهمية الصغرى، يوضح ذلك الجدول رقم (8). هذه المهام ذات الأهمية الصغرى هي على النحو التالي: تقديم المرشد الطلابي برامج إضافية للمتفوقين، ومساعدته المحتاجين عن طريق صندوق المدرسة، وإعداده تقارير دورية لمدير المدرسة عن مستويات الطلاب العلمية، وإجراؤه دراسات تربوية يتطلبها عمله، وتدريس ما يسنده إليه مدير المدرسة من الحصص، ومشاركته في أعمال مراقبة الطلاب، وأخيرا إشغاله حصص الانتظار.

جدول رقم (8)

المهام ذات الأهمية الصغرى من وجهة نظر المديرين والمرشدين

م	المهمـة
1	يقدم المرشد برامج إضافية للمتفوقين
2	يساعد المرشد الطلاب المحتاجين عن طريق صندوق المدرسة
3	يعد المرشد تقارير دورية لمدير المدرسة عن مستويات الطلاب العلمية
4	يجري المرشد دراسات تربوية يتطلبها عمله
5	يدرس المرشد ما يسنده إليه مدير المدرسة من الحصص
6	يشارك المرشد في أعمال مراقبة الطلاب
7	يشغل المرشد حصص الانتظار

نتائج السؤال الثاني:

تحدد السؤال الثاني فيما يلي: ما مهام المرشد الطلابي ذات الممارسة الكبرى والصغرى من وجهة نظر الفئتين؟ وقد تبينت إجابات المديرين والمرشدين من خلال الجدولين التاليين ذوي الرقمين التاسع والعاشر، اللذين لخصا ممارسة المرشد الطلابي لمهامه بين درجة كبرى وأخرى صغرى. يوضح الجدول رقم (9) في الصفحة التالية الممارسات العشر- ذات الأهمية الكبرى لمهام المرشد الطلابي وذلك من خلال وجهة نظر كل من مدير المدرسة والمرشد الطلابي. وقد اتفقت الفئتان على تحديد المهام الأكثر ممارسة من المرشد الطلابي، فقد جاءت مهمة إسهام المرشد الطلابي في تعزيز السلوك الإيجابي بين الطلاب بالمدرسة بالمرتبة الأولى. أما في المرتبة الثانية فقد كانت لمهمة اهتمام المرشد بمعالجة سلوك الطلاب داخل المدرسة، والثالثة حرصه على بناء علاقات مثمرة مع منسوبي المدرسة، والرابعة بناء علاقات مثمرة مع أولياء أمور الطلاب، أما في المرتبة الخامسة فقد جاءت مهمة أن يعقد المرشد لقاءات فردية مع أولياء أمور الطلاب الذين تظهر على أبنائهم بوادر سلبية في السلوك. ومن الممارسات الكبيرة -أيضا- للمرشد الطلابي أن يعمل على تنفيذ برامج التوجيه والإرشاد، ومحافظته على سرية ملفات وسجلات التوجيه والإرشاد، وكذلك بحثه حالات الطلاب التحصيلية والسلوكية، ومشاركته في أعمال مراقبة الطلاب، وأخيرا من الممارسات ذات الأهمية الكبرى -التي اتفق عليها كل من المديرين والمرشدين- أن المرشد يعمل على معالجة أوضاع المتأخرين دراسيا.

جدول رقم (9)

الممارسات العشر ذات الأهمية الكبرى

من وجهة نظر المديرين والمرشدين الطلابيين

م	المهمـــة
1	يسهم المرشد في تعزيز السلوك الإيجابي بين الطلاب بالمدرسة
2	يهتم المرشد بمعالجة سلوك الطلاب داخل المدرسة
3	يعمل المرشد على بناء علاقات مثمرة مع منسوبي المدرسة
4	يعمل المرشد على بناء علاقات مثمرة مع أولياء أمور الطلاب
5	يعقد المرشد لقاءات فردية مع أولياء أمور الطلاب الـذين تظهـر عـل أبنائهم بـوادر سلبية في السلوك
6	يعمل المرشد على تنفيذ برامج التوجيه والإرشاد
7	يحافظ المرشد على سرية ملفات وسجلات التوجيه والإرشاد
8	يبحث المرشد حالات الطلاب التحصيلية والسلوكية
9	يشارك المرشد في أعمال مراقبة الطلاب
10	يعمل المرشد على معالجة أوضاع المتأخرين دراسيا

كما اتفق المديرون والمرشدون على تحديد الممارسات العشر ذات الأهمية الصغرى أو المحدودة في عمل المرشد الطلابي التي يبينها جدول رقم (10) في الصفحة التالية. فالجدول يوضح أن مهمة إعداد المرشد الطلابي للخطة السنوية لبرامج التوجيه والإرشاد بالمدرسة، وعقد محاضرات إرشادية بالمدرسة، وتعبئة السجل الشامل لكل طالب، ومتابعته لمذكرة الواجبات اليومية وفق خطة زمنية، ومنحه الحوافز والمكافآت للمتفوقين، وتقديمه برامج إضافية للمتفوقين مهام تمارس بشكل قليل في مدارس التعليم العام بمنطقة الرياض.

وبالرغم من قلة أو نقص ممارسة المرشد الطلابي لبعض المهام فإن المديرين والمرشدين الطلابيين اتفقوا على اعتبارها من الممارسات الصغرى للمرشدين الطلابيين وهذه المهام هي: مساعدة المرشد الطلابي للطلاب المحتاجين عن طريق صندوق المدرسة، وإجراء الدراسات التربوية التي يتطلبها عمله كمرشد طلابي، وتدريسه ما يسنده إليه مدير المدرسة من الحصص المجدولة مسبقا، أو اشغاله لحصص الانتظار.

جدول رقم (10)

الممارسات العشر ذات الأهمية الصغرى

من وجهة نظر المديرين والمرشدين

م	المهمــة
1	يعد المرشد الخطة السنوية لبرامج التوجيه والإرشاد بالمدرسة
2	يعمل المرشد على عقد محاضرات إرشادية بالمدرسة
3	يقوم المرشد بتعبئة السجل الشامل لكل طالب
4	يتابع المرشد مذكرة الواجبات اليومية وفق خطة زمنية
5	يمنح المرشد الحوافز والمكافآت للمتفوقين
6	يقدم المرشد برامج إضافية للمتفوقين
7	يساعد المرشد الطلاب المحتاجين عن طريق صندوق المدرسة
8	يجري المرشد دراسات تربوية يتطلبها عمله
9	يدرس المرشد ما يسنده إليه مدير المدرسة من الحصص
10	يشغل المرشد حصص الانتظار

نتائج السؤال الثالث:

وضع الباحث السؤال الثالث بالصيغة التالية: هل تختلـف وجهـات نظر الفئتين بـاختلاف المرحلة التعليمية، والوظيفة، والخبرة في مجال العمل تجاه ممارسة مهام المرشد الطلابي؟ الجـدول التالي رقم (11) يبين نتائج تحليـل التبايـن الثلاثي وقيمة (ف) والدلالة الإحصائية لممارسة مهـام المرشد الطلابي مرتبطة بالمرحلة التعليمية سواء كانت الابتدائية أو المتوسطة أو الثانويـة، والوظيفـة سواء كانت الإدارة المدرسية أو التوجيه والإرشاد الطلابي، والخبرة بالسنوات في مجال العمـل كمـدير مدرسي أو مرشد طلابي. فقيمة (ف) ظهرت مرتفعة في كل مصادر التباين الثلاثة: المرحلة التعليميـة والوظيفـة والخبرة مع ما يتعلق بممارسات المرشدين لمهامهم. فعلـى سبيل المثال خبرة المـدير أو المرشد الطلابي تلعب دورا مهما في ممارسة المرشد لمهامه وفي تفاعل المـدير معـه في تطبيـق المهـام الموكلة إليه كمرشد. ويلاحظ أيضا أن عامل المرحلة التعليمية يلعب دورا كبيرا في

تطبيق المرشد الطلابي لمهامه الإرشادية. وذلك بالرغم من كون قيمة (ف) قليلة فإن هناك دلالة إحصائية عند مستوى عال أيضا وهو 0.05.

جدول رقم (11)
نتائج تحليل التباين الثلاثي
وقيمة (ف) والدلالة الإحصائية لممارسة مهام المرشد الطلابي

مصدر التباين	متوسط التباين	درجة الحرية	قيمة (ف)	الدلالة الإحصائية
(أ) المرحلة التعليمية	120.2	1	*8.5	دالة
(ب) الوظيفة	206.9	1	*14.7	دالة
(ج) الخبرة	650.1	1	*44.1	دالة
تفاعل أ*ب	547.1	1	39.1	دالة
تفاعل أ*ج	762.4	1	0.6	غير دالة
تفاعل ب*ج	85.1	4	*6.3	دالة
تفاعل أ*ب*ج	325.3	4	*23.1	دالة

* مستوى الدلالة عند 0.05

أما ما يخص التفاعل بين هذه العوامل الثلاثة، فيلاحظ أن قيمة (ف) قليلة جدا في تفاعل المرحلة التعليمية مع الخبرة، وعليه فليست هناك دلالة إحصائية بينهما. ولكن الدلالة الإحصائية موجودة وبنسبة عالية في تفاعل العوامل الثلاثة مجتمعة؛ المرحلة التعليمية والوظيفة والخبرة مما يعني أن المراحل التعليمية الثلاث والمدير والمرشد الطلابي وخبراتهم تؤثر في وجهات نظرهم تجاه ممارسة المرشد الطلابي لمهامه. تجدر الإشارة إلى أن النتائج أظهرت إيجابية أكثر في ممارسة المرشد الطلابي لمهامه في المرحلة الثانوية أكثر من المراحل الأخرى، مما قد يعطى انطباعا بأن مهام المرشد الطلابي ربما روعي فيها مرشدو طلاب المرحلة الثانوية أكثر من المرحلة المتوسطة أو الابتدائية. وربما يكون هناك تفسير آخر وهو أن المرشدين في المرحلة الثانوية يمارسون الإرشاد والتوجيه الطلابي بفاعلية أكثر من غيرهم.

نتائج السؤال الرابع:

حدد الباحث السؤال الرابع حسب ما يلي: ما ترتيب أهم عشر معوقات تحول دون ممارسة المرشد الطلابي لمهامه في الإرشاد الطلابي من وجهة نظر الفئتين؟ الجدول في الصفحة التالية ذي الرقم (12) يظهر نتائج هذا السؤال. حيث حدد المديرون أهم معوق لعمل المرشد الطلابي من وجهة نظر الإدارة المدرسية بـ"عدم وجود المرشد الطلابي المتخصص"، بينما وضع هذا المعوق المرشدون في المرتبة الأخيرة تماما. ووضع المديرون المعوق "عدم إدراك المرشد الطلابي لمهامه" في المرتبة الثانية، بينما وضعه المرشدون في الترتيب الثامن. وأكد المديرون أن المعوق الذي يأتي في الترتيب الثالث يتعلق بالمرشد الطلابي أيضا وهو "عدم تطبيقه للمهام الموكلة إليه كمرشد"، بينما وضع هذا المعوق من قبل المرشدين في المرتبة التاسعة. كما يظهر الجدول أن المديرين بعدوا قليلا عن إلصاق المعوقات بعمل المرشدين بالمرشدين أنفسهم حينما وضعوا في المرتبة الرابعة "عدم وعي أولياء أمور الطلاب بأهمية التوجيه والإرشاد الطلابي"، ولم يبتعد المرشدون عن ترتيب هذا المعوق كثيرا عن رأي المديرين إذ أعطوه الترتيب السادس. كما أوضح المديرون أن "عدم اهتمام الطلاب بعمل المرشد" معوق حصل على الترتيب الخامس، ووضعه المرشدون في الترتيب السابع.

جدول رقم (12)
ترتيب المعوقات من وجهة نظر المديرين والمرشدين

ترتيب المرشدين	المعوق	ترتيب المديرين	م
العاشر	عدم وجود المرشد الطلابي المتخصص	الأول	1
الثامن	عدم إدراك المرشد الطلابي لمهامه	الثاني	2
التاسع	عدم تطبيق المرشد الطلابي للمهام الموكلة إليه كمرشد	الثالث	3
السادس	عدم وعي أولياء أمور الطلاب بأهمية التوجيه والإرشاد الطلابي	الرابع	4
السابع	لا يهتم الطلاب بعمل المرشد الطلابي	الخامس	5
الثالث	عدم اهتمام بعض المعلمين بالتوجيه والإرشاد الطلابي	السادس	6
الأول	تشتيت المرشد الطلابي عن عمله الأساس وإشغاله بأعمال إدارية وأمور أخرى	السابع	7
الخامس	عدم إلمام بعض المعلمين بمفهوم التوجيه والإرشاد الطلابي	الثامن	8
الرابع	عدم إلمام مدير المدرسة بمفهوم التوجيه والإرشاد الطلابي	التاسع	9
الثاني	نقص اهتمام مدير المدرسة بالتوجيه والإرشاد الطلابي	العاشر	10

ويبين الجدول نفسه أن المرشدين حددوا أهم معوق بـ "تشتيت المرشد الطلابي عن عمله الأساس واشتغاله بأعمال إدارية وأمور أخرى"، بينما هذا المعوق وضعه المديرون في المرتبة السابعة. ووضع المرشدون المعوق التالي: "نقص اهتمام مدير المدرسة بالتوجيه والإرشاد الطلابي" في الترتيب الثاني، ووصفه المديرون بالأخير من معوقات عمل المرشدين. وحدد المرشدون معوق "عدم اهتمام بعض المعلمين بالتوجيه والإرشاد الطلابي" بأنه يأتي في الترتيب الثالث، أما المديرون فقد أعطوه الترتيب السادس من معوقات عمل المرشدين. وقد أوضح المرشدون كذلك معوق "عدم إلمام مدير المدرسة بمفهوم التوجيه والإرشاد الطلابي" بأنه يأتي في المرتبة الرابعة، وقد حصل على المرتبة التاسعة لدى المديرين. أما في المرتبة الخامسة من أهم المعوقات التي تحول دون ممارسة عمل المرشد الطلابي لعمله فقد جاء المعوق "عدم إلمام بعض المعلمين بمفهوم التوجيه والإرشاد الطلابي" من وجهة نظر المرشدين، أما من وجهة نظر المديرين فقد جاء في المرتبة الثامنة. وبالإجابة على السؤال الرابع يكتمل عرض نتائج هذه الدراسة، وبقي مناقشتها.

المناقشة:

أظهرت نتائج هذه الدراسة أن مهام المرشد الطلابي ذات الأهمية الكبرى التي اتفق عليها المديرون والمرشدون تمثلت في عشر مهام، منها: اتخاذ المرشد الطلابي الخطوات اللازمة للارتقاء بمستويات المتأخرين دراسيا، واهتمامه بمعالجة سلوك الطلاب داخل المدرسة، وبحثه حالات الطلاب التحصيلية والسلوكية، واعتماده الخطة السنوية لبرامج التوجيه والإرشاد من قبل مدير المدرسة. وكذلك مهمة دراسة المرشد الطلابي ومعالجته أوضاع الطلاب المتأخرين دراسيا، وإسهامه في تعزيز السلوك الإيجابي بين الطلاب بالمدرسة. وقد انفرد المديرون بوضع مهمة "اهتمام مدير المدرسة عموما بعمل المرشد الطلابي" مع المهام ذات الأهمية الكبرى، وبذلك تكون هذه الدراسة متوافقة مع ما جاء في نتائج دراسة (داود، 1984م) في أن ميادين التوجيه والإرشاد الطلابي تركز على الاهتمام بالمشكلات الدراسية. أما ما يخص تفهم واهتمام إدارة المدرسة بعمل المرشد الطلابي، فقد خالفت نتائج هذه الدراسة الحالية دراسة (الشناوي، 1410هـ) التي خرجت بعدم تفهم

مديري المدارس لعمل المرشد الطلابي، ودراسة (الزهراني، 1410هـ) خرجت كذلك بأن الإدارة المدرسية لا تدعم برامج التوجيه والإرشاد الطلابي. وقد خالفت هذه الدراسة أيضا نتائج دراسة (الفراء، 1984م) فيما يتعلق بعدم اهتمام الطلاب بعمل المرشد الطلابي، إذ أظهرت نتيجة الدراسة الحالية أن ترتيب هذا المعوق جاء متأخرا في رأي المرشدين الطلابيين حيث وضعوه في الترتيب السابع، أما المديرون فقد وضعوه خامس المعوقات.

وقد توافقت نتيجة هذه الدراسة الحالية في معالجة سلوك الطلاب السلبي داخل المدرسة، وتعزيز السلوك الإيجابي بين الطلاب مع دراسة (الدهام، 1420هـ). كما اتفقت هذه الدراسة الحالية معها في أن فاعلية المرشد الطلابي في عقد محاضرات إرشادية بالمدرسة قليلة جدا، وكذا هذه الدراسة أثبتت أن ممارسات المرشدين الطلابيين في عقد المحاضرات قليلة جدا.

أما فيما يخص المعوقات فقد حدد المديرون أن أهم معوقات عمل المرشد الطلابي هي عدم وجود المرشد الطلابي المتخصص، وعدم إدراك المرشد الطلابي لمهامه، وعدم تطبيق المرشد الطلابي للمهام الموكلة إليه كمرشد وهذه النتيجة تختص بالدراسة الحالية فقط دون سواها. أما أهم المعوقات من وجهة نظر المرشدين الطلابيين فهي تشتيت المرشد الطلابي عن عمله الأساس وإشغاله بأعمال إدارية وأمور أخرى، ونقص اهتمام مدير المدرسة بالتوجيه والإرشاد الطلابي، وعدم اهتمام بعض المعلمين بالتوجيه والإرشاد الطلابي وبهذه النتيجة تتفق هذه الدراسة مع كل من الدراسات التالية: (الزهراني، 1410هـ)، و(الشناوي، 1410هـ)، و(النافع، 1412هـ).

وعليه فإن هذه الدراسة لم تمض مع بعض الدراسات السابقة التي سبقت الإشارة إليها في بعض النتائج كدراسة (الشناوي، 1410هـ) ودراسة (الزهراني، 1410هـ). كما مضت مع هاتين الدراستين وغيرهما مثل دراسة (الدهام، 1420هـ) في التحقق من نتائج أخرى. وأخيرا يعرض الباحث بعض المقترحات والتوصيات التي من شأنها المساهمة في تحسين وتطوير مهام عمل المرشد الطلابي.

المقترحات:

1. تكثيف الدورات التدريبية وورش العمل المتخصصة للمساهمة في تطوير وتحسين مستوى المرشدين الطلابيين ولتبادل الخبرات بينهم.

2. إقامة دورات تدريبية قصيرة المدى للعاملين في المدرسة لتوضيح أهمية ودور وأعمال المرشد الطلابي.

3. وضع آلية منتظمة وواقعية للتعريف بدور المرشد الطلابي وتحديد المطلوب منه.

4. تسهيل كافة الوسائل والسبل –ومن ذلك إيجاد ميزانية خاصة للإرشاد الطلابي– من أجل إيجاد جو مفعم بالحيوية والنشاط يساعد المرشد في تحقيق أفضل النتائج من خلال تنفيذ البرامج الإرشادية المختلفة طوال العام الدراسي.

5. تنظيم آلية لتبادل الزيارات بين المرشدين الطلابيين أنفسهم، فيستفيد الضعيف وينشط المتميز.

6. المحاولة الجادة للتقليل من الأعمال الكتابية للمرشد الطلابي.

التوصيات:

1. وضع آلية لتعاون المدير والمعلم والطلاب وأولياء أمورهم مع المرشد الطلابي.

2. العمل على تقوية صلة المدرسة بالمنزل من خلال عمل المرشد الطلابي.

3. ربط العلاوة السنوية بالتقدير المتميز لعمل المرشد الطلابي.

4. حصر وظيفة المرشد الطلابي على المتخصصين دون غيرهم.

5. التوصيف الدوري لمهام المرشد الطلابي من أجل تفادي التداخل بين عمله وعمل الوكيل على سبيل المثال.

6. أن يتم التجديد للمرشد الطلابي غير المتخصص في كل عام دراسي ضمانا لإعادة غير المتخصص لسابق عمله إذا تبين عدم مناسبته للتوجيه والإرشاد.

مراجـع الدراسة الأولى

1. أبو زينة، فريد كامل وعوض، عدنان محمد، (1988م)، "جمع البيانات واختيار العينات في البحوث والدراسات التربوية والاجتماعية"، **المجلة العربية للبحوث التربوية**، المجلد الثامن العدد الأول (ص ص 10-39).

2. داود، بندر عبد الكريم، (1984م)، "واقع تجربة الإرشاد والتوجيه المهني للمدارس المتوسطة في محافظة البصرة". **بحوث ندوة الإرشاد النفسي والتربوي بدولة الكويت.**

3. **الدهام، عبد الرحمن عاشـق، (1420هـ)، مدى فاعليـة مـديري المدارس في مجـال التوجيـه والإرشاد الطلابي**، رسالة ماجستير غير منشورة، كلية التربية بجامعة الملك سعود، الرياض.

4. زهران، حامد، (1982م)، التوجيه والإرشاد النفسي. عالم الكتب، القاهرة.

5. الزهراني، أحمد خميس، (1410هـ)، "التوجيه والإرشاد الطلابي بين النظرية والتطبيق: دراسة استطلاعية في منطقة الطائف". **اللقاء السنوي الثاني: التوجيـه والإرشاد الطلابي في التعليم، الجمعية السعودية للعلوم التربوية والنفسية، الرياض.**

6. الشناوي، محمد محروس، (1410هـ)، "تحليل مهني لعمل المرشد الطلابي: دراسة في منطقة الرياض التعليمية". اللقاء السنوي الثاني: **التوجيه والإرشاد الطلابي في التعليم، الجمعية السعودية للعلوم التربوية والنفسية، الرياض.**

7. العرابي، حكمت، (1990م)، البحث الاجتماعي: المنهج وتطبيقاته. مطابع الفرزدق التجارية، الرياض.

8. عبيدات، ذوقان، وآخرون، (1989م)، البحث العلمي: مفهومه-أدواته-أساليبه. دار الفكر للنشر والتوزيع، عمان.

9. عقـل، محمـود عطـا، (1417هـ)، الإرشـاد النفسيـ والتربـوي. دار الخريجـي للنشر والتوزيع، الرياض.

10. الفراء، فاروق حمدي، (1984م)، "الإرشاد والتوجيه التربوي بدولة الكويت". **بحوث ندوة الإرشاد النفسي والتربوي بدولة الكويت.**

11. النافع، أحمد حمود، (1412هـ)، **واقع التوجيه والإرشاد المهني لطلاب المرحلة المتوسطة والثانوية بمنطقة الرياض**، رسالة ماجستير غير منشورة، كلية التربية بجامعة الملك سعود، الرياض.

12. وزارة المعارف، (1420هـ)، **القواعد التنظيمية لمدارس التعليم العام**، الرياض.

13. وزارة المعارف، (1423هـ)، **الخلاصة الإحصائية لمدارس التعليم العام**، الرياض.

14. Cohen, L. & Manion, L. (1994), **Research Methods in Education**, Fourth Edition, London: Routledge.

15. Scott, D. *et al.* (1996), **Understanding Educational Research**, Routledge London and New York.

الدراســـة الثانية

الإدارة المدرسية في مواجهة مظاهر الانحراف الأمني في المدارس الثانوية
بمدينة الرياض
(دراسة مسحية)

ملخص الدراسة

تطور مفهوم الإدارة المدرسية وفقا لتطور مفهوم عملية التربية والتعليم، فللإدارة المدرسية الحديثة أدوار عدة غير الدور التقليدي المتعارف عليه، ومن هذه الأدوار الدور الأمني، وعليه فيتوجب عليها القيام بالدور الأمني أكمل قيام. ومن أجل قيامها بهذا الدور المناط بها؛ فلابد من معرفة مظاهر الانحراف الأمني لدى طلاب المرحلة الثانوية، وأسباب تلك المظاهر. كما أنه من الضروري العمل على توثيق العلاقة بين الأجهزة الأمنية وإدارة المؤسسات التعليمية المختلفة للقيام بالدور الأمني للإدارة المدرسية الحديثة. فالهدف الأساس من هذه الدراسة هو دراسة مظاهر الانحراف الأمني في المدارس الثانوية بمدينة الرياض ورصدها، ومعرفة الأسباب والعوامل المؤدية إليها، وتحديد المقترحات التي تسهم في الحد من انتشارها. كما أن هذه الدراسة تحاول توعية المؤسسات التعليمية والأمنية في المجتمع السعودي بمخاطر مظاهر الانحراف الأمني لطلاب المرحلة الثانوية. وكذلك فهي تحاول تنمية الحس الأمني لدى الإداريين التربويين ولدى رجال الأمن على السواء في التعامل مع مظاهر الانحراف الأمني.

وقد خرجت هذه الدارسة بمجموعة من النتائج التي تتعلق بمظاهر الانحراف الأمني المنتشرة بين هذه الفئة من الطلاب، وأسباب الانتشار، والمقترحات التي من شأنها المساهمة في الحد من انتشار هذه المظاهر التي جرى عرضها ومناقشتها في المبحث الثاني، إضافة إلى توصيات الدراسة التي أخذت مكانا في المبحث الثالث من هذه الدراسة.

المبحث الأول

تمهيد

إن مما لا شك فيه أن التربية والتعليم تقوم بدور حيوي ومهم في الحفاظ على تماسك المجتمع أمنيا، كما تقوم بدور كبير في جوانب عديدة منها الجانب الديني والفكري. فإعطاء التربية الأمنية المساحة الكاملة لأخذ وأداء دورها في المجتمع التعليمي من شأنه تسهيل المساهمة الفاعلة في أداء أدوار المدرسة المتعددة. كما أنه مما لا شك فيه فـ "الأمن والتعليم صنوان لا ينفصلان، فكلاهما معا يؤديان إلى الحياة الكريمة، والتطوير المطرد، وإذا استطاعت التربية- بمساندة من كافة شرائح المجتمع ومؤسساته- أن تصل إلى عقول الأفراد ليصبح ما تعلموه سلوكا في حياتهم العامة فقد تحقق المراد، وعاش المجتمع حياة فاضلة يلفها التفاهم والعمل الجاد المثمر، وهنا يكون الأمن مطلبا ملحا لاستمرار الحياة الرغيدة والإنتاج الفعال المتواصل" (الرشيد، 1422هـ:44).

ومن الأمور المسلم بها -حديثا- أن الكثير من مجرمي اليوم كانوا قد دخلوا حياة الجريمة الكبيرة من باب الجنوح المبكر الصغير. ومن ثم كان لابد أولا من الاهتمام بمشكلة انحراف الأحداث حتى يتم القضاء على إحدى حلقات الدائرة المؤدية في نهايتها لطريق الجريمة (الصديقي وآخرون، 2002م).

إن من مسببات انحراف الشباب بصفة عامة وطلاب الثانوية بصفة خاصة عدم وفاء الأسرة بالتزاماتها في تربيتهم التربية السليمة وذلك لأسباب عديدة منها انشغال الأب عن أبنائه وعدم وجود الوقت الكافي لديه لمتابعتهم وإصلاح شأنهم لا سيما وأن الأم -في الغالب- غير قادرة على تربية الأبناء لوحدها من دون مساعدة الأب. إن الأسرة بعموديها -الأب والأم- مسؤولة مسؤولية مباشرة عن انحرافات الشباب وذلك من خلال غياب التوجيه والإرشاد وعدم توفر القدوة والمثل في الأسرة مما يدفع بعض الشباب إلى الانحراف. إذا لم يجد الطفل منذ نعومة أظفاره الاستقرار في المنزل فإنه سيلجأ للهروب إلى أحضان أصدقاء السوء أو التدخين أو المخدرات أو العنف أو الجريمة بشكل عام. فالمستوى الخلقي المتدني للأسرة الذي يهيئ المراهق للإجرام، حيث يجد منذ ولادته المثل

السيئ قائما أمامه، فيندفع إلى الاقتداء به ولو لم يجد تشجيعا مباشرا على ذلك. ومن الأسباب أيضا المؤدية إلى انحراف الشباب التربية الخاطئة منذ الصغر، والتساهل في التعامل مع الأفلام المثيرة للغرائز الداعية إلى السلوك المنحرف المشجعة على الجريمة والخروج عن المألوف. ومن الأسباب التي قد يغفل عنها وهي مهمة الفراغ الروحي لدى بعض الطلاب وذلك بسبب انغماسهم المباشر أو غير المباشر في الرذيلة التي تجر إلى الجريمة والوقوع في كل محظور (أحمد، 1418هـ).

ومن الأسباب التي أكد عليها كل من (السدحان، 1417هـ) و(الصديقي وآخرون، 2002م) أصدقاء السوء، حيث إن الإنسان يختار الأصدقاء من القريبين إليه كزملاء المدرسة مثلا. ثم إذا انخرط أو انضم معهم في رفقة إجرامية هدفها العنف بشتى أنواعه، سرعان ما يقوم بتنفيذ ما يطلب منه أو يفرض عليه فيوجه حيث أرادوا وكيفما يطلبوا ويصعب عليه التخلص من هذه الرفقة.

ومن مسببات الانحراف الأمني -أيضا- عدم قيام المدرسة بدورها في التربية لأسباب عديدة منها كثافة إعداد الطلاب مقارنة بنسبة أعداد المعلمين في المدرسة إلى الطلاب، بالإضافة إلى انعدام أو انخفاض الأنشطة الرياضية والاجتماعية والثقافية الطلابية بالمدارس. ومما لاشك فيه أن مفهوم الإدارة المدرسية قد تطور وفقا لتطور مفهوم عملية التربية والتعليم، وللإدارة المدرسية الحديثة أدوار عدة غير الدور التقليدي المتعارف عليه (فهمي ومحمود، 1414هـ)، ومن هذه الأدوار الدور الأمني، ومن هذا المنطلق فإن الإدارة المدرسية يتوجب عليها القيام بالدور الأمني أكمل قيام. ومن أجل قيامها بهذا الدور المناط بها؛ فإنه من الضروري معرفة مظاهر الانحراف الأمني لدى طلاب المرحلة الثانوية، وأسباب مظاهر هذا الانحراف. كما أنه من الضروري من أجل القيام بالدور الأمني للإدارة المدرسية العمل على توثيق العلاقة بين الأجهزة الأمنية وإدارة المؤسسات التعليمية المختلفة، والنقاط التالية تلخص أهمية هذه الدراسة.

أولاً: الأهمية:

تتمثل أهمية هذه الدراسة في نقاط عديدة من أهمها كون الدراسة محاولة لـ:

1. التعرف على مظاهر الانحراف لدى طلاب المرحلة الثانوية بمدينة الرياض من وجهة نظر الإدارة المدرسية.
2. الوقوف على أهم أسباب مظاهر الانحراف لدى طلاب تلك المرحلة.
3. المساهمة في توثيق العلاقة بين الأجهزة الأمنية والمؤسسات التعليمية.

ثانياً: الأهداف:

الهدف الأساس لهذه الدراسة هو محاولة دراسة مظاهر الانحراف الأمني في المدارس الثانوية وبالخصوص محاولة رصدها ورصد الأسباب والدوافع والعوامل المؤدية إليها، وتحديد المقترحات التي تسهم في الحد من انتشارها. وتحديدا فهذه الدراسة تسعى إلى تحقيق الأهداف التالية:

1. رصد مظاهر الانحراف الأمني لدى طلاب المرحلة الثانوية بمدينة الرياض من وجهة نظر الإدارة المدرسية.
2. تحديد أهم أسباب مظاهر الانحراف الأمني لدى طلاب تلك المرحلة.
3. تحليل مظاهر الانحراف الأمني لدى الطلاب تحليلاً علمياً للخروج بحلول عملية.
4. التشخيص المبكر لحالات الانحراف الأمني الطلابية من قبل الإدارة المدرسية.
5. إتاحة الفرصة للإداريين التربويين للتعبير عن رأيهم حول مظاهر الانحراف الأمني لدى الطلاب.
6. المساهمة في توثيق العلاقة بين الأجهزة الأمنية والمؤسسات التعليمية.
7. توعية المؤسسات التعليمية والأمنية في المجتمع السعودي بمخاطر مظاهر الانحراف الأمني لطلاب المرحلة الثانوية.
8. تنمية الحس الأمني لدى الإداريين التربويين ولدى رجال الأمن على حد سواء في التعامل مع مظاهر الانحراف الأمني المنتشرة بين طلاب المرحلة الثانوية.

ثالثاً: الأسئلة:

في ضوء ما تقدم من الأهمية والأهداف لموضوع الدراسة، فإن هذه الدراسة تحاول الإجابـة عـن الأسـئلة التالية:

1. ما مظاهر الانحراف الأمني لدى طلاب المدارس الثانوية بمدينة الرياض من وجهة نظر الإدارة المدرسية؟
2. ما أهم أسباب مظاهر الانحراف الأمني لدى طلاب الثانوية؟
3. ما الحلول العملية والمقترحات المناسبة للحد من مظاهر الانحراف الأمني لطلاب المرحلة الثانوية؟

رابعاً: الدراسات السابقة:

من الملاحظ أنـه انتشرت في الأعوام الأخيرة أنماط ومظاهر جديـدة مـن التفاعلات أو السلوكيات أو الانحرافات الأمنية السلبية في الأوساط التعليمية، فمنها سلوك العنف الموجه إلى المعلمين أو التطاول عليهم، والعنف بين الطلاب أنفسهم إلى غير ذلك من الظواهر السلبية التي بدأت تغزو مـدارس التعليم العـام في العـالم العربي باختلاف نسب التأثر من مكان إلى آخر. وخاصة ما يتـزامن مع الامتحانات أو قبلها أو مـع نهايتها مـن مشاجرات بين الطلاب أو اعتداءات تحطيم مرافق المدرسة أو التهجم عـلى الأسـاتذة (الشهب، 1421هـ). وتؤكد بعض الدراسات انتشار التدخين -على سبيل المثال- بين طلاب المـدارس في مختلف المراحل الدراسية وخاصة في المرحلة الثانوية. بل جعلت تلك الدراسات أن التدخين بداية تعاطي المخدرات، فالطلاب الذين يدخنون بعيدا عن أنظار والديهم ولا يجدون المتابعة والمساءلة عند تركهم للمنزل، فهذا يشجعهم عـلى تعاطي المخدرات بتشجيع زملائهم ورفاق السوء (المنيف، 1422هـ).

وبعد مراجعة الباحث لأدبيات مظاهر الانحراف الأمني الطلابي المنشورة في الدوريات العربية تمكـن مـن الحصول على بحوث ودراسات سابقة تناولت -بشكل عام- موضوعات مشكلات المراهقين في مراحل التعليم العام. مما جعل الباحث يعرض الدراسات والبحوث السابقة لمظاهر الانحراف الأمني من منظور شامل. فالدراسات

والبحوث المتوفرة -في الغالب- تطرقت إلى مظهر واحد من المظاهر الانحرافية فعلى سبيل المثال دراسة (كارة، 1414هـ) بعنوان "المخدرات والانحراف"، ودراسة (الرويني، 1989م) حول المشاجرات الطلابية في المرحلة المتوسطة الكويتية. وكذا دراسة كويتية أخرى لـ (التونسي- 1989م) بعنوان أهم المشكلات الطلابية في المرحلة الثانوية، وخاصة السلوكية منها، ومن أهم نتائجها وجود علاقة بين كثرة المشكلات الطلابية وتطبيق خطة وقائية لمواجهة المشكلات الطلابية لدى طلاب المرحلة الثانوية. وفي مقالة مختصرة تحدث (منصور، 1417هـ) عن "ظاهرة التفحيط والعنف بين الشباب" موضحا بعض الأسباب وبعض سبل العلاج.

إذ توصل (كارة، 1414هـ) إلى أهمية العمل الاجتماعي في مجال الوقاية والعلاج والإصلاح والإنماء والأسلوب الأمثل للتعامل مع مشكلة المخدرات والانحراف التي أصبحت تروع المجتمع الدولي بأسره فهي تتفاقم وتزداد حدة كما ونوعا كل عام عن العام السابق له (كارة، 1414هـ).

وفي دراسة لـ (اليوسف، 1422هـ) أوضح الدور الأمني للمدرسة في المجتمع السعودي من خلال استعراض أبرز المحاور الأمنية التي ترتكز عليها المقررات الدراسية في المملكة العربية السعودية.

أما دراسة (الرويني، 1989م) فقد هدفت إلى التعرف على حجم مشكلة المشاجرات الطلابية في المرحلة المتوسطة بالكويت، وأسبابها والظروف المصاحبة لها. وقد توصل في هذه الدراسة إلى وجو علاقة إيجابية بين القسوة في عقاب الأطفال وزيادة العدوان لدى الطلاب.

وكذلك قامت المنظمة العالمية لمقارنة التحصيل التعليمي بدراسة إحصائية دولية شملت (150) ألف تلميذ في الصف الثامن أي (الثاني إعدادي أو متوسط) من (5700) مدرسة في (38) دولة في العالم. وجاء في نتائج هذه الدراسة أن إسرائيل تقف في مقدمة الدول التي يعاني طلابها من العنف في المدارس، تليها استراليا ثم تشيلي ثم الولايات المتحدة، وتقف في قاع هذا السلم كل من إندونيسيا والمغرب وتونس. وتتقاسم إسرائيل

واستراليا المرتبة الأولى أيضا في سلم العنف الكلامي، تليها كـل مـن هولنـدا والولايات المتحدة الأمريكية وكنـدا، وتختتم القائمة بكل من إندونيسيا ولتوانيا ولاتفيا. هولندا جاءت في المرتبة الأولى فيما يخص تهجم الطـلاب عـلى المعلمين وعلى المدرسة، تلتها في ذلك إسرائيل ومن ثم استراليا ونيوزيلندا وجنوب أفريقيا وهونغ كونغ وقبرص ثم الولايات المتحدة الأمريكية (الشرق الأوسط، 1421هـ).

كما قام (المندلاوي، 1421هـ) بدراسة مشكلات المراهقة والانحرافات غير الواعيـة في المدارس الثانويـة في العراق، ومن أهم النتائج التي خرجت بها هذه الدراسة أن (10%) من الطلاب الذين أجريت عليهم الدراسة لا يواظبون على الدوام الرسمي اليومي ومن ثم ينقطعون عن المدرسة بسبب المشاكل المنزلية، بينما الـذين انقطعـوا بسبب سوء معاملة المدرسة لهم فكانت نسبتهم (6%). وقد بينت الدراسـة أن نسبة المتأثرين بوسائل الإعـلام تجاوزت (46%)، ونسبة المدخنين بلغت (14%) من طلاب المرحلة الثانوية.

كما قام (سعيد، 1998م) بدراسة عوامل انتشار العنف في مدارس الولايات المتحدة الأمريكية ومصر- إلى غير ذلك من الدراسات التي أخذت مظهرا واحدا كالمخدرات أو العنف أو التفحيط مثلا والتطرق إلى أسباب انتشاره وطرق علاج هذا المظهر. وتجدر الإشارة إلى (سعيد، 1998م) الذي استنتج في دراسته -المشار إليها آنفا- إلى أنه لا يوجد نمط واحد للعنف، وإنما هناك عدة أنماط متنوعة من العنف المنتشر- بـين طـلاب المـدارس الابتدائيـة والإعدادية والثانوية. وهذه النتيجة من شأنها الوقوف مع الدراسة الحالية بقوة، حيث إن هدفها هو رصد مظاهر الانحراف الأمني وليس مظهرا أو انحرافا واحدا فقط لدى طلاب المرحلة الثانوية بمدينة الرياض وذلك مـن خـلال وجهة نظر الإدارة المدرسية.

وحيث إن مظاهر الانحراف الأمني متعددة ومتنوعة فإن الباحث يقصد بها في هـذه الدراسـة مـا يـلي: تدخين، مخدرات، معاكسات، مشاجرات بين الطلاب، هروب من المنزل، تطاول الطلاب على المعلمـين، هـروب مـن المدرسة، تفحيط أو الاستخدام السيئ للمركبة (السيارة) بجعلها تدور في حركات حلزونية أو خط متعرج بسرعة عالية. أما وقد انتشرت آفة المخدرات -على سبيل المثال- بدرجة أصبحت معها تشكل واحدا من أخطر

التحديات الأمنية (كارة، 1414هـ) ولهذا وغيره ظهرت أهمية الكشف عن مدى انتشارها بين أوساط الطلاب، وهذه المرة من خلال وجهة نظر الإدارة المدرسية. أوضح (كارة، 1414هـ) إلى أن البيانات الرسمية تشير إلى أن ظاهرة تعاطي المخدرات أصبحت تنتشر بشكل سريع فيما بين طلاب المدارس والجامعات بشكل يثير القلق والفزع لدى المهتمين والمشرفين على هذه المؤسسات. أسباب هذا الانتشار السريع والمذهل للمخدرات يكمن بعضها في التطورات التي حدثت في العصر الحديث، وما أفرزته التحولات الاجتماعية وضغوط الحياة المدنية أدت إلى تفاقم مشكلة المخدرات فقد انتشرت وتوافرت في مجتمعات كانت بمنأى عنها. فتجارة المخدرات واستهلاكها يهددان حياة وصحة الملايين من البشر نسبة كبيرة منهم هم من فئة الشباب (طرابيشي، 1423هـ).

لذا ترمي هذه الدراسة إلى معرفة أسباب انتشار هذا المظهر وغيره من المظاهر المهمة بين طلاب المرحلة التعليمية الثانوية بمدينة الرياض من وجهة نظر الإدارة المدرسية، كما تهدف الدراسة إلى معرفة مقترحات تلك الفئة ومرئياتهم في الحد من مظاهر الانحراف الأمني المنتشرة بينهم. تجدر الإشارة إلى أن الكثير من الداسات تناولت موضوع إدارة الوقت لدى الشباب وأوقات الفراغ والترويح التربوي والآثار الاجتماعية والنفسية لتعاطي المخدرات، وهذه البحوث على الرغم من كونها قريبة من موضوع هذه الدراسة إلا أن الباحث لم يجد من يتحدث مباشرة عن مظاهر الانحراف الأمني لدى الطلاب من وجهة نظر الإدارة المدرسية.

ومن خلال مراجعة الباحث لأدبيات مظاهر الانحراف الأمني الطلابية المنشورة في الدوريات العربية لم يتمكن من الحصول على أي بحث أو دراسة سابقة تناولت موضوع الدراسة بشكل مماثل. ولا غرابة في ذلك فالفجوة كبيرة بين المؤسسات التعليمية التربوية وبين الأجهزة الأمنية، لذا تأتي هذه الدراسة محاولة لسد هذه الفجوة.

خامساً: منهجية الدراسة:

يستخدم الباحث في هذه الدراسة منهج الدراسات المسحية (Survey Studies) التي تهتم بجمع المعلومات والبيانات عن ظاهرة ما أو واقع معين، وذلك بقصد التعرف على الظاهرة قيد الدراسة، والتعرف أكثر على جوانب القوة والضعف فيها. يبين (عبيدات وآخرون، 1989م) أن منهج الدراسات المسحية يتميز عن غيره من المناهج بأنه يتم في الظروف الطبيعية وليس في ظروف اصطناعية كما في المختبرات. وتتميز -أيضا- بأنها أكثر تعمقا، وأكثر شمولا في مجالها وأوسع نطاقا. وتستخدم الدراسات المسحية أدوات البحث العلمي المختلفة للحصول على المعلومات والبيانات اللازمة مثل الاستبانة والمقابلة. وقد استخدم الباحث الاستبانة لتحقيق أهداف هذه الدراسة.

سادساً: العينة:

تتكون عينة هذه الدراسة من سبع وعشرين (27) مدرسة ثانوية، بنسبة قدرها (25%) من مجموع المدارس الثانوية بمدينة الرياض البالغ عددها في الفصل الدراسي الأول للعام الدراسي 1424/1423هـ أربعا وتسعين (94) مدرسة ثانوية، كما أفادت بذلك إدارة التربية والتعليم بمدينة الرياض.

ويتألف أفراد عينة هذه الدراسة من مائة وخمسة وثلاثين (135) مشاركا، منهم سبعة وعشرون (27) مديرا، وسبعة وعشرون (27) مرشدا طلابيا، وواحد وثمانون (81) معلما، ليكون مجموع أفراد عينة هذه الدراسة مائة وخمسة وثلاثين (135) فردا. يمثلون جميع أعضاء لجنة الحالات السلوكية الطارئة في المدارس السبعة والعشرين المختارة عشوائيا من جميع مراكز الإشراف التربوي السبعة المتواجدة في مدينة الرياض. وذلك على النحو التالي كما في الجدول رقم (1/1) الذي يوضح توزيع أعداد المدارس الثانوية التي شملتها الدراسة.

جدول رقم (1/1)
أعداد المدارس الثانوية بمدينة الرياض
مقارنة بمدارس العينة

عدد المدارس الثانوية بموجب العينة	مجموع أعداد المدارس الثانوية بالمركز	اسم المركز	م
6	25	الغرب	1
4	15	الشمال	2
4	14	الروضة	3
4	13	الجنوب	4
3	10	الوسط	5
3	9	الشرق	6
3	8	السويدي	7
27	94	المجموع	8

يبين الجدول رقم (1/1) مجموع أعداد المدارس الثانوية بمدينة الرياض وذلك لتوضيح الأعداد التي جرى سحب العينة منها، فقد بلغ عدد المدارس الثانوية بالرياض في الفصل الدراسي الأول من العام الدراسي 1424/1423هـ أربعا وتسعين (94) مدرسة. اكتفى الباحث بأخذ ربع هذه المدارس أي بنسبة مئوية قدرها (25%) مكونة سبعا وعشرين مدرسة. فقد أخذ من مركز التوجيه والإشراف التربوي بالغرب ما مجموعه ست (6) مدارس، ومن مركز الشمال والروضة والجنوب أربع (4) مدارس لكل مركز منها، ومن مركز الوسط والشرق والسويدي ثلاث (3) مدارس لكل مركز منها، ليكون المجموع سبعا وعشرين (27) مدرسة من المدارس الثانوية بمدينة الرياض.

مجال الدراسة وحدودها:

وفقا لأهداف الدراسة وطبيعتها، فإنه جرى التركيز على ما يلي:

1. أعضاء لجنة الحالات السلوكية الطارئة في المدارس الثانوية بمدينة الرياض، وهـم مـدير المدرسة وثلاثة مـن المعلمين المتميزين ذوي الخبرة والكفاية وحسن التعامل.

2. أضاف الباحث إلى هذه اللجنة المرشد الطلابي لطبيعة عمله ببحث ودراسة ومتابعة حالات الطلاب السـلوكية، وارتباط عمله بموضوع هذه الدراسة.

3. المجال المكاني وقد ارتبط وفقا لطبيعة موضوع الدراسة بالمرحلة الثانوية العامة بمدينة الرياض طلابا وإداريـين ومعلمين. وتم الاقتصار في هذه الدراسة على أعضاء لجنة الحالات السلوكية الطارئة وذلك لأنها لجنة إداريـة تجمع بين الإداريين والمعلمين، ولما تتميز به من مهام موضحة فيما يلي، ولتلافي القصور الممكن حصوله تمـت الاستعانة أيضا برأي المرشد الطلابي. كما اقتصر على المرحلة الثانوية دون غيرها حيث ظهرت مظاهر الانحراف الأمني لديهم أكثر من طلاب المراحل الأخرى، بناء على الدراسة الأولية (Pilot Study) التي قام بها الباحث في مدارس التعليم العام ونتيجة لها حصر الدراسة في المرحلة الثانوية دون غيرها من المراحل.

4. المجال الزماني وقد تم تطبيق هذه الدراسة خلال الفصل الدراسي الأول من العام الدراسي 1424/1423هـ

لجنة الحالات السلوكية الطارئة:

تناقش الفقرة "خامسا" من الفصل الرابع "المجـالس واللجـان المدرسية" مـن دليل "القواعـد التنظيميـة لمدارس التعليم العام" الصادر عن وزارة المعارف عام 1420هـ لجنة الحالات السلوكية الطارئة ومهامها في ثـلاث مواد متتالية، يحسن عرضها في هذه الدراسة.

تبين المادة الرابعة والأربعون التالي: لجنة الحالات السلوكية الطارئة هـي اللجنـة المعنيـة بمـا قـد يقـع في المدرسة من حدث أو مخالفة سلوكية تخرج عن نطاق عمل لجنة التوجيه والإرشاد، مثل:

— اعتداء طالب على زميله بالضرب أو الشتم أو بما ينافي الأخلاق والقيم الإسلامية.

— تطاول الطالب على معلمه أو على غيره من العاملين في المدرسة.

— حصول حالات مشاجرة في المدرسة.

— إتلاف أو تخريب شيء من تجهيزات المدرسة أو ممتلكات منسوبيها.

— ما قد يوجد من حالات أو ظواهر سلوكية سيئة في المدرسة.

— أي طارئ يؤثر على سير العمل بالمدرسة.

وتوضح المادة الخامسة والأربعون ما يلي:

أ‌- تشكل لجنة الحالات السلوكية الطارئة وفق الآتي:

1. مدير المدرسة رئيسا.

2. ثلاثة من المعلمين المتميزين ذوي الخبرة والكفاية وحسن التعامل يختارهم مدير المدرسة أعضاء.

ب‌- تحدد عضوية المعلم في هذه اللجنة لمدة عام قابل للتجديد وفق ما يراه مدير المدرسة.

ج‌- يجوز لمدير المدرسة بالتنسيق مع مدير التعليم دعوة أحد المختصين في إدارة التعليم عند الحاجة للمشاركة في بحث موضوع تحتاج اللجنة إلى رأيه فيه.

أما **المادة السادسة والأربعون** فهي تحدد مهام لجنة الحالات السلوكية الطارئة واختصاصاتها، وهي وفق

ما يلي:

1. تنظر اللجنة في القضايا والمخالفات السلوكية التي تحدث في المدرسة وتدرسها دراسة وافية وتعالج ما يمكن علاجه من القضايا غير الأخلاقية.

2. ترفع اللجنة توصياتها واقتراحاتها بشأن ما لم تحسم الأمر فيه إلى مدير التعليم بعد استكمال دراسته.

3. يحق للجنة التوصية بـ (نقل الطالب إلى مدرسة أخرى، أو تحويله إلى الدراسة الليلية، أو إيقافه عن الدراسة مؤقتا لمدة لا تزيد على يومين في الحالة الواحدة، أو نحو ذلك مما يساعد على تعديل سلوك الطالب).

4. تعقد اللجنة اجتماعين دوريين كل فصل دراسي لتنظيم أعمالها ومراجعتها، وتعقد اجتماعات طارئة بدعوة من رئيسها كلما دعت الحاجة إلى ذلك.

5. تلتزم اللجنة بالسرية في مناقشتها وتوثق أعمالها بمحاضر يوقع عليها الأعضاء وتحفظها في مكان آمن.

سابعاً: المصطلحات:

يستخدم الباحث في هذه الدراسة عدة مصطلحات ويعرف أهمها حسب ما يلي:

الإدارة المدرسية:

اختلفت الآراء حول مفهوم الإدارة المدرسية فيرى (الحقيل، 1403هـ) بأنها "الوحدة القائمة بتنفيذ السياسة التعليمية". ومما لاشك فيه أن مفهوم الإدارة المدرسية قد تطور لذا يرى (الفايز، 1414هـ) أنها "مجموعة من الجهود المنظمة التي يقوم بها أفراد داخل إطار واحد وهو المدرسة لتحقيق الأهداف التربوية المرسومة والتي تنعكس آثارها على المجتمع". ويرى (فهمي ومحمود، 1414هـ) بأن الإدارة المدرسية تطور مفهومها وفقا لتطور مفهوم عملية التربية والتعليم وعليه فالإدارة المدرسية هي "جميع الجهود والنشاطات المنسقة التي يقوم بها فريق العاملين بالمدرسة الذي يتكون من المدير ومساعديه والمدرسين والإداريين والفنيين، بغية تحقيق الأهداف التربوية داخل المدرسة وخارجها، وبما يتمشى مع ما يهدف إليه المجتمع من تربية أبنائه تربية صحيحة وعلى أسس سليمة". كما يرى (البوهي، 2001م) أن الإدارة المدرسية "هي مجموعة عمليات تشمل التخطيط والتنسيق والرقابة والتقويم في ضوء الأهداف، وتؤدى هذه الوظائف من خلال التأثير في سلوك الأفراد. وبما يحقق أهداف المدرسة".

الأمن:

أمن من باب فهم وسلم، أمنا وأمانا، فهو آمن بمعنى اطمأن ولم يخف، والأمن والأمان مصادر، والأمن ضد الخوف، ويعني السلامة والاطمئنان النفسي، وانتفاء الخوف على حياة الإنسان، وعلى ما تقوم به هذه الحياة من مصالح وأسباب، ويشمل أمن الإنسان الفرد وأمن المجتمع. يقول الله عز و جل (فَلْيَعْبُدُوا رَبَّ هَذَا الْبَيْتِ (3) الَّذِي أَطْعَمَهُمْ مِنْ جُوعٍ وَآَمَنَهُمْ مِنْ خَوْفٍ (4)). (سورة قريش: الآيات 3-4). والأمن بمعناه الاصطلاحي "الحالة التي تتوافر، حين لا يقع في البلاد إخلال بالقانون، سواء كان هذا الإخلال جريمة يعاقب عليها، أو نشاطا خطيرا، يدعو إلى اتخاذ تدابير الوقاية والأمن، لمنع هذا النشاط من أن يتحول إلى جريمة" (الزحيلي، 1418هـ).

الانحراف الأمني:

انحرف وتحرف أي مال وحاد وعدل، والانحراف هو الميل والعدل عن الشيء. والانحراف الأمني هنا هو الميل والبعد عن أمن الأفراد والمجتمع، ويقصد به تحديدا ما يقوم به بعض طلاب المرحلة الثانوية من تهديد المجتمع أمنيا، وهذا التهديد يتدرج من مشاجرات الطلاب مع بعضهم البعض إلى تطاول بعضهم على المعلمين إلى التدخين، واستعمال أو إدمان أو ترويج المخدرات.

المرحلة الثانوية:

هي المرحلة التعليمية التي تمثل حلقة الوصل بين المرحلة المتوسطة والجامعة، ولها طبيعتها من حيث سن الطلاب وخصائص نموهم. مدة الدراسة في هذه المرحلة التعليمية ثلاث سنوات، تكون السنة الأولى فيها عامة لجميع الطلاب، ثم يتخصص الطالب في السنة الثانية والثالثة منها، وبعد أن يجتاز الطالب هذه المرحلة يحصل على شهادة الثانوية العامة (الرشود، 1420هـ). وهذه المرحلة لها طبيعتها الخاصة من حيث سن الطلاب وخصائص نموهم، فهي المرحلة التي تقابل مرحلة المراهقة ومشارف الشباب، وهي تستدعي ألوانا من التوجيه والإرشاد والإعداد (الحامد وآخرون، 1423هـ).

الطلاب:

هم جميع طلاب الصف الأول والثاني والثالث من المرحلة الثانوية، المنخرطون بمدارس مدينة الرياض في الفصل الدراسي الأول من العام الدراسي 1423/1424هـ.

ثامناً: الأداة:

صمم الباحث استبانة موجهة بشكل خاص للجنة الحالات السلوكية الطارئة إضافة إلى المرشد الطلابي لغرض جمع المادة العلمية لرصد مظاهر وأسباب الانحراف الأمني لدى الطلاب في المرحلة الثانوية. وقد اشتملت الاستبانة على أربعة محاور، الأول منها قصد منه جمع المعلومات الأولية للعينة كالعمر والخبرة والوظيفة والمستوى التعليمي لأفراد العينة. أما المحور الثاني فهو عن مظاهر الانحراف الأمني ودرجة انتشارها بين الطلاب من وجهة نظر العينة. وفي المحور الثالث يحدد أفراد العينة رأيهم في أسباب مظاهر الانحراف لدى الطلاب، أما المحور الرابع فهو عن مقترحات ومرئيات العينة للحد من مظاهر الانحراف.

صدق وثبات الأداة:

من أجل التأكد من صدق وثبات الاستبانة قام الباحث بعرضها على مجموعة من المحكمين المختصين الذين قدموا بعض الملحوظات القيمة وقام الباحث بإجراء التعديلات المطلوبة وبهذا يكون الباحث اعتمد على صدق المحكمين (Trustees-Validity). كما قام الباحث بقياس ثبات الاستبانة باستخدام أسلوب التجزئة النصفية (Split-half). وقد أجمع المحكمون على صلاحية الأداة وصدقها.

تاسعاً: الأساليب الإحصائية:

استخدم الباحث أفضل الأساليب الإحصائية المعروفة في الدراسات التربوية والاجتماعية من خلال الحاسوب الشخصي وهو برنامج الحزم الإحصائية للعلوم الاجتماعية (Spss 9.0 for Windows).

خاتمة

قدم الباحث في هذا المبحث أهمية هذه الدراسة وأهدافها وأسئلتها، كما تطرق الباحث إلى الدراسات السابقة في مجال هذه الدراسة، والمنهجية المتبعة في هذه الدراسة. وقد حدد الباحث العينة وعرف المفاهيم أو المصطلحات المستخدمة في هذه الدراسة، كما وصف الأداة، وختم هذا المبحث بتوضيح الأساليب الإحصائية لتحليل النتائج. وبهذا تكون المقدمة لهذه الدراسة قد اكتملت وعليه يعرض الباحث في المبحث الثاني نتائج هذه الدراسة مع المناقشة.

المبحث الثاني
النتائج والمناقشة

تمهيد

تركز هذه الدراسة على تحديد مظاهر الانحراف الأمني لدى طلاب المرحلة الثانوية بمدينة الرياض، وعلى معرفة أسباب انتشار هذه المظاهر، وكذلك تزويد الإدارة المدرسية والمؤسسات الأمنية - على حد سواء- بالحلول العملية والمقترحات المناسبة للحد من مظاهر الانحراف الأمني لطلاب المرحلة الثانوية. وللإجابة عن أسئلة الدراسة التي وردت في المبحث الأول فقد قام الباحث بتحليل البيانات التي أسفرت عنها الدراسة المسحية ويعرضها مع مناقشتها هنا. وسيكون العرض من خلال أجزاء أربعة؛ الأول منها يوضح البيانات الأولية لأفراد العينة. أما الجزء الثاني فيتناول عرض ومناقشة نتائج مظاهر الانحراف الأمني لدى الطلاب. يلي ذلك الجزء الثالث الذي خصص للحديث عن أسباب انتشار مظاهر الانحراف الأمني لدى الطلاب، ثم الجزء الرابع الذي جرى فيه عرض المقترحات التي من خلالها يمكن الحد من مظاهر الانحراف الأمني لطلاب المرحلة الثانوية من وجهة نظر المبحوثين. في الصفحات التالية يتناول الباحث عرض ومناقشة الأجزاء الأربعة تباعا.

الجزء الأول

البيانات الأولية لأفراد العينة

ضمن الباحث الاستبانة جزءا للتعريف بأفراد العينة المشاركين بهذه الدراسة وذلك وفقا لما يلي:

- العمر.
- المستوى التعليمي.
- الوظيفة.
- الخبرة.

وسيعرض الباحث نتائج تلك البيانات الأولية لأفراد العينة على التوالي.

جدول رقم (2/1)

الفئات العمرية لأفراد العينة

العمر	التكرار	النسبة المئوية	النسبة التراكمية
أقل من 40 سنة	100	%74.1	%74.1
40 فأكثر	35	%25.9	%25.9
المجموع	135	%100	%100

يوضح الجدول رقم (2/1) الفئات العمرية لأفراد العينة المشاركين بهذه الدراسة، التي قسمت إلى مجموعتين اثنتين فقط؛ أقل من أربعين سنة، أو أربعين سنة فأكثر. وقد تبين أن (%74.1) من أفراد العينة المشاركين بالدراسة كانت أعمارهم أقل من (40) سنة، وقد بلغت نسبة المجموعة الثانية (%25.9) وهم الذين كانت أعمارهم (40) سنة فأكثر.

جدول رقم (2/2)
المستوى التعليمي لأفراد العينة

المستوى التعليمي	التكرار	النسبة المئوية	النسبة التراكمية
أقل من جامعي	3	%2.2	%2.2
جامعي	128	%94.8	%97
فوق الجامعي	4	%3	%100
المجموع	135	%100	

يبين الجدول رقم (2/2) المستوى التعليمي لإفراد العينة المشاركين بالدراسة، حيث بلغت نسبة الذين يحملون المؤهل الجامعي الأعلى إذ وصلت إلى (94.8%)، يليهم الحاصلون على التعليم فوق الجامعي سواء درجة الماجستير أو الدكتوراه بنسبة بلغت (3%)، ثم الحاصلون على المستوى الأقل من الجامعي بنسبة بلغت (2.2%). وبهذا يتضح ارتفاع المستوى التعليمي لأفراد العينة المشاركين بهذه الدراسة، مما يجعل آرائهم متميزة؛ فهي صادرة من متعلمين تعليما جامعيا. ويلاحظ هنا حسن اختيار مديري المدارس الثانوية للمعلمين أعضاء لجنة الحالات السلوكية الطارئة.

جدول رقم (2/3)
وظيفة أفراد العينة المشاركة بالدراسة

الوظيفة	التكرار	النسبة المئوية	النسبة التراكمية
مدير	27	%20	%20
مرشد	27	%20	%40
معلم	81	%60	%100
المجموع	135	%100	

قامت هذه الدراسة على مشاركة من أعضاء لجنة الحالات السلوكية الطارئة في المدارس الثانوية بمدينة الرياض، التي تتكون من كل من مدير المدرسة وثلاثة من المعلمين المتميزين ذوي الخبرة والكفاية وحسن التعامل. وقد أضاف الباحث إلى هذه اللجنة المرشد الطلابي لطبيعة عمله ببحث ودراسة حالات الطلاب السلوكية وارتباط عمله بموضوع الدراسة. وقد شارك فيها سبعة وعشرون (27) مديرا بنسبة بلغت (20%)، وسبعة وعشرون (27) مرشدا طلابيا بنسبة بلغت (20%)، وواحد وثمانون (81) معلما بنسبة بلعت (60%). هذه النتائج بينها الجدول رقم (2/3).

جدول رقم (2/4)

الخبرة في الوظيفة الحالية لأفراد العينة المشاركة بالدراسة

الخبرة	التكرار	النسبة المئوية	النسبة التراكمية
5 سنوات فأقل	34	%25.2	%25.2
من 6 إلى 10 سنوات	37	%27.4	%52.6
من 11 إلى 15 سنة	38	%28.1	%80.7
16 فأكثر	26	%19.3	%100
المجموع	135	%100	

يوضح الجدول (2/4) الخبرة التي يتمتع بها أفراد العينة المشاركين في هذه الدراسة في وظائفهم الحالية - مدير أو مرشد طلابي أو معلم- بالسنوات، ويتضح من هذا الجدول أن نسبة (25.2%) من العينة كانت مدة خبرتهم خمس (5) سنوات فأقل، وأن نسبة (27.4%) منهم كانت خبرتهم ما بين ست إلى عشر (6-10) سنوات، وأن نسبة (28.1%) من العينة كانت مدة خبرتهم في أعمالهم الحالية من إحدى عشرة سنة إلى خمس عشرة (11-15) سنة، وأن نسبة (19.3%) منهم بلغت خبرتهم ست عشرة (16) سنة فأكثر. ويلاحظ أن أكثر من (75%) من العينة كانت خبرتهم على الأقل ست سنوات، وهذا من شأنه إيضاح الخبرة الطويلة التي تتمتع بها العينة في المجال التربوي ومعرفتهم التامة بمظاهر الانحراف الأمني لدى طلاب المرحلة الثانوية. ويلاحظ هنا -أيضا- حسن

اختيار مديري المدارس الثانوية للمعلمين أعضاء لجنة الحالات السلوكية الطارئة، فهم هنا أصحاب خبرة ودراية وليسوا حديثي عهد بالتربية والتعليم. وببيان الخبرة التعليمية لأفراد العينة يكتمل إيضاح البيانات الأولية، وفيما يلي بيان الجانب الثاني من النتائج وهو نتائج السؤال الأول لهذه الدراسة المتعلق بمظاهر الانحراف الأمني لدى طلاب المرحلة الثانوية بمدينة الرياض.

الجزء الثاني

مظاهر الانحراف الأمني لدى الطلاب

تمهيد:

في هذا الجزء من فصل النتائج والمناقشة يجيب الباحث عن السؤال الأول من أسئلة هذه الدراسة، وهو: ما هي مظاهر الانحراف الأمني لدى طلاب المدارس الثانوية بمدينة الرياض من وجهة نظر الإدارة المدرسية؟ وقد قام الباحث في هذه الدراسة بتزويد أفراد العينة بمظاهر الانحراف الأمني، وحصرها في ثمانية مظاهر مع إمكانية الإضافة من قبل المبحوثين في حال الرغبة في ذلك. وقد طلب الباحث منهم تحديد درجة انتشار كل مظهر بميزان خماسي يبدأ بدرجة كبيرة جدا، ثم كبيرة الانتشار، ثم متوسطة الانتشار، ثم ضعيفة الانتشار، ثم أخيرا غير موجودة على الإطلاق. ويعرض الباحث فيما يلي ترتيب درجة انتشار مظاهر الانحراف الأمني في أوساط الطلاب من وجهة نظر أفراد العينة جميعا أولا، ثم من وجهة نظر مديري المدارس الثانوية ثانيا، ثم من وجهة نظر المرشدين الطلابيين ثالثا، ومن وجهة نظر المعلمين رابعا. وعلى الرغم من أنهم جميعا أعضاء لجنة الحالات السلوكية الطارئة إلا أن الاحتمالية تظل قائمة بل وكبيرة في تعدد وليس تنافر وجهات النظر فيما بينهم؛ فكل مجموعة من العينة قد ترى درجة انتشار المظاهر من زاوية مختلفة. وعليه، سيعرض الباحث وجهات النظر الخاصة برؤية كل فئة على حدة بداية، برأيهم مجتمعا، ثم بالمديرين، ثم بالمرشدين الطلابيين، وأخيرا بالمعلمين.

أولاً: مظاهر الانحراف الأمني لدى الطلاب من وجهة نظر أفراد العينة جميعا:

الجدول رقم (2/5) أدناه يوضح ترتيب درجة انتشار مظاهر الانحراف الأمني لدى طلاب المرحلة الثانوية بمدينة الرياض من وجهة نظر أفراد العينة جميعهم، المديرون والمرشدون الطلابيون والمعلمون، وقد خرجت نتائج ذلك مبينة أن أكثر المظاهر انتشارا لدى الطلاب هو "التفحيط" بنسبة بلغت (46.7%) من العينة يرون وجودها بدرجة ضعيفة أو متوسطة، ونسبة (44.4%) منهم يرون وجودها بنسبة كبيرة أو كبيرة جدا، بينما يعتقد ما نسبة (8.9%) منهم فقط بأن انتشار التفحيط غير موجود على الإطلاق بين أوساط الطلاب. وقد جاء وزن هذه النتائج لهذا المظهر (462) محققا المرتبة الأولى انتشارا من بين المظاهر الثامنة قيد الدراسة. ويتضح من الجدول وجود فروق دالة إحصائيا عند مستوى الدلالة (0.01) بين مجموعات أفراد العينة الثلاث المقسمين وفقا لمتغير الوظيفة.

وقد حصل على المرتبة الثانية من المظاهر قيد الدراسة "المشاجرات بين الطلاب"، إذ وصف درجة انتشاره بالكبيرة جدا أو الكبيرة ما نسبته (34%) من العينة. ونفى انتشار المشاجرات بين الطلاب ما نسبته فقط (1.5%) من أفراد العينة وهو ما يعبر بالضرورة عن رأيهم أو عن خطأ لديهم في فهم الأمر. بينما وصف درجة انتشار مظهر "المشاجرات بين الطلاب" بالمتوسطة أو الضعيفة ما نسبته (64.5%) من المديرين والمرشدين الطلابيين والمعلمين أعضاء لجنة الحالات السلوكية الطارئة الذين شاركوا في هذه الدراسة. علما بأن هناك فروقا دالة إحصائيا عند مستوى الدلالة (0.05) بين أفراد مجموعات الدراسة الثلاث؛ المديرون والمرشدون والمعلمون. وتتفق هذه الدراسة مع بحث (الشهب، 1421هـ) الذي اكتشف وجود العنف اللفظي والفعلي أي المشاجرات سواء بين الطلاب أنفسهم أو بين الطلاب والمعلمين أو بين الطلاب وأحد أطراف العملية التعليمية، وجده منتشرا بين أوساط الطلاب في المغرب.

يأتي بعد مظهر "المشاجرات بين الطلاب" مظهر "التدخين" في أوساط طلاب المرحلة الثانوية بمدينة الرياض. حيث جاء محتلا المرتبة الثالثة من مظاهر الانحراف الأمني المنتشرة بين الطلاب من وجهة نظر جميع المبحوثين. إلا أنه قد نفى وجود هذا المظهر في أوساط الطلاب ما نسبته (14.1%) من أفراد العينة. وبين وجوده بدرجة

ضعيفة أو متوسطة ما نسبته (48.8%) منهم، وبالدرجة الكبيرة أو الكبيرة جدا ما نسبته (37.1%) منهم. وهذه النتيجة تتفق إلى حد ما مع دراسة (المندلاوي، 1421هـ) فيما يخص "التدخين" حيث تبين أن نسبة المدخنين بلغت (14%) من طلاب المرحلة الثانوية في تلك الدراسة، على الرغم من أن هذه النسبة لم تكن عالية فيما بينهم.

ويوضح أفراد العينة المشاركين في هذه الدراسة أن المظهر الرابع من مظاهر الانحراف الأمني هو "المعاكسات" التي يقوم بها طلاب المرحلة الثانوية والتي تتمثل في المضايقات التي يقوم بها الطلاب ضد الإناث. وذلك -في الغالب- بناء على انطباعات أفراد العينة من المديرين والمرشدين والمعلمين وليس بالضرورة من خلال عملهم في لجنة الحالات السلوكية الطارئة. فقد نفى وجود هذا المظهر ما نسبته (17%) منهم، وهي نسبة مرتفعة. أما الذين أكدوا وجود هذا المظهر منتشرا في أوساط طلاب المرحلة الثانوية بمدينة الرياض بدرجة ضعيفة أو متوسطة فقد بلغت نسبتهم (54.1%) منهم، وبدرجة كبيرة أو كبيرة جدا قد بلغت نسبتهم (28.8%) منهم.

ووضع أفراد العينة من المديرين والمرشدين الطلابيين والمعلمين في الترتيب الخامس مظهر "تطاول الطلاب على المعلمين" سواء بالاعتداء الشخصي أو الاعتداء على الممتلكات الخاصة بالمعلمين. فقد بلغت نسبة الذين أعطوا درجة انتشار هذا المظهر في أوساط طلاب المرحلة الثانوية بالرياض بالضعيفة أو المتوسطة (74.1٪). وذكر ما نسبته (11.1٪) منهم بأن هذا المظهر لا يتواجد إطلاقا بين الطلاب، وبين ما نسبته (14.8٪) فقط منهم بانتشار هذا المظهر بدرجة كبيرة أو كبيرة جدا. وقد أوضحت دراسة (الشهب، 1421هـ) أن نسبة كبيرة من ظاهرة العنف والتطاول على المعلمين -بالمملكة المغربية- يقوم به الطلاب معتدين على المعلمين أو غيرهم من العاملين في المدرسة ويصاحبه في حالات كثيرة تدخل أهل الطلاب وأفراد الأسرة القريبين والبعيدين مناصرة للطلاب على معلميهم.

يأتي بعد ذلك ثلاثة مظاهر من مظاهر الانحراف الأمني لدى الطلاب التي حصلت على ترتيبات متدنية من وجهة نظر أعضاء لجنة الحالات السلوكية الطارئة إضافة إلى المرشد الطلابي -أفراد العينة- حيث أعطوا مظهر "الهروب من المنزل والهروب من

المدرسة وانتشار المخدرات" بين طلاب المرحلة الثانوية بمدينة الرياض ترتيبا متأخرا، الترتيب السادس والسابع والثامن على التوالي.

فقد بين ما نسبته (9.9٪) من أفراد العينة من المديرين والمرشدين الطلابيين والمعلمين أن درجة انتشار مظهر "الهروب من المنزل" بين طلاب المرحلة الثانوية بالكبيرة أو الكبيرة جدا. أما الدرجة الضعيفة أو المتوسطة فقد جاءت بنسبة عالية قدرها (70.1٪) والذين نفوا وجودها فهي نسبة عالية أيضا حيث بلغت (20٪) منهم.

فقد حدد فقط ما نسبته (8.1٪) من العينة درجة انتشار مظهر "الهروب من المدرسة" بالكبيرة أو الكبيرة جدا، وبالضعيفة أو المتوسطة ما نسبته (68.2٪) منهم، وبالنفي ما نسبته (23.7٪) منهم، ونسبة النفي هذه عالية جدا.

وأوضح ما نسبته (33.3٪) من مجموع أفراد عينة الدراسة نفي وجود أو انتشار "المخدرات" بين الطلاب، وهذه أعلى نسبة نفي في هذه الدراسة، وحددها بالدرجة الضعيفة أو المتوسطة ما نسبته (53.4٪) منهم، وبينها بالكبيرة أو الكبيرة جدا ما نسبته (13.9٪) منهم. وهذا المظهر أخذ الترتيب الأخير من وجهة نظر العينة كما أن الفرق بين مجموع وزن المظهر الحاصل على الترتيب الأول "التفحيط" (462) والترتيب الأخير "المخدرات" (284) كبير جدا حيث بلغ (178) نقطة. وهناك فروقا دالة إحصائيا عند مستوى الدلالة (0.05) بين إجابات أفراد العينة في هذا المظهر "المخدرات" وبين وظائفهم.

وبهذا اكتمل عرض ومناقشة نتائج الجدول رقم (2/5) الذي يوضح رأي أفراد العينة من المديرين والمرشدين الطلابيين والمعلمين في ترتيب درجة انتشار مظاهر الانحراف الأمني لدى طلاب المرحلة الثانوية بمدينة الرياض. ويعرض الباحث فيما يلي ترتيب درجة انتشار مظاهر الانحراف الأمني في أوساط الطلاب من وجهة نظر المديرين فقط، فربما أن نظرة مديري المدارس الثانوية تختلف عن نظرة المرشدين الطلابيين وعن المعلمين، على الرغم من أنهم جميعا أعضاء لجنة الحالات السلوكية الطارئة إلا أن الاحتمالية تظل قائمة بل وكبيرة في تعدد وليس تنافر وجهات النظر فيما بينهم؛ فكل مجموعة من العينة قد ترى درجة انتشار المظاهر من زاوية مختلفة. وعليه، سيعرض

الباحث وجهات النظر الخاصة برؤية كل فئة على حدة بداية بالمديرين، ثم المرشدين الطلابيين، ثم المعلمين.

ثانياً: مظاهر الانحراف الأمني لدى الطلاب من وجهة نظر المديرين:

الجدول رقم (2/6) في الصفحة التالية يوضح ترتيب درجة انتشار مظاهر الانحراف الأمني من وجهة نظر مديري المدارس الثانوية بمدينة الرياض. الذي يبين أن المديرين وضعوا مظهر "التفحيط" في الترتيب الأول بفارق نقطة واحدة في الوزن عن المركز الثاني "التدخين"، (81) و (80) على التوالي.

وتوضح النسب الموزعة على درجات الانتشار فيما يخص مظهر "التفحيط" كما هو مبين في الجدول رقم (2/6) من وجهة نظر المديرين أن (63%) منهم حددوا درجة هذا المظهر بالضعيفة أو المتوسطة، ونسبة (29.6%) منهم حددوها بالكبيرة أو الكبيرة جدا، وفقط نسبة (7.4%) منهم حددوها بالغير موجودة على الإطلاق.

وقد وصف ما نسبته (3.7%) من المديرين عدم وجود أو انتشار مظهر "التدخين" بين طلاب المرحلة الثانوية، وبين ما نسبته (66.6%) منهم انتشاره بين الطلاب بدرجة ضعيفة أو متوسطة، وبنسبة (29.6%) للذين بينوا انتشار "التدخين" بالدرجة الكبير أو الكبيرة جدا. وقد وضع المديرون هذا المظهر في الترتيب الثاني بفارق نقطة واحدة في مجموع الوزن لإجابات تلك العينة.

وبالنظر إلى الجدول رقم (2/6) أيضا فإنه يتضح أن مظهر "المعاكسات" يأتي ثالثا في الترتيب، ونسبه كما يلي: (3.7%) لمن نفى وجوده، و(81.5%) لمن قيمه بالدرجة الضعيفة أو المتوسطة وهي نسبة عالية، و(14.8%) لمن أعطاه الدرجة الكبيرة أو الكبيرة جدا.

يلي ذلك مظهر "المشاجرات بين الطلاب" سواء داخل المدرسة أو في خارجها، وقد أوضح ما نسبته (77.8%) من المديرين تواجد هذا المظهر بالدرجة الضعيفة أو المتوسطة، وما نسبته (11.1%) منهم قالت بوجوده بالدرجة الكبيرة، ونفى الوجود ما

نسبته (11.1٪) منهم، ويلاحظ عدم اختيار هذه العينة للدرجة الكبيرة جدا في تحديد مدى انتشار هذا المظهر بين طلاب المرحلة الثانوية.

هذه المظاهر الأربعة السابقة - التفحيط والتدخين المعاكسات والمشاجرات- جاءت مختلفة في الترتيب عن رأي جميع أفراد العينة، إذ المديرون كان لهم ترتيب خاص بهم ومن وجهة نظرهم فيما يخص المظاهر السابقة، رأيٌ غلب عليه النظرة الإدارية نسبة لطبيعة عملهم ولتأثرهم بذلك كثيرا. أما المظاهر الأربعة التالية - تطاول الطلاب على المعلمين والهروب من المنزل أو المدرسة والمخدرات- فهي لم تختلف في الترتيب العام عن ما رآه مجموع أفراد عينة الدراسة إلا تقدم مظهر الهروب من المنزل على الهروب من المدرسة وحصوله على الترتيب الخامس متكررا. والجديد فيها -أيضا- هو اختلاف الرؤى حول درجات الانتشار وذلك وفقا لرأي المديرين في هذه المظاهر. فقد أوضح ما نسبته (77.7٪) من المديرين أن رأيهم في انتشار مظهر "تطاول الطلاب على المعلمين" بين الطلاب يصل إلى الدرجة الضعيفة أو المتوسطة، ونسبة (14.8٪) منهم يرون انتشارها بالدرجة الكبيرة أو الكبيرة جدا، ونسبة (7.4) منهم ينفون وجودها بشكل قاطع أي أن الطلاب لا يتطاولون على معلميهم إطلاقا.

أما مظهر "الهروب من المنزل" فقد جاءت نتائجه على النحو التالي: (7.4٪) من المديرين ينفون وجود هذا المظهر منتشرا بين الطلاب، و(85.2٪) منهم يحددون درجة وجوده بالضعيفة أو المتوسطة، و(7.4٪) منهم يعتقدون بأن درجة وجوده بالكبيرة فقط دون الدرجة الكبيرة جدا حيث لم ير أحد من المديرين نسبة وجود لها. وهذا المظهر جاء - كما تقدم بيانه- في الترتيب الخامس متكررا مع مظهر "تطاول الطلاب على المعلمين" على مجموع وزن متساو قدره (68) نقطة.

ويوضح الجدول رقم (2/6) أيضا وجود مظهر "الهروب من المدرسة" في الترتيب السادس بمجموع وزن قدره (65) نقطة، فقد نفى ما نسبة (7.4) من المديرين وجود هذا المظهر بين أوساط الطلاب بشكل قاطع؛ فالطلاب لا يهربون من مدارسهم إطلاقا. وأوضح ما نسبته (51.9٪) درجة انتشار هذا المظهر بالضعيفة، ونسبة (33.3٪) منهم بالمتوسطة ليكون مجموع الدرجتين (85.2٪)، أما الدرجة الكبيرة فلم يحددها أحد من

المديرين لهذا المظهر. يأتي في الترتيب الأخير وهو السابع للمديرين مظهر "المخدرات" إذ نفى وجوده ما نسبته (14.8٪) منهم، وذكر وجوده بالدرجة الضعيفة ما نسبته (70.4٪) منهم، وبالدرجة المتوسطة ما نسبته (14.8٪) منهم، ولم يذكر أحد من المديرين وجود مظهر الانحراف الأمني "المخدرات" بالدرجة الكبيرة أو الكبيرة جدا مما يدلل على ضعف انتشاره بين طلاب المرحلة الثانوية بمدينة الرياض.

ثالثاً: مظاهر الانحراف الأمني لدى الطلاب من وجهة نظر المرشدين الطلابيين:

الجدول رقم (2/7) الذي يعرض نتائج ترتيب درجة انتشار مظاهر الانحراف الأمني من وجهة نظر المرشدين الطلابيين يبين أن مظهر "المشاجرات بين الطلاب" يحتل الترتيب الأول بمجموع وزن قدره (88) نقطة. وذلك على الرغم من أن أحدا من المرشدين لم يحدد درجة وجود هذا المظهر بالكبيرة جدا، فقد ذكر ما نسبته (11.1٪) فقط بأن وجوده بدرجة كبيرة، وبنفس النسبة لعدم وجوده مطلقا، وبنسبة (77.8٪) منهم يرون وجوده بالدرجة الضعيفة أو المتوسطة. يأتي بعد ذلك مظهر "التفحيط" في الترتيب الثاني بنسب مئوية حسب ما يلي: (7.4٪) لعدم وجود هذا المظهر منتشرا بين الطلاب، وبنفس النسبة للدرجة الكبيرة جدا في انتشاره، قد جاءت نسبة الدرجة الضعيفة (22.2٪) وبنفس النسبة للدرجة الكبيرة، أما نسبة الدرجة المتوسطة فقد جاءت مرتفعة نسبيا إذ بلغت (40.7٪).

ويوضح الجدول رقم (2/7) -أيضا- رأي العينة من المرشدين الطلابيين في "التدخين" كمظهر من مظاهر الانحراف الأمني لدى طلاب المرحلة الثانوية بمدينة الرياض، حيث بين ما نسبته (66.6٪) منهم درجة وجود "التدخين" بالضعيفة أو المتوسطة، وبين ما نسبة (29.6٪) منهم الانتشار بالدرجة الكبيرة أو الكبيرة جدا، ونفى الوجود لهذا المظهر ما نسبته (3.7٪) منهم، ليحتل بذلك الترتيب الثالث بمجموع وزن قدره (80) نقطة.

وجاء مظهر "المعاكسات" رابعا بموجب رأي المرشدين الطلابيين فقد نفى وجوده مطلقا بين طلاب المرحلة الثانوية ما نسبته (3.7٪) منهم، وأكد وجوده بدرجة كبيرة أو

كبيرة جدا ما نسبته (14.8٪) منهم، وبالدرجة الضعيفة أو المتوسطة ما نسبته (81.4٪) من المرشدين الطلابيين.

أما الخامس من مظاهر الانحراف الأمني لدى طلاب المرحلة الثانوية بمدينة الرياض فهو "تطاول الطلاب على المعلمين" من وجهة نظر جميع المرشدين الطلابيين حيث بين ما نسبته (14.8٪) وجوده بدرجة كبيرة أو كبيرة جدا، ونسبة (77.8٪) منهم بالدرجة الضعيفة أو المتوسطة، بينما نفى وجوده ما نسبته (7.4٪) منهم. وجاء مظهر "الهروب من المنزل" في نفس المرتبة الخامسة متكررا مع "تطاول الطلاب على المعلمين" حيث حصلا على (68) نقطة وذلك مجموع وزن إجابات المرشدين الطلابيين. فقد أوضح ما نسبته (85.1٪) من أفراد هذه العينة وجود مظهر "الهروب من المنزل" منتشرا بين الطلاب بدرجة ضعيفة أو متوسطة، أما الدرجة الكبيرة فبنسبة لم تتجاوز (7.4٪) منهم، وكذلك النفي بنفس النسبة، أما الدرجة الكبيرة جدا فلم ترد في إجابات المرشدين الطلابيين مطلقا.

ومن المظاهر التي جاء ترتيبها متأخرا بناء على رأي المرشدين الطلابيين مظهر "الهروب من المدرسة" فقد نفاه ما نسبته (7.4٪) وبنفس النسبة أكدوه بدرجة كبيرة، أما الدرجة الضعيفة والمتوسطة فقد جاءت بنسبة (85.1٪)، واحتل هذا المظهر الترتيب السادس بمجموع وزن قدره (65) نقطة.

ويأتي مظهر "المخدرات" الأخير في الترتيب من بين مظاهر الانحراف الأمني المشمولة في هذه الدراسة في رأي المرشدين الطلابيين محققا أقل مجموع وزن (54) نقطة. وقد تركزت آراء المرشدين الطلابيين في الدرجات الثلاث فقط، وهي الضعيفة والمتوسطة إضافة إلى عدم وجوده على الإطلاق (70.4٪)، (14.8٪)، (14.8٪)، وذلك حسب النسب الواردة على التوالي. وبهذا اكتمل عرض النتائج الخاصة بالمرشدين الطلابيين ورأيهم في مظاهر الانحراف الأمني لدى طلاب المرحلة الثانوية. ويتضح من عرض رأي هذه الفئة -المرشدين الطلابيين- تأثر النتائج بالنظرة الإرشادية نسبة لطبيعة عملهم ولتأثرهم بذلك كثيرا؛ فقد جاء مظهر المشاجرات والتفحيط ومن ثم التدخين أولا، فهذه أكثر مظاهر الانحراف الأمني انتشارا بين الطلاب من وجهة نظرهم.

رابعاً: مظاهر الانحراف الأمني لدى الطلاب من وجهة نظر المعلمين:

الجدول رقم (2/8) يبين ترتيب درجة انتشار مظاهر الانحراف الأمني من وجهة نظر المعلمين أعضاء لجنة الحالات السلوكية الطارئة في مدارس ثانويات مدينة الرياض. حيث جاء في الترتيب الأول مظهر "المشاجرات بين الطلاب" متفقين في ذلك مع المرشدين الطلابيين، إذ أوضح ما نسبته (74.1٪) من المعلمين أن درجة انتشار "المشاجرات بين الطلاب" ضعيفة أو متوسطة، أما الدرجة الكبيرة والكبيرة جدا فقد جاءت بنسبة (23.4٪) من المعلمين، ونفى وجود المشاجرات بين الطلاب ما نسبته (2.5٪) منهم. وقد حصل مظهر "التفحيط" على الترتيب الثاني من وجهة نظر المعلمين كما يشير الجدول رقم (2/8) بذلك، و المعلمون -أيضا- متفقون في هذا مع المرشدين الطلابيين. وذلك على الرغم من أن النافين لوجوده أصلا جاءت نسبتهم عالية إذ بلغت (12.3٪) من المعلمين. أما المحددون لدرجته بالكبيرة أو الكبيرة جدا فنسبتهم لم تتجاوز (26٪) منهم، أما الدرجة المتوسطة أو الضعيفة فبنسبة تجاوزت (61٪) بقليل.

ويأتي مظهر "تطاول الطلاب على المعلمين" في الترتيب الثالث مخالفا لوجهات النظر لدى كل من المديرين والمرشدين الطلابيين منفردين، ومختلفة مع النتيجة العامة لجميع آراء أفراد العينة من المديرين والمرشدين الطلابيين والمعلمين. وقد يعود السبب في ذلك لعلاقة المعلمين أكثر من غيرهم بتطاول الطلاب عليهم سواء كان التطاول لفظيا كالإهانة أو الشتم، أو كان التطاول فعليا كالضرب أو إلحاق الأذى بالجسد أو بالممتلكات. وقد أوضحت بعض الدراسات بداية انتشار هذه المعاناة -التطاول على المعلمين- لدى جميع المنتسبين إلى العملية التعليمية من مديرين ومرشدين ومعلمين وغيرهم، على سبيل المثال دراسة (الشهب، 1421هـ). وقد يكون أيضا حصول مظهر "تطاول الطلاب على المعلمين" على مرتبة متقدمة من وجهة نظر المعلمين هو هاجس الخوف من انتشار هذا المظهر لا سيما في السنوات الأخيرة. وعلى الرغم من هذا كله فقد نفى وجود التطاول نسبة لا بأس بها من المعلمين تقدر بـ (16.1٪)، أما المحددون لدرجته بالكبيرة أو الكبيرة جدا فنسبتهم لم تتجاوز (14.8٪) منهم، أما من حدد وجوده بالدرجة الضعيفة أو المتوسطة فنسبتهم وصلت إلى (62.1٪) منهم.

كما يوضح الجدول رقم (2/8) أن الترتيب الرابع لمظاهر الانحراف الأمني لـدى الطـلاب مـن وجهـة نظـر المعلمين جاء "التدخين". على الرغم من أن النافين لوجوده في الأساس نسبة عالية بلغت (23.5%) من المعلمين، وقد حدد درجة وجوده بالكبيرة أو الكبيرة جدا نسبة لم تصل إلى (20%) منهم، وبالدرجة الضعيفة أو المتوسطة نسبة بلغت (56.7%) منهم. وقد جاء هذا المظهر -التدخين- مخالفا في الترتيب لوجهات النظر لـدى كـل مـن المـديرين والمرشدين الطلابيين منفردين، ومختلفة مـع النتيجـة العامـة لجميـع آراء أفـراد العينـة مـن المـديرين والمرشـدين والمعلمين.

ويوضح الجدول -أيضا- أن مظهر الانحراف الأمني المتمثل بـ "المعاكسات" جـاء في الترتيب الخـامس مـن خلال وجهة نظر المعلمين، ومخالفا في الترتيب لوجهات النظر لدى كل من المديرين والمرشدين الطلابيين كـل عـلى حدة، ومختلفة أيضا مع النتيجة العامة لجميع آراء أفراد العينة مـن المـديرين والمرشـدين والمعلمين. وذلـك عـلى الرغم من أن (26%) من المعلمين نفوا وجود مظهر "المعاكسات" منتشرا بين طلاب المرحلة الثانوية بمدينة الرياض. وبين ما نسبته (56.8%) منهم بوجود هذا المظهر بدرجة ضعيفة أو متوسطة، وبدرجة كبيرة أو كبيرة جدا ما نسبته (17.2%) منهم. ويرى المعلمون أن "الهروب من المنزل" يعد مظهرا منتشرا أكثر مـن "الهروب مـن المدرسـة" متفقـين بذلك مع وجهة نظر أفراد العينة من المديرين والمرشدين الطلابيين مجتمعين مع بعضهم وذلك بمقارنة الجـدول رقم (2/5) و(2/8). فقد أوضح ما نسبته (18.5%) من المعلمين عدم وجود ظاهرة هروب طلاب المرحلة الثانويـة من المنازل، وقد أكدها بدرجة ضعيفة ما نسبته (34.6%) منهم، وبدرجة متوسطة مـا نسبته (35.8%) مـنهم، أمـا المؤكدون ذلك بدرجة كبيرة أو كبيرة جدا فلم تتجاوز نسبتهم (11.1%) مـنهم. أمـا الهـروب مـن المدرسـة فنفى وجوده (17.3%) من المعلمين، وأثبته بدرجة ضعيفة (48%) منهم، وبدرجة متوسطة (26%) منهم، وبدرجة كبيرة (5%) منهم، وبدرجة كبيرة جدا فقط (3.7%) منهم.

وقد أخذ مظهر "المخدرات" الترتيب الأخير في قائمة مظاهر الانحراف الأمني لدى الطلاب من وجهـة نظـر المعلمين، إذ تبين أن (45.7%) منهم نفى الوجود، و(39.5%)

منهم أثبته بدرجة ضعيفة، و(12.3٪) منهم أثبته بدرجة متوسطة، و(2.5٪) منهم فقط بدرجة كبيرة، ولم يختار أحد منهم الدرجة الكبيرة جدا ليعبر عن رأيه في مدى انتشار مظهر المخدرات بين طلاب المرحلة الثانوية بمدينة الرياض. ويتضح من عرض رأي هذه الفئة -المعلمين- تأثر النتائج عموما بنظرة المعلمين وذلك عائد لطبيعة عملهم؛ فقد جاء مظهر المشاجرات بين الطلاب والتفحيط ومن ثم تطاول الطلاب على المعلمين متقدمة على غيرها من المظاهر، فهي أكثر مظاهر الانحراف الأمني انتشارا بين الطلاب من وجهة نظرهم.

خامساً: الخلاصة:

أوضح الباحث في هذا الجزء نتائج السؤال الأول من هذه الدراسة والذي تمثل في مظاهر الانحراف الأمني لدى طلاب المدارس الثانوية بمدينة الرياض من وجهة نظر الإدارة المدرسية وخاصة أعضاء لجنة الحالات السلوكية الطارئة. وقد عرض الباحث في هذا الجزء النتائج مع مناقشتها من خلال جداول أربعة؛ الأول خصص لنتائج أفراد العينة من المديرين والمرشدين الطلابيين والمعلمين جميعا، والثاني وضح نتائج فئة المديرين من العينة، والثالث فكان لبيان النتائج الخاصة بالمرشدين الطلابيين، وأخيرا خصص الجدول الرابع لعرض نتائج المعلمين من أعضاء لجنة الحالات السلوكية الطارئة.

ويلاحظ أن مظهر التفحيط جاء في المرتبة الأولى لدى كل من العينة جميعا والمديرين، أما لدى كل من المرشدين والمعلمين فكان مظهر المشاجرات بين الطلاب. وتجدر الإشارة إلى أن مظهر "المخدرات" حصل على الترتيب الأخير في جميع آراء أفراد العينة من المديرين والمرشدين الطلابيين والمعلمين، مجتمعين ومنفردين، مما يدلل على اتفاق العينة تجاه هذا الداء الخطير ونقص وجوده أو انتشاره بين أوساط طلاب المرحلة الثانوي بمدينة الرياض.

كما يجدر بالباحث الإشارة إلى أنه كان هناك فروقا دالة إحصائيا عند مستوى الدلالة (0.05) بين إجابات أفراد العينة وبين وظائفهم -مدير ومرشد طلابي ومعلم- في المظاهر التالية (المشاجرات بين الطلاب، والتدخين، والمعاكسات، والمخدرات)، وعند مستوى الدلالة (0.01) في مظهر واحد وهو (التفحيط).

الجزء الثالث
أسباب انتشار مظاهر الانحراف الأمني لدى الطلاب

تمهيد:

في هذا المبحث يتناول الباحث الإجابة عن السؤال الثاني من أسئلة هذه الدراسة والمتمثل في: ما هي أهم أسباب مظاهر الانحراف الأمني لدى طلاب الثانوية؟

ولقد زود الباحث المبحوثين بمجموعة من الأسباب التي من شأنها تمكينهم من إجابة هذا السؤال، وطلب منهم أيضا إضافة ما يرونه من الأسباب الأخرى المهمة التي ربما أغفلت. وطلب منهم تحديد وجهات نظرهم تجاه أسباب مظاهر الانحراف الأمني لدى طلاب المرحلة الثانوية بمدينة الرياض بوضع علامة على الاختيار الـذي يعبر عن وجهة نظرهم، وذلك بناء على ميزان خماسي يبدأ بموافق بشدة أو موافق ومرورا بلا أدري وانتهاء بغير موافق أو غير موافق بشدة. ولقد قام الباحث بدواعي الاختصار وعدم الإطالة، ورغبة في إظهار الصورة أكثر وضوحا، قام بترتيب هذه الأسباب حسب أهمية ورودها من قبل المبحوثين. حيث يعرضها بناء على تصورين اثنين؛ الأول الأسباب التي حصلت على أقل تقدير على (90%) من رأي العينة، والثاني الأسباب الحاصلة على الأقل على (75%) من رأي جميع أفراد العينة المشاركين بالدراسة. تجدر الإشارة إلى أن الباحث من خلال حساب تحليل النتـائج عـن طريق برنامج Spss لم يجد فروقا بين وجهات نظر أفراد العينة من المديرين والمرشدين الطلابيين والمعلمين، وعليه فسيعرض جدولا واحدا يمثل أسباب مظاهر الانحراف الأمني بنـاء عـلى آراء جميـع أطـراف العينـة مـن المـديرين والمرشدين الطلابيين والمعلمين.

جدول رقم (2/9)

ترتيب أسباب مظاهر الانحراف الأمني من وجهة أفراد العينة جميعا

م	الإجابات / السبب	موافق		لا أدري		غير موافق		المجموع	
		التكرار	النسبة	التكرار	النسبة	التكرار	النسبة	الوزن	الترتيب
1	رفقة السوء	135	%100	-	-	-	-	675	الأول
2	إهمال البيت	131	%97.1	1	%0.7	3	%2.2	655	الثاني
3	الاستخدام الغير مقنن للإنترنت	128	%94.8	-	-	7	%5.2	640	الثالث
4	بيع التدخين ...	127	%94	4	%3	4	%3	635	الرابع
5	انتشار مقاهي	126	%93.4	4	%3	5	%3.7	630	الخامس
6	انتشار أماكن ...	124	%91.8	5	%3.7	6	%4.5	620	السادس
7	التدخين مظهر	123	%91.1	2	%1.5	10	%7.4	615	السابع
8	قيادة السيارات	121	%89.6	8	%5.9	6	%4.5	605	الثامن
9	وجود المال ...	119	%88.2	4	%3	12	%8.8	595	التاسع
10	تفريغ نفسي	118	%87.4	17	%12.6	-	-	590	العاشر
11	كون الوالدين ...	118	%87.4	8	%5.9	9	%6.6	590	العاشر م
12	الفراغ	117	%86.7	12	%8.9	6	%4.4	585	الـ11
13	الاستراحات ...	117	%86.7	11	%8.1	7	%5.2	585	الـ11 م
14	إعلانات التدخين	117	%86.7	6	%4.4	12	%8.9	585	الـ11م
15	أفلام المخدرات	108	%80	19	%14.1	8	%5.9	540	الـ12
16	السفر للخارج	108	%80	16	%11.9	11	%8.1	540	الـ12 م
17	كون المعلم...	102	%75.6	10	%7.4	23	%17	510	الـ13

أولاً: الأسباب الحاصلة على 90٪ فأكثر من رأي العينة لانتشار مظاهر الانحراف الأمني بين الطلاب:

الجدول رقم (2/9) في الصفحة السابقة يبين ترتيب أسباب مظاهر الانحراف الأمني لدى الطلاب من وجهة نظر العينة جميعا. اتفق جميع أعضاء لجنة الحالات السلوكية الطارئة إضافة إلى المرشد الطلابي المشاركين بهذه الدراسة على إعطاء السبب "رفقة السوء" الترتيب الأول من حيث الأهمية، أي أن أهم سبب من أسباب مظاهر

الانحراف الأمني لدى طلاب المرحلة الثانوية بمدينة الرياض هو رفقة السوء. إذ أعطاه جميع المشاركون الأهمية الأولى بنسبة بلغت (100٪) بمجموع وزن مقداره (675) نقطة. ويؤكد هذه النتيجة (الصديقي وآخرون، 2002م)، وكذلك دراسة (السدحان، 1417هـ) التي أوضحت أن السبب الرئيس الذي يراه الأحداث الممارسون لاستنشاق المذيبات الطيارة هو أصدقاء السوء بنسبة بلغت (48.4٪).

وجاء في الترتيب الثاني من حيث الأهمية السبب "إهمال البيت" بنسبة بلغت (97.1٪) من جميع أفراد العينة من المديرين والمرشدين الطلابيين والمعلمين. ثم في الترتيب الثالث "الاستخدام الغير مقنن للإنترنت" بنسبة بلغت (94.8٪).

وحددت العينة أن ترتيب "بيع التدخين للصغار" جاء في المركز الرابع بنسبة قدرها (94٪). وقد بينت العينة أهمية عدم التساهل في هذا السبب فالسماح ببيعه للصغار يؤدي لانتشار مظاهر الانحراف الأمني بشكل عام والتدخين بشكل خاص. وجاء في الترتيب الخامس من حيث أهمية أسباب انتشار مظاهر الانحراف الأمني لدى الطلاب هو "انتشار مقاهي الإنترنت" بنسبة بلغت (93.4٪). أما السبب الذي جاء في الترتيب السادس فهو "انتشار أماكن بيع الشيشة والجراك في الأحياء" حيث أفاد ما نسبته (91.8٪) من أفراد العينة من المديرين والمرشدين الطلابيين والمعلمين بأن هذا الانتشار مدعاة لتفشي مظاهر الانحراف الأمني بين طلاب الثانوية بمدينة الرياض. وقد حصل السبب "الظن بأن التدخين (مثلا) مظهر من مظاهر الرجولة" على تأييد (91.1٪) من العينة المشاركة بهذه الدراسة.

وهذه الأسباب السبعة الآنفة الذكر قد حصلت على الأقل على نسبة قدرها (90٪) من رأي أفراد العينة من المديرين والمرشدين الطلابيين والمعلمين. وفي القسم التالي توضيح للأسباب التي أخذت أكثر من (75٪) وفي نفس الوقت لم تصل نسبة التأييد من العينة إلى (90٪).

ثانياً: الأسباب الحاصلة على 75% فأكثر من رأي العينة لانتشار مظاهر الانحراف الأمني بين الطلاب:

يوضح الجدول رقم (2/9) -أيضا- الأسباب الحاصلة على (75) فأكثر من رأي المشاركين بهذه الدراسة في تحديد مظاهر الانحراف الأمني إذ حصل السبب "سماح الآباء للأبناء بقيادة السيارة في سن مبكر" على رأي شريحة كبيرة من العينة، إذ بلغت النسبة المئوية للمؤيدين لهذا السبب في انتشار مظاهر الانحراف الأمني لدى طلاب الثانوية ما نسبته (89.6%). وهذه النسبة أقل فقط بـ (0.4%) من النسبة المئوية الـ (90%) المحددة في هذه الدراسة للأسباب ذات الأكثر أهمية. وقد حصل سبب "وجود المال بكثرة في أيدي الطلاب" على نسبة قدرها (88.2%) من العينة. ثم كون الطلاب يعمدون إلى مظاهر الانحراف الأمني أو أحدها بسبب "التفريغ النفسي-" حصل على نسبة بلغت (87.4%). وكذلك "كون الوالدين قدوة سيئة" فقد أخذ ما نسبته (87.4%) من رأي أطراف العينة. أما "الفراغ" فقد أفاد ما نسبته (86.7%) من المشاركين في هذه الدراسة بأنه سبب للانخراط في مظاهر الانحراف الأمني. وكذلك "الذهاب للاستراحات بدون رقيب" أخذ ما نسبته (86.7%) من رأي العينة. وقد كان رأي العينة في سبب "إعلانات التدخين التجارية" وكونها أحد الأسباب المهمة المؤدية إلى انتشار مظاهر الانحراف الأمني بين الطلاب أن أوضح ما نسبته (86.7%) منهم أهمية هذا السبب.

و(80%) من المشاركين في هذه الدراسة يرون أن "أفلام المخدرات" أو "السفر للخارج" من الأسباب المؤدية إلى الانحراف، وأخيرا جاء في الترتيب الأخير من حيث الأهمية لأسباب انتشار مظاهر الانحراف الأمني لدى الطلاب "كون المعلم قدوة سيئة"، إذ حصل على نسبة (75.6%) من آراء المشاركين بهذه الدراسة.

ثالثاً: الخلاصة:

عرض الباحث في هذا المبحث أسباب انتشار مظاهر الانحراف الأمني بين طلاب المرحلة الثانوية بمدينة الرياض. حيث عرضها بعد تقسيمها إلى قسمين اثنين وهما: الأسباب التي حصلت على الأقل على (90%) فأكثر من رأي العينة، والأسباب التي حصلت على الأقل على (75%) فأكثر من آرائهم. تجدر الإشارة إلى أن السبب الذي جاء

في المرتبة الأولى هو "رفقة السوء" وقد حصل على رأي (100%) من العينة المشاركة في هـذه الدراسـة مـن المديرين والمرشدين الطلابيين والمعلمين، وجاء في المرتبة الأخيرة سبب "كون المعلم قدوة سيئة" وقد حصل على رأي (75.6%) من العينة. ويلاحظ أن الفرق بين السبب الأول والسبب الأخير لا يتجاوز (25%) من رأي المشاركين بهـذه الدراسة. نتائج ذلك كله يوضحه الجدول رقم (2/9) أعلاه.

الجزء الرابع
المقترحات للحد من مظاهر الانحراف الأمني لدى الطلاب

تمهيد:

في هذا المبحث يتناول الباحث الإجابة عن السؤال الثالث من أسئلة هـذه الدراسـة والمتمثـل في: مـا هـي الحلول العملية والمقترحات المناسبة للحد من مظاهر الانحراف الأمني لطلاب المرحلة الثانوية؟ ويعرض الباحـث هذه المقترحات بناء على جزأين اثنين وهما المقترحات التي تستطيع تنفيذها المؤسسات التعليمية، والمقترحات الأخرى التي تستطيع تنفيذها باقي مؤسسات المجتمع الأخرى للمساهمة في تحقيـق الأمـن في المجتمع. وطلب الباحث من المشاركين إبداء وجهات نظرهم حيال المقترحات التي يمكن أن تحد من مدى انتشار مظاهر الانحراف الأمني لدى طلاب المرحلة الثانوية بمدينة الرياض، وذلك عن طريق وضع علامة على الاختيار الذي يعبر عن وجهة نظر المشارك بهذه الدراسة، بناء على ميزان خماسي يبدأ بموافق بشدة أو موافق ومـرورا بـلا أدري وانتهاء بغير موافق أو غير موافق بشدة. ولدواعي الاختصار وعدم الإطالة قام الباحث بترتيب هذه المقترحـات حسب أهميـة ورودها من قبل المبحوثين، فالمقترح الحاصل على أغلبية أصوات العينة جاء في المقدمة عن غيره. وهذا ينطبق على جميع المقترحات، سواء التي تستطيع تنفيذها المؤسسات التعليمية، أو المقترحات الأخرى التـي تسـتطيع تنفيـذها باقي مؤسسات المجتمع الأخرى.

أولاً: المقترحات الخاصة بالمؤسسات التعليمية:

حدد أفراد العينة من المديرين والمرشدين والمعلمين المقترحات التي يجدر بالمؤسسات التعليمية الاهتمام بها والتركيز عليها أكثر من غيرها، يوضح ذلك الجدول رقم (2/10). إذ أعطى جميع المشاركون بهذه الدراسة مقترح "توجيه الطلاب حول أضرار ومخاطر الانحراف" الأهمية الكبرى، فقد وافق على ذلك كل المبحوثين بنسبة (100%). وجاء المقترح الثاني الذي تستطيع المؤسسات التعليمية القيام به للمساهمة في تحقيق الأمن في المجتمع بـ "التخطيط لملء أوقات فراغ الطلاب" بنسبة بلغت (99.3%). أما الثالث فهو "عدم التساهل في التعامل مع المنحرفين سلوكيا" فقد أكد عليه ما نسبته (98.5%) من أفراد العينة. وجاء اقتراح "التعاون بين البيت والمدرسة" في المرتبة الثالثة مكررا وبنفس النسبة (98.5%). ومن المقترحات التي تستطيع المؤسسات التعليمية تنفيذها وجاءت في المرتبة الرابعة "المساهمة في إحباط الاعتداءات بين الطلاب داخل المدرسة" إذ حصل على (97.8%) من رأي أفراد العينة.

حصل المقترح "تفعيل دور مجالس الآباء" على المرتبة الخامسة من بين المقترحات التي تستطيع المؤسسات التعليمية تنفيذها بموجب رأي جميع أفراد العينة وذلك بنسبة قدرها (97%). وبنفس النسبة حصل المقترح "التنسيق بين المدارس والأجهزة الأمنية" ليحل بذلك في المرتبة الخامسة مكررا مع "تفعيل دور مجالس الآباء". وجاء المقترح "تفعيل مشاركات الطلاب في الأنشطة المدرسية الخاصة بالمرور مما يزيد من وعيهم المروري" في المركز السادس من حيث الأهمية بنسبة (94.8%).

جدول رقم (2/10)

ترتيب المقترحات للحد من مظاهر الانحراف الأمني من وجهة أفراد العينة جميعا

(المقترحات الخاصة بالمؤسسات التعليمية)

الإجابات	موافق		لا أدري		غير موافق		المجموع	
المقترح	التكرار	النسبة	التكرار	النسبة	التكرار	النسبة	الوزن	الترتيب
توجيه الطلاب	135	%100	-	-	-	-	675	الأول
ملء أوقات الفراغ	134	%99.3	1	%0.7	-	-	670	الثاني
عدم التساهل مع المنحرفين	133	%98.5	-	-	2	%1.5	665	الثالث
التعاون بين البيت والمدرسة	133	%98.5	1	%0.7	1	%0.7	665	الثالث م
إحباط الاعتداء الداخلي	132	%97.8	2	%1.5	1	%0.7	660	الرابع
مجالس الآباء	131	%97	3	%2.2	1	%0.7	655	الخامس
التنسيق بين المدارس والأمن	131	%97	3	%2.2	1	%0.7	655	الخامس م
تفعيل المشاركات الطلابية بالأنشطة	128	%94.8	4	%3	3	%2.2	640	السادس
إحباط الاعتداء الخارجي	126	%93.3	7	%5.2	2	%1.4	630	السابع
معارض أمنية	123	%91.1	6	%4.4	6	%4.4	615	الثامن

أما المقترحات "المساهمة في إحباط الاعتداءات بين الطلاب خارج المدرسة" و "إقامة معارض أمنية دائمة بالمدرسة" فقد حصلت على المراكز السابع والثامن على التوالي بالنسب التالية (93.3٪) و (91.1٪).

وتجدر الإشارة إلى أن الفرق بين مجموع وزن المقترح الحاصل على المرتبة الأولى "توجيه الطلاب حول أضرار ومخاطر الانحراف" بلغ (675) نقطة، ومجموع وزن المقترح الحاصل على المرتبة الأخيرة "إقامة معارض أمنية دائمة بالمدرسة" بلغ (615) نقطة. ويلاحظ أن الفرق بين الترتيب الأول والأخير في النقاط لم يتجاوز

الـ (60) نقطة فقط. كما تجدر الإشارة إلى أن جميع المقترحات الخاصة بالمؤسسات التعليمية حصلت على الأقل على نسبة (91.1٪) من آراء أفراد العينة من المديرين والمرشدين والمعلمين. ويلاحظ أيضا أن الفرق في النسب المئوية بين المقترح الحاصل على المرتبة الأولى والحاصل على المرتبة الأخيرة فقط (8.9٪).

وكذلك يلاحظ أن المقترح "إقامة معارض أمنية دائمة بالمدرسة" حصل على أكثر النسب من العينة في عدم الموافقة عليه إذ بلغت (4.4٪). وكان أكثر المقترحات حصولا على عبارة "لا أدري" هو "المساهمة في إحباط الاعتداءات بين الطلاب خارج المدرسة" حيث بلغ (5.2٪).

ثانياً: المقترحات الخاصة بالمؤسسات الأخرى:

بين أفراد العينة من المديرين والمرشدين الطلابيين والمعلمين المقترحات التي تستطيع المؤسسات الأخرى تنفيذها من أجل المساهمة في تحقيق الأمن داخل المجتمع، وللحد من مظاهر الانحراف الأمني لطلاب المرحلة الثانوية، وقد زودهم الباحث بها وأبدوا فيها وجهات نظرهم فجاءت نتائج ذلك كما في الجدول التالي ذي الرقم (2/11).

جدول رقم (2/11)

ترتيب المقترحات للحد من مظاهر الانحراف الأمني من وجهة أفراد العينة جميعا.

(المقترحات الخاصة بالمؤسسات الأخرى)

الإجابات / المقترح	موافق		لا أدري		غير موافق		المجموع	
	التكرار	النسبة	التكرار	النسبة	التكرار	النسبة	الوزن	الترتيب
حلقات التحفيظ	135	%100	-	-	-	-	675	الأول
صور ...	135	%100	-	-	-	-	675	الأول م
القدوة الحسنة	135	%100	-	-	-	-	675	الأول م
النشرات ...	130	%96.3	3	%2.2	2	%1.5	650	الثاني
الندوات ...	129	%95.6	3	%2.2	3	%2.2	645	الثالث
القنوات ...	127	%94.1	2	%1.5	6	%4.4	635	الرابع
المواد الأمنية	115	%85.2	9	%6.7	11	%8.1	575	الخامس

اشترك في المرتبة الأولى ثلاث من المقترحات وهي "حث الطلاب على الانضمام بحلقات تحفيظ القرآن الكريم" و "تزويد المدارس بصور وملصقات لرئة مدخن أو مدمن أو لحادث مروري مروع" و "التربية بالقدوة الحسنة" وذلك من وجهة نظر أفراد العينة من المديرين والمرشدين والمعلمين فيما يخص المقترحات التي تستطيع المؤسسات الأخرى في المجتمع القيام بها لتحقيق الأمن وللحد من مظاهر الانحراف الأمني بين الطلاب. فقد حصلت هذه المقترحات الثلاثة على نسبة مئوية كاملة (100٪) وعلى مجموع وزن كامل قدره (675) نقطة لكل مقترح مما سبق.

وقد حصل على المرتبة الثانية المقترح "إعداد وتوزيع النشرات والصور والملصقات الأمنية" بنسبة بلغت (96.3٪). أما المرتبة الثالثة فكانت للمقترح "عقد ندوات ومحاضرات ومسابقات أمنية لتوجيه الطلاب" بنسبة وصلت (95.6٪). ووضع أفراد العينة من المديرين والمرشدين الطلابيين والمعلمين المقترح "العمل على وضع برامج تعليمية مرتبطة بالأمن بصورة مشوقة في القنوات الفضائية" بالمرتبة الرابعة بنسبة (94.1٪). وجاء المقترح "ضرورة إدخال المواد الأمنية في المناهج التعليمية" في المرتبة الأخيرة بنسبة بلغت (85.2٪).

تجدر الإشارة إلى أن الفارق فيما يخص النسب المئوية بين المقترح الحاصل على المرتبة الأولى والمرتبة الأخيرة فقط (14.8٪)، أما الفارق فيما بين الحاصل على المرتبة الأولى والمرتبة ما قبل الأخيرة فهو فقط (5.9٪). مما يدلل وبقوة على أهمية هذه المقترحات من وجهة نظر أفراد العينة من المديرين والمرشدين والمعلمين. إلا أن الفارق بين المرتبة الأولى والأخيرة فيما يخص مجموع وزنهما فقد ظهر هناك فارق، حيث حصل المقترح الأول على (675) نقطة، والأخير على (575) نقطة؛ أي أن الفارق (100) نقطة.

ثالثاً: مقترحات أخرى:

يوضح الجدول رقم (2/12) استجابات أفراد العينة من المديرين والمرشدين والمعلمين عن المشاركة بالمقترحات الإضافية والآراء التي من شأنها إثراء هذه الدراسة.

حيث شارك بإبداء الرأي والاقتراح ما نسبته (49.6٪) منهم، وامتنع عن ذلك ما نسبته (50.4٪) منهم. وقد كانت في مجملها شكر الباحث، والتأكيد على تفعيل المقترحات الواردة في الاستبانة بنوعيها، فمن شأنها المساهمة في الحد من انتشار مظاهر الانحراف الأمني لدى طلاب المرحلة الثانوية.

جدول رقم (2/12)

استجابات أفراد العينة للمشاركة بالمقترحات

المقترحون		الممتنعون عن الاقتراح		المجموع	
التكرار	النسبة	التكرار	النسبة	التكرار	النسبة
67	%49.6	68	%50.4	135	%100

ويعرض الباحث بعض المقترحات المهمة بعد تنقيحها وتعديلها، أملا في تبني الإدارة المدرسية لها، وهي كما يلي:

1. ترتيب زيارات منتظمة لطلاب المرحلة الثانوية مع العلماء والمشايخ وطلبة العلم، سواء في واقع العمل، أو في منازلهم، للاستماع إلى توجيهاتهم وإجاباتهم حول بعض التساؤلات، والاستفسارات التي تشغل بال الطلاب عموما، والتركيز على الجوانب الأمنية خصوصا.
2. تفعيل الأنشطة اللاصفية وخاصة تنظيم رحلات العمرة في رمضان وغيرها، كزيارة المسجد النبوي الشريف، أو زيارة بعض دور الأحداث أو السجون.
3. التوسع في إقامة المراكز الصيفية وتطويرها، وإقامة المهرجانات والمخيمات الصيفية وغير الصيفية، وحث الطلاب على المشاركة فيها.
4. إقامة أندية مسائية في المؤسسات التعليمية يشرف عليها الأكفاء من التربويين المشهود لهم بحسن السيرة والسلوك. تكون شاملة لملاعب قدم وطائرة وسلة وغيرها، إضافة إلى أماكن شواء مخصصة وجلسات مريحة.
5. إقامة برامج ودورات "القراءة للجميع"، يهدف إلى تقريب وزرع محبة عادة القراءة الخارجية السليمة لدى طلاب المرحلة الثانوية.

6. تفعيل مبدأ الثواب والعقاب بين الأوساط الطلابية دون التركيز على العقاب وإهمال الثواب.

7. عدم تهاون رجال الأمن في محاسبة المقصرين من الطلاب أمنيا والحزم معهم، فمن أمن العقوبة أساء الأدب.

8. تنمية الوازع الديني بين الطلاب مع مراعاة التدرج في ذلك، لاسيما عن طريق التربية الإيمانية والتأكيد عليها.

9. فهم نفسيات الطلاب، والتقرب إليهم، ومعرفة مشكلاتهم التعليمية أو الأسرية أو المنزلية، ومحاولة إيجاد الحلول المناسبة لها.

10. التأكيد على عقد الندوات، والمحاضرات، والمسابقات الأمنية، بغية تحذير الطلاب تحذيرا مباشرا، وغير مباشر بمظاهر الانحراف الأمني.

11. تقديم اقتراح للجهات الأمنية المسؤولة بمنع بيع الدخان للشباب دون سن السادسة عشرة، وكذلك بمنع انتشار أماكن بيع الشيشة والجراك في الأحياء، وسن العقوبات الصارمة على المخالفين.

12. التأكيد والحرص على اختيار الأصدقاء لطلاب المرحلة الثانوية، وإعطاء هذا الأمر عناية خاصة.

13. تربية الطلاب على استخدام الإنترنت الاستخدام الإيجابي، وتكثيف المتابعة وتشديد المراقبة على مقاهي الإنترنت المنتشرة.

رابعاً: الخلاصة:

بين الباحث في هذا المبحث المقترحات التي رآها المبحوثون مهمة من وجهة نظرهم، وقد قسم الباحث العرض إلى قسمين وهما: الأول المقترحات الخاصة بالمؤسسات التعليمية التي تستطيع تنفيذها للمساهمة في تحقيق الأمن في المجتمع وللحد من مظاهر الانحراف الأمني لدى الطلاب، الثاني المقترحات الخاصة بالمؤسسات الأخرى. كما عرض الباحث بعض المقترحات المهمة والمنقحة والمعدلة التي بإمكان الإدارة المدرسية أن تتبناها مساهمة في الحد من مظاهر الانحراف الأمني لدى طلاب المرحلة الثانوية.

المبحث الثالث
الخاتمة

تمهيد:

يعرض الباحث في هذا الفصل ملخص الدراسة وتوصياتها من خلال أمرين هما، ملخص الدراسة بشكل عام، وملخص النتائج بشكل خاص، إضافة إلى توصيات هذه الدراسة، والبحوث المقترحة للدراسات المستقبلية في مجال مظاهر الانحراف الأمني لدى طلاب المرحلة الثانوية.

أولاً: ملخص الدراسة:

إن مفهوم الإدارة المدرسية قد تطور وفقا لتطور مفهوم عملية التربية والتعليم، وللإدارة المدرسية الحديثة أدوار عدة غير الدور التقليدي المتعارف عليه، ومن هذه الأدوار الدور الأمني، وعليه فالإدارة المدرسية يتوجب عليها القيام بالدور الأمني أكمل قيام. ومن أجل قيامها بهذا الدور المناط بها؛ فإنه من الضروري معرفة مظاهر الانحراف الأمني لدى طلاب المرحلة الثانوية، وأسباب مظاهر هذا الانحراف. كما أنه من الضروري العمل على توثيق العلاقة بين الأجهزة الأمنية وإدارة المؤسسات التعليمية المختلفة للقيام بالدور الأمني للإدارة المدرسية. فالهدف الأساس من هذه الدراسة هو محاولة دراسة مظاهر الانحراف الأمني في المدارس الثانوية بمدينة الرياض وبالخصوص محاولة رصدها ورصد الأسباب والدوافع والعوامل المؤدية إليها، وتحديد المقترحات التي تسهم في الحد من انتشارها.

وتتمثل أهمية هذه الدراسة في نقاط عدة من أهمها كون الدراسة محاولة لـ:

1. التعرف على مظاهر الانحراف لدى طلاب المرحلة الثانوية بمدينة الرياض من وجهة نظر الإدارة المدرسية.
2. الوقوف على أهم أسباب مظاهر الانحراف لدى طلاب تلك المرحلة.
3. المساهمة في توثيق العلاقة بين الأجهزة الأمنية والمؤسسات التعليمية.

وهذه الدراسة تسعى إلى تحقيق الأهداف التالية:

1. رصد مظاهر الانحراف الأمني لدى طلاب المرحلة الثانوية بمدينة الرياض من وجهة نظر الإدارة المدرسية.
2. تحديد أهم أسباب مظاهر الانحراف الأمني لدى طلاب تلك المرحلة.
3. تحليل مظاهر الانحراف الأمني لدى الطلاب تحليلاً علمياً للخروج بحلول عملية.
4. التشخيص المبكر لحالات الانحراف الأمني الطلابية من قبل الإدارة المدرسية.
5. إتاحة الفرصة للإداريين التربويين للتعبير عن رأيهم حول مظاهر الانحراف الأمني لدى الطلاب.
6. المساهمة في توثيق العلاقة بين الأجهزة الأمنية والمؤسسات التعليمية.
7. توعية المؤسسات التعليمية والأمنية في المجتمع السعودي بمخاطر مظاهر الانحراف الأمني لطلاب المرحلة الثانوية.
8. تنمية الحس الأمني لدى الإداريين التربويين ولدى رجال الأمن على حد سواء في التعامل مع مظاهر الانحراف الأمني المنتشرة بين طلاب المرحلة الثانوية.

وهذه الدراسة تحاول الإجابة عن الأسئلة التالية:

1. ما هي مظاهر الانحراف الأمني لدى طلاب المدارس الثانوية بمدينة الرياض من وجهة نظر الإدارة المدرسية؟
2. ما هي أهم أسباب مظاهر الانحراف الأمني لدى طلاب الثانوية؟
3. ما هي الحلول العملية والمقترحات المناسبة للحد من مظاهر الانحراف الأمني لطلاب المرحلة الثانوية؟

ويتألف أفراد عينة هذه الدراسة من مائة وخمسة وثلاثين (135) مشاركا، منهم سبعة وعشرون (27) مديرا، وسبعة وعشرون (27) مرشدا طلابيا، وواحد وثمانون (81) معلما ليكون مجموع أفراد عينة هذه الدراسة مائة وخمسة وثلاثين (135) فردا. يمثلون جميع أعضاء لجنة الحالات السلوكية الطارئة في المدارس السبعة والعشرين المختارة عشوائيا من جميع مراكز التوجيه والإشراف السبعة المتواجدة في مدينة الرياض.

ثانياً: ملخص النتائج:

عرض الباحث نتائج دراسة مظاهر الانحراف الأمني لدى طلاب المرحلة الثانوية بمدينة الرياض بطرق متعددة؛ الأولى رأي جميع أفراد العينة من المديرين والمرشدين الطلابيين والمعلمين، والثانية رأي عينة المديرين فقط، والثالثة رأي عينة المرشدين الطلابيين على حدة، وأخيرا رأي عينة المعلمين. وعليه ستلخص النتائج حسب ما يلي:

أ- مظاهر الانحراف الأمني لدى طلاب المرحلة الثانوية.

أولاً: مظاهر الانحراف الأمني مرتبة من وجهة نظر جميع أفراد العينة.

م	المظهـر	الترتيب
1	التفحيط	الأول
2	المشاجرات بين الطلاب	الثاني
3	التدخين	الثالث
4	المعاكسات	الرابع
5	تطاول الطلاب على المعلمين	الخامس
6	الهروب من المنزل	السادس
7	الهروب من المدرسة	السابع
8	المخدرات	الثامن

ثانياً: مظاهر الانحراف الأمني مرتبة من وجهة نظر المديرين.

م	المظهـر	الترتيب
1	التفحيط	الأول
2	التدخين	الثاني
3	المعاكسات	الثالث
4	المشاجرات بين الطلاب	الرابع
5	تطاول الطلاب على المعلمين	الخامس
6	الهروب من المنزل	الخامس مكرر
7	الهروب من المدرسة	السادس
8	المخدرات	السابع

ثالثاً: مظاهر الانحراف الأمني مرتبة من وجهة نظر المرشدين الطلابيين.

م	المظهـر	الترتيب
1	المشاجرات بين الطلاب	الأول
2	التفحيط	الثاني
3	التدخين	الثالث
4	المعاكسات	الرابع
5	تطاول الطلاب على المعلمين	الخامس
6	الهروب من المنزل	الخامس مكرر
7	الهروب من المدرسة	السادس
8	المخدرات	السابع

رابعاً: مظاهر الانحراف الأمني مرتبة من وجهة نظر **المعلمين.**

م	المظهـر	الترتيب
1	المشاجرات بين الطلاب	الأول
2	التفحيط	الثاني
3	تطاول الطلاب على المعلمين	الثالث
4	التدخين	الرابع
5	المعاكسات	الخامس
6	الهروب من المنزل	السادس
7	الهروب من المدرسة	السابع
8	المخدرات	الثامن

ب- أسباب مظاهر الانحراف الأمني لدى طلاب المرحلة الثانوية.

أولاً: الأسباب الحاصلة على 90٪ فأكثر من رأي العينة لانتشار مظاهر الانحراف الأمني بين الطلاب.

1. رفقة السوء.
2. إهمال البيت.

3. الاستخدام الغير المقنن للإنترنت.
4. يبع التدخين للصغار.
5. انتشار مقاهي للإنترنت.
6. انتشار أماكن بيع الشيشة والجراك في الأحياء.
7. الظن بأن التدخين (مثلا) مظهر من مظاهر الرجولة.

ثانياً: الأسباب الحاصلة على 75٪ فأكثر من رأي العينة لانتشار مظاهر الانحراف الأمني بين الطلاب.

1. سماح الآباء للأبناء بقيادة السيارة في سن مبكر.
2. وجود المال بكثرة في أيدي الطلاب.
3. تفريغ نفسي.
4. كون الوالدين قدوة سيئة.
5. الفراغ.
6. الذهاب للاستراحات بدون رقيب.
7. إعلانات التدخين التجارية.
8. أفلام المخدرات.
9. السفر للخارج.
10. كون المعلم قدوة سيئة.

ج- ترتيب مقترحات المؤسسات التعليمية من أجل الحد من انتشار مظاهر الانحراف الأمني حسب الأهمية من خلال وجهة نظر أفراد العينة جميعا.

1. توجيه الطلاب حول أضرار ومخاطر الانحراف.
2. التخطيط لملء أوقات الفراغ.
3. عدم التساهل في التعامل مع المنحرفين سلوكيا.
4. تفعيل التعاون بين البيت والمدرسة.
5. المساهمة في إحباط الاعتداءات بين الطلاب داخل المدرسة.
6. تفعيل دور مجالس الآباء.

7. التنسيق بين المدارس والأجهزة الأمنية.

8. تفعيل مشاركات الطلاب في الأنشطة المدرسية الخاصة بالمرور مما يزيد من وعيهم المروري.

9. المساهمة في إحباط الاعتداءات بين الطلاب خارج المدرسة.

10. إقامة معارض أمنية دائمة في المدرسة.

وقد حصل المقترح الأخير مما سبق على نسبة مئوية قدرها (91.1%).

د- ترتيب مقترحات المؤسسات الأخرى من أجل الحد من انتشار مظاهر الانحراف الأمني حسب الأهمية من خلال وجهة نظر أفراد العينة جميعا.

1. حث الطلاب على الانضمام بحلقات تحفيظ القرآن الكريم.

2. تزويد المدارس بصور وملصقات لرئة مدخن أو مدمن أو لحادث مروري مروع.

3. التربية بالقدوة الحسنة.

4. إعداد وتوزيع النشرات والصور والملصقات الأمنية.

5. عقد ندوات ومحاضرات ومسابقات أمنية لتوجيه الطلاب.

6. العمل على وضع برامج تعليمية مرتبطة بالأمن بصورة مشوقة في القنوات الفضائية.

7. ضرورة إدخال المواد الأمنية في المناهج التعليمية.

وقد جاء في المرتبة الأخيرة المقترح الأخير بنسبة بلغت (85.2%).

ثالثاً: التوصيات:

خرجت هذه الدراسة بنتائج عديدة ذات علاقة بمجال مظاهر الانحراف الأمني لدى طلاب المرحلة الثانوية، وبناء على ذلك فالباحث يوصي بالتالي:

1. إقامة الصلات الوثيقة بين المؤسسات التعليمية والأجهزة الأمنية فيما يخدم طلاب المرحلة الثانوية وخاصة في الحد من انتشار مظاهر الانحراف الأمني بينهم.

2. إقامة معارض أمنية دائمة في المدارس الثانوية، يراعى فيها التميز والتجدد، إضافة إلى الإبداع والابتكار.

3. تفعيل التعاون بين البيت والمدرسة ومد الجسور بينهما على مدار العام الدراسي، وكذلك تفعيل دور مجالس الآباء.

4. إدخال مواد أمنية في المناهج التعليمية في مراحل التعليم العام المختلفة، وبجرعات متدرجة.

5. حسن اختيار المرشد الطلابي ليقوم بدوره الفاعل داخل أسوار المدرسة.

6. تفعيل دور المرشد الطلابي خارج أسوار المدرسة للمساهمة في معرفة المشكلات المحيطة بالبيئة المدرسية، التي من شأنها مساعدته في أداء أدواره.

7. القضاء على أوقات الفراغ المنتشر بين الطلاب بتفعيل دور المكتبات العامة، وتدريب الطلاب منذ الصغر على ارتيادها والاستفادة منها.

8. العمل على وضع برامج تعليمية أمنية بصورة مشوقة في القنوات الفضائية.

9. إعداد وتوزيع النشرات والملصقات الأمنية بصورة دورية وتذكيرية على مدار العام الدراسي.

10. التأكيد على مبدأ التربية بالقدوة الحسنة من قبل الوالدين، ومن قبل جميع أطراف العملية التعليمية.

11. تكثيف تنظيم بعض اللقاءات الطلابية التي يتخللها بعض البرامج والأنشطة الثقافية والاجتماعية والرياضية بين مدارس المنطقة التعليمية الواحدة، ومن ثم التوسع إلى المناطق التعليمية الأخرى.

رابعاً: البحوث المقترحة:

يقترح الباحث أفكار بحوث ودراسات من شأنها المساهمة في معرفة مظاهر الانحراف الأمني لدى طلاب المرحلة الثانوية محليا بالمملكة العربية السعودية، وإقليميا بدول الخليج العربي وعربيا بالدول العربية الشقيقة، وذلك على النحو الآتي:

1. دراسة لمظاهر الانحراف الأمني لدى طلاب المرحلة الثانوية بالمناطق التعليمية المختلفة بالمملكة العربية السعودية، ودول الخليج العربي، ودول العالم العربي.

2. دراسة لمظاهر الانحراف الأمني لدى طالبات المرحلة الثانوية بمناطق المملكة العربية السعودية التعليمية المختلفة، ودول الخليج العربي، ودول العالم العربي، ومقارنتها بدراسات الطلاب الذكور.

3. دراسة لمظاهر الانحراف الأمني لدى طلاب وطالبات الجامعات السعودية، والخليجية، والعربية، والمقارنة فيما بين الجنسين.

4. دراسة لمظاهر الانحراف الأمني في أوساط الملتحقين بالمؤسسات الاجتماعية والتربوية الأخرى، ومقارنتها مع الدراسات المثيلة في المؤسسات التعليمية.

مراجع الدراسة الثانية

1. أبو زيد، مديحة، (1405هـ)، انحراف الأحداث ودور المدرسة في علاجه كظاهرة اجتماعية. المنهل، العدد: 436 ص (188-195).

2. أحمد، صفاء الدين محمد، (1418هـ)، انحراف الشباب: أسبابه وعلاجه. الأمن، العدد: 46 ص (94-96).

3. البوهي، فاروق شوقي، (2001م)، الإدارة التعليمية والمدرسية. دار قباء للطباعة والنشر والتوزيع، القاهرة.

4. التركي، عبد الله بن عبد المحسن، (1417هـ)، الأمن في حياة الناس وأهميته في الإسلام. طبعة وزارة الشؤون الإسلامية والأوقاف والدعوة والإرشاد، الرياض.

5. التونسي، خليفة عبد الله، (1989م)، أهم المشكلات الطلابية في المرحلة الثانوية. وزارة التربية، الكويت.

6. الجريسي، خالد، (1420هـ)، انحراف الشباب وطرق العلاج على ضوء الكتاب والسنة. الطبعة الرابعة، الرياض.

7. الحامد، محمد بن أحمد، وآخرون، (1423هـ)، التعليم في المملكة العربية السعودية: رؤية الحاضر واستشراف المستقبل. مكتبة الرشد، الرياض.

8. الحقيل، سليمان بن عبد الرحمن، (1403هـ)، الإدارة المدرسية وتعبئة قواها البشرية في المملكة العربية السعودية. مطابع التقنية للأوفست، الطبعة الأولى، الرياض.

9. الرشود، سعد بن محمد (1420هـ)، اتجاهات طلاب المرحلة الثانوية نحو العنف. رسالة ماجستير غير منشورة، أكاديمية نايف العربية للعلوم الأمنية، الرياض.

10. الرشيد، محمد بن أحمد، (1422هـ)، الأمن والتعليم ومؤشرات التقدم. الأمن، العدد:54 ص (44-46).

11. الرويني، محمود حسين، (1989م)، المشاجرات الطلابية أسبابها الظروف المصاحبة لها وكيفية تجنبها. وزارة التربية، الكويت.

12. الزحيلي، محمد، (1418هـ)، الإيمان أساس الأمن. دار المكتبي، دمشق.

13. السدحان، عبدالله بن ناصر، (1417هـ)، المراهقون والمخدرات: دراسة ميدانية استطلاعية عن استنشاق المذيبات الطيارة (التشفيط). الرياض.

14. سعيد، حمادة عبد السلام، (1998م)، عوامل انتشار العنف في المدارس. رسالة ماجستير غير منشورة، القاهرة، معهد الدراسات والبحوث التربوية، جامعة القاهرة.

15. السميح، عبد المحسن بن محمد، (1424هـ)، الصعوبات التعليمية والإدارية لطلاب المنح الدراسية: دراسة ميدانية على طلاب المنح الدراسية بجامعة الإمام محمد بن سعود الإسلامية. مجلة جامعة الإمام محمد بن سعود الإسلامية، العدد: 41 ص (519-598).

16. الشهب، محمد، (1421هـ)، المدرسة والسلوك الانحرافي: دراسة اجتماعية تربوية. دار الثقافة، الدار البيضاء.

17. صحيفة الشرق الأوسط، (1421هـ)، العنف في المدارس الإسرائيلية أعلى نسبة في العالم. العدد: 8149 الأربعاء 1421/12/26هـ الموافق 2001/3/21م.

18. الصديقي، سلوى عثمان، وآخرون، (2002م)، انحراف الصغار وجرائم الكبار. المكتب الجامعي الحديث، الإسكندرية.

19. طرابيشي، حمزة بكري، (1423هـ)، الحرب على المخدرات: الانتصارات والنكسات. الحرس الوطني، العدد: 240 ص (118).

20. عبيدات، ذوقان، وآخرون، (1989م)، البحث العلمي: مفهومه-أدواته-أساليبه. دار الفكر للنشر والتوزيع، عمان.

21. الفايز، عبد الله بن عبد الرحمن، (1414هـ)، الإدارة التعليمية والإدارة المدرسية. مطبعة سفير، الطبعة الثانية، الرياض.

22. فهمي، محمد سيف الدين ومحمود، حسن عبد المالك (1414هـ)، تطوير الإدارة المدرسية في دول الخليج العربي. مكتب التربية العربي لدول الخليج، الرياض.

23. كارة، مصطفى عبد المجيد، (1414هـ)، المخدرات والانحراف. المجلة العربية للدراسات الأمنية، العدد: 17 ص (79-97).

24. المندلاوي، محمد أحمد، (1421هـ)، مشكلات المراهقين والانحرافات غير الواعية. دار الهادي للطباعة والنشر والتوزيع، بيروت.

25. منصور، عبد المجيد سيد أحمد، (1417هـ)، ظاهرة التفحيط والعنف بين الشباب. الأمـن عـدد:45 ص (62-65).

26. المنيف، محمد بن صالح، (1422هـ)، الإدارة المدرسية ودورها التربوي في مواجهة المخـدرات. الطبعـة الأولى، الرياض.

27. وزارة المعارف، (1420هـ)، القواعد التنظيمية لمدارس التعليم العام.

28. اليوسف، عبدالله بن عبد العزيز، (1422هـ)، الـدور الأمنـي للمدرسة في المجتمع السـعودي. بحـث مقـدم لندوة المجتمع والأمن المنعقدة في كلية الملك فهد الأمنية بالرياض في شهر صفر 1422هـ.

الدراســـة الثالثـة

أساليب إدارة الصراع التنظيمي لدى مشرفي الإدارة المدرسية في ضوء معوقات عملهم

ملخص الدراسة

تعايش المؤسسات التربوية الصراع التنظيمي بشكل يومي، مما يؤكد التعامل الإيجابي مع هذا الصراع من اجل أن يؤثر إيجابا في تحقيق أهداف تلك المؤسسات التربوية ويسهم في الفاعلية التنظيمية لتلك المؤسسات، فالمشكلة لا تكمن في الصراع نفسه، وإنما في كيفية إدارته، فالصراع موجود في جميع المنظمات، ويمكن الإفادة منه إذا تم التعامل معه بصورة صحيحة، فوجود قدر معتدل من الصراع في أية مدرسة يحقق لها مستوى أعلى من الفاعلية إذا تمت إدارته بطريقة جيدة. ويعمل الإشراف التربوي على النهوض بعمليتي التعلم والتعليم وفق الأساليب التربوية الحديثة، مما يؤكد أن تكون العلاقة بين مشرف الإدارة المدرسية ومدير المدرسة قائمة على الانسجام والتعاون وعدم الصراع على السلطة وأن يعملا عن طريق التكامل ومبدأ المشاركة. ومع ذلك فإن الإشراف التربوي مازال يصطدم بالكثير من المعوقات التي تحد من تطويره، ومن أهمها معوقات في المجال الاقتصادي والإداري والفني والشخصي. وحيث إن مشرف الإدارة المدرسية يتعامل مع مدير المدرسة بشكل مستمر من أجل رقي وتطور العملية التعليمية والإدارية، فإن هذا التعامل قد يحدث معه صراع مما يستوجب تسليط الضوء على أساليب إدارة الصراع التنظيمي وربطها بمعوقات عمل مشرفي الإدارة المدرسية بهدف سبر غور هذه العلاقة والكشف عنها.

وتوصل الباحث إلى أن مشرفي الإدارة المدرسية بمدينة الرياض يستخدمون جميع أساليب إدارة الصراع التنظيمي الواردة في الدراسة، وأنهم يستخدمون هذه الأساليب بناء على الترتيب التالي: أسلوب (التعاون، والتسوية، والمجاملة، والتجنب، واستخدام السلطة بدرجة كبيرة. وتوصل إلى أن مشرفي الإدارة المدرسية يؤكدون أن معوقات الإشراف التربوي جاءت حسب الترتيب التالي: الاقتصادية، والإدارية والفنية بدرجة كبيرة، والشخصية بدرجة متوسطة. كما توصل إلى عدم وجود أي علاقة ذات دلالة إحصائية بين استخدام أسلوبي التعاون والتجنب مع معوقات الإشراف التربوي سواء كانت الإدارية أم الاقتصادية أم الفنية أم الشخصية، وكذلك عدم وجود أي علاقة ذات دلالة إحصائية بين

استخدام أساليب إدارة الصراع التنظيمي التسوية والمجاملة واستخدام السلطة مع معوقات الإشراف التربوي الإدارية أو الاقتصادية أو الفنية، باستثناء وجود علاقة ذات دلالة إحصائية سالبة أو عكسية تجاه استخدام مشرفي الإدارة المدرسية لأسلوب التسوية عند مستوى الدلالة (0.01) والمجاملة عند مستوى الدلالة (0.05) واستخدام السلطة عند مستوى الدلالة (0.01) مع المعوقات الشخصية. كما توصل إلى عدم وجود فروق ذات دلالة إحصائية بين أساليب إدارة الصراع التنظيمي وبعض المتغيرات الشخصية لديهم باستثناء وجود فروق ذات دلالة إحصائية بين متغير الخبرة لدى المشرفين وبين استخدامهم لأسلوب التعاون في إدارة الصراع التنظيمي عند مستوى الدلالة (0.05) لصالح الأكثر خبرة، وباستثناء وجود فروق ذات دلالة إحصائية تعزى لمتغير العمر مع أسلوب استخدام السلطة عند مستوى الدلالة (0.01) لصالح الأقل عمرا أو سنا من مشرفي الإدارة المدرسية، ولا توجد فروق ذات دلالة إحصائية تعزى لمتغير المؤهل العلمي مع أساليب إدارة الصراع التنظيمي. وتوصل إلى عدم وجود فروق ذات دلالة إحصائية تعزى لمتغير العمر أو الخبرة أو المؤهل العلمي مع معوقات الإشراف التربوي؛ الاقتصادية والإدارية والفنية والشخصية.

وفي ختام الدراسة قدم الباحث بناء على نتائج هذه الدراسة توصيات تتعلق بأساليب إدارة الصراع التنظيمي ومعوقات الإشراف التربوي ومقترحات لدراسات مستقبلية.

المدخل

أولاً: المقدمة:

ينظر إلى المنظمات الإدارية في عالم اليوم على أنها كيان عضوي يشكل الإنسـان فيها العنصرـ الأول الـذي يعبر عن حيويتها وتفاعلها، فهي تمارس نشـاطاتها المختلفـة في ظـل علاقـات متشـابكة بيـت أفـراد المنظمة،الـذين تجمعهم مصالح متباينة بعضها ما يخص التنظيم بالإضافة إلى مصالحهم الشخصية، (المومني، 1426هـ). ويعتبر الصراع ظاهرة من الظواهر الطبيعية الموجود في حياة الأفراد والمؤسسات، فالثبـات والاسـتقرار بصـورة مسـتمرة ودائمة في كل شيء يكاد يكون من الأمور المستحيلة، وهذا ما يفسر وجود الصراع في التنظيمات كظاهرة طبيعيـة مما استدعى كثير من الكتّاب وعلماء الإدارة والخبراء إلى تناول هذه الظاهر بالدراسة والتحليل والبحث، (اللـوزي، 2003م). وقد أكد الطعاني والضمور، (2007م) أن الصراع التنظيمي لقي اهتماما متزايدا مـن قبـل علـماء الإدارة، والتربية، والسياسة، والاجتماع، والاقتصاد، وعلم النفس خلال الفترة الماضية. كـما أن المؤسسات التربويـة كغيرها تواجه الصراع التنظيمي، فالأفراد يتفاوتون في القدرات والاستعدادات والميـول والاتجاهـات، كـما تربطهم شبكة معقدة من التفاعلات الإنسانية المتبادلة، التي تختلف في حدتها وأسبابها، فالاتفاق فيما بينهم ليس متوقعا بشكل دائم. فالمؤسسات التربوية مثلها مثل باقي المؤسسات الأخرى تعايش الصراع التنظيمي بشكل يومي، لذا فالتعامـل الإيجابي مع هذا الصراع يؤثر إيجابا في تحقيق أهداف تلك المؤسسات التربوية ويسهم في الفاعلية التنظيمية لتلك المؤسسات، (الخضور، 1996م).

وخلص (النملة، 1428هـ) إلى أن الصراع ظاهرة اجتماعية نفسية، لابد أن يعيش الإنسـان هـذا الصراع، ويواجهه بشكل من الأشكال في جميع الظروف، والصراع ظاهـرة اجتماعيـة طبيعيـة موجـودة في المنظمـات عـلى مختلف أنواعها ومنها المدارس بدرجات مختلفة. وتتكرر كل يوم بين الأفراد فيـما بيـنهم أو بـين الجماعـات نتيجـة تضارب أهدافهم أو مصالحهم مع أهداف أو مصالح طرف آخر. وله أهميـة في المؤسسات التربويـة تتمثـل في أن المدارس كأنظمة تربوية بحاجة إلى قدر مناسب منه لتجنب الروتين والركود والجمود.

ويحدث الصراع داخل المنظمة نتيجة لأسباب كثيرة ومواقف مؤثرة وظواهر محددة، ومن أهمها شعور الأفراد بالخصومة واختلاف المستويات الإدراكية لديهم مما يؤدي إلى ظهور الصراع في المواقف والأمور التي تواجهها المنظمات وأفرادها، (اللوزي، 2003م). كما أن الصراع حالة تفاعلية تظهر في عدم الاتفاق والاختلاف أو عدم الانسجام داخل الأفراد والجماعات أو فيما بينهما، (بطاح، 2006م).

ويؤكد كثيرون أن المشكلة لا تكمن في الصراع نفسه، وإنما في كيفية إدارته، فالصراع موجود في جميع المنظمات، ويمكن الإفادة منه إذا تم التعامل معه بصورة صحيحة، فوجود قدر معتدل من الصراع في أية مدرسة يحقق لها مستوى أعلى من الفاعلية إذا تمت إدارته بطريقة جيدة، ومن هنا تظهر أهمية عملية إدارة الصراع والتي تعد من أهم كفايات القائد التربوي، (المومني، 1426هـ الطويل، 1998م، العمايرة، 1999م، القريوتي، 2000م).

وفي الحقيقة، فإن إدارة الصراع التنظيمي أصبحت إحدى المهام الرئيسة للإداري التربوي العصري، فقد أشارت دراسة قامت بها جمعية الإدارة الأمريكية إلى أن المديرين يقضون ما يقارب (24%) من وقتهم في معالجة الصراعات التي تنشأ في مؤسساتهم، الأمر الذي جعل إدارة الصراع أمرا ملحا في السنوات الأخيرة، (بطاح، 2006م).

أما الإشراف التربوي فهو الذي يهتم بمتابعة وتحسين وتقويم العملية التربوية وتطوير جميع ما يتعلق بها من خطط ومنهج ومعلم وإداري وكتاب مدرسي ووسيلة تعليمية ونشاط لتحقيق النمو المستمر للمعلم والطالب وكل ذي علاقة بالمدرسة، (الحقيل، 1425هـ). فالإشراف التربوي يعمل على النهوض بعمليتي التعلم والتعليم وفق الأساليب التربوية الحديثة، إضافة إلى أن العلاقة بين مشرف الإدارة المدرسية ومدير المدرسة -كما أكد عليها (الحقيل، 1425هـ)- يتوجب أن تكون قائمة على الانسجام والتعاون وعدم الصراع على السلطة وأن يعملا عن طريق التكامل ومبدأ المشاركة. والإشراف التربوي مازال يصطدم بالكثير من المعوقات التي تحد من تطويره، والتي من أهمها معوقات في المجال الاقتصادي والإداري والفني والشخصي، (المغيدي 1997م، الحقيل 1425هـ المغيدي 1426هـ).

وحيث إن مشرف الإدارة المدرسية يتعامل مع مدير المدرسة بشكل مستمر من أجل رقي وتطور العملية التعليمية والإدارية، فإن هذا التعامل قد يحدث معه صراع مما يستوجب تسليط الضوء على أساليب إدارة الصراع التنظيمي وربطها بمعوقات عمل مشرفي الإدارة المدرسية بهدف سبر غور هذه العلاقة والكشف عنها.

ثانياً: مشكلة وأسئلة الدراسة:

يعـد دور المشـرف التربـوي عمومـا ومشـرف الإدارة المدرسية خصوصـا مـن الأدوار الفاعلـة في العمليـة التعليمية والإدارية، فوظائف مشرف الإدارة المدرسية يجب ألا تنحصر في القضايا الإدارية والتدريبية والتقويمية، بل يجب أن تمتد لتشمل الجوانب الابتكارية والإبداعية والبحثية مما قد يستدعي أن يتزامن مع تطبيق وتفعيل هذه الوظائف حدوث نزاعات أو منازعات أو صراعات.

فالمشرف التربوي يعد حلقة الوصل بين الإدارة المدرسية وهي الإدارة التنفيذية وبين مركز الإشراف التربوي وإدارة التربية والتعليم بالمنطقة التعليمية ووزارة التربية والتعليم وهي الإدارة التشريعية. ومشرف الإدارة المدرسية فرد من أفراد التنظيم الإداري المدرسي يواجه في تعامله مع مدير المدرسة مشكلات عديدة وأساليب تعامل مختلفة للصراع تتمركز حول جوانب العمل المختلفة والمتنوعة والمتعلقـة بالإشراف والتقويم والتـدريب، وخاصة إذا تم ربطها بمعوقات الإشراف التربوي سواء كانت المعوقات الاقتصادية أو الإدارية أو الفنية أو الشخصية، مما يستدعي دراسة أساليب إدارة الصراع التنظيمي لـدى مشرف الإدارة المدرسية، والكشف عـن ارتباطهـا بمعوقات الإشراف التربوي.

وبالضرورة فإنه لا يوجد أسلوب مميز من أساليب إدارة الصراع التنظيمي يصلح دائما للتعامـل في جميع المواقف، لذا فإن الأساليب تختلف باختلاف المواقف التي يعايشها المشرف مع المدير. وقد أكدت العديد مـن الدراسات على ضرورة إجراء مزيد من الدراسات والأبحاث المتعلقة بأساليب إدارة الصراع التنظيمي بـين الأفراد في المؤسسات

الإدارية مثل دراسة (العواملة 1995م، العمايرة 1999م، الفريجات 2000م، القريوتي 2000م، القحطاني ويونس 2001م، اللوزي، 2003م وغيرها).

لذا فهذه الدراسة تحاول الإجابة عن الأسئلة الآتية:

1. ما الأساليب المتبعة في إدارة الصراع التنظيمي لدى مشرفي الإدارة المدرسية من وجهة نظرهم؟
2. ما معوقات عمل مشرفي الإدارة المدرسية من وجهة نظرهم؟
3. هل توجد علاقة ذات دلالة إحصائية بين أساليب إدارة الصراع التنظيمي ومعوقات عمل مشرفي الإدارة المدرسية من وجهة نظرهم؟
4. هل توجد فروق ذات دلالة إحصائية في تحديد أسلوب إدارة الصراع ا لتنظيمي تعزى للخصائص الشخصية (العمر والخبرة والمؤهل العلمي) لمشرفي الإدارة المدرسية من وجهة نظرهم؟
5. هل توجد فروق ذات دلالة إحصائية في تحديد معوقات عمل مشرفي الإدارة المدرسية تعزى للخصائص الشخصية (العمر والخبرة والمؤهل العلمي) لدى المشرفين من وجهة نظرهم؟

ثالثاً: أهمية الدراسة:

تأتي أهمية هذه الدراسة من كونها تسلط الضوء على موضوع إداري يزداد ظهورا وحدة يوما بعد يوم ويتعلق بالسلوك الإنساني في المنظمات وهو الصراع التنظيمي، وكذلك فهي تسلط الضوء على جانب مهم من جوانب الإشراف التربوي يتعلق بتلك المعوقات التي ممكن أن تحد من فاعلية الإشراف التربوي وخاصة ما يتعلق بدور مشرف الإدارة المدرسية.

فإدارة الصراع التنظيمي في المؤسسات التربوية لدى الدول المتقدمة تلقى اهتماما كبيرا، حيث تحرص الجامعات على عقد العديد من الدورات والدبلومات العالية والبرامج المتخصصة في فنون وأساليب إدارة الصراع التنظيمي، ومن هذه الجامعات جامعة ولاية كنت بالولايات المتحدة الأمريكية، كما يقدم المعهد الوطني للتدريب والوساطة في ولاية

نيومكسيكو برنامجا تدريبيا في إدارة الصراع مدته (40) ساعة تدريبية، تشتمل على مواد أساسية في إدارة الصراع ونظرياته وأساليبه وتطبيقات ميدانية وورش عمل وتمثيل دور لما يتعلق بالصراع التنظيمي في المؤسسات الإدارية والتربوية (النملة، 1428هـ). ومن هنا تتضح أهمية هذه الدراسة من خلال تسليط الضوء على هذا الموضوع الحيوي والهام من خلال الكشف عنه في مدارس التعليم العام بالمملكة بقصد المساهمة في تطوير الإدارة المدرسية بوزارة التربية والتعليم.

وتتضح أهمية هذه الدراسة من كونها الدراسة الأولى المحلية -في حدود علم الباحث- التي تكشف عن أساليب إدارة الصراع التنظيمي لدى مشرفي الإدارة المدرسية وعلاقة هذه الأساليب بمعوقات الإشراف التربوي. فتسليط الضوء على مجتمع هذه الدراسة -مشرفي الإدارة المدرسية- ومعرفة أساليب إدارة الصراع التنظيمي ومعوقات الإشراف التربوي لديهم من شأنه مساعدة صانعي ومتخذي القرار بمختلف المستويات الإدارية على التعرف أكثر على هذه الفئة المهمة التي أنيط بها المساهمة في فاعلية النظام التعليمي ككل.

كما تتمحور أهمية هذه الدراسة من كونها تهدف إلى تطوير عمل مشرفي الإدارة المدرسية وبالتالي تطوير الإشراف التربوي في جوانبه الإدارية والفنية، وكذلك تطوير الإدارة المدرسية من خلال إلقاء الضوء على أساليب إدارة الصراع لدى مشرفي الإدارة المدرسية في تعاملهم مع مديري مدارس التعليم العام. فكما أكد (الجندي، 1998م: 194) فإن "أدارة الصراع تمثل مجالا خصبا للتحاور وتبادل الرأي، حيث شهدت تلك الظاهرة ومازالت تشهد الكثير من الجدل والآراء المتعددة والمنطلقة من منظورات مختلفة. ولعل ذلك هو ما دفع ليزلي Lesly إلى القول بأن المنظمات خلال الفترات القادمة سوف تعيش عصر الصراع التعليمي لكثرة التغيرات والتطورات التي يشهدها ويحتاجها هذا الميدان الحيوي". لذا تأتي هذه الدراسة استجابة لتوصيات العديد من البحوث والدراسات مثل دراسة (العمايرة 1999م، الفريجات 2000م، القريوتي 2000م، النملة، 1428هـ) التي أشارت إلى ضرورة إجراء دراسات تكشف أساليب إدارة الصراع التنظيمي لدى فئات النظام التعليمي المختلفة.

رابعاً: أهداف الدراسة:

تهدف هذه الدراسة إلى تحديد الأساليب المتبعة في إدارة الصراع التنظيمي لدى مشرفي الإدارة المدرسية، وكذلك محاولة تحديد معوقات عملهم، والتعرف على إمكانية وجود فروق ذات دلالة إحصائية بين أسلوب إدارة الصراع التنظيمي ومعوقات عملهم، والتعرف على إمكانية وجود فروق ذات دلالة إحصائية تتعلق بأسلوب إدارة الصراع التنظيمي أو معوقات عمل مشرفي الإدارة المدرسية مع بعض الخصائص الشخصية للمشرفين. كما تهدف هذه الدراسة إلى تقديم مجموعة من التوصيات والمقترحات التي من شأنها تحسين أساليب إدارة الصراع التنظيمي وكذلك التقليل من معوقات عمل مشرفي الإدارة المدرسية.

خامساً: حدود الدراسة:

اقتصرت هذه الدراسة على موضوع أساليب إدارة الصراع التنظيمي ومعوقات الإشراف التربوي من وجهة نظر مشرفي الإدارة المدرسية بادارة التربية والتعليم بمدينة الرياض خلال الفصل الدراسي الثاني من العام الدراسي 1429/28هـ.

سادساً: مصطلحات الدراسة:

يعرف الباحث فيما يلي المصطلحات المستخدمة في هذه الدراسة تعريفا إجرائيا، ويتوسع في الحديث عن هذه المصطلحات في الإطار النظري:

1. **الصراع التنظيمي:** حالة عدم الاتفاق وعدم الانسجام المرتفعة أو المنخفضة التي تحدث لمشرف الإدارة المدرسية عندما يجد نفسه في موقف تتعارض أهدافه وإجراءاته عن أهداف وإجراءات مدير المدرسة.
2. **أساليب إدارة الصراع التنظيمي:** أساليب مفضلة لدى مشرف الإدارة المدرسية يستخدمها في مواجهته للمواقف التي يجد فيها تعارض مع مدير المدرسة، وهذه الأساليب هي (التعاون، والتسوية، والمجاملة، والتجنب، واستخدام السلطة)، وتقاس درجة ممارسة المشرف لأساليب إدارة الصراع التنظيمي من خلال الإجابة عن فقرات

الاستبانة، ويعبر عن كل أسلوب بمجموع الدرجات الكلية ~~المرتفعة أو المنخفضة~~ لفقرات كل أسلوب.

3. **الإشراف التربوي:** عملية فنية وشورية وقيادية وإنسانية شاملة، غايتها تقويم وتطوير العملية التعليمية والتربوية بكافة محاورها.

4. **معوقات الإشراف التربوي:** صعوبات ومعوقات اقتصادية وإدارية وفنية وشخصية من شأنها التأثير سلبا على عمل مشرف الإدارة المدرسية فلا يستطيع مع وجودها من تحقيق أهداف وبرامج إشراف الإدارة المدرسية التي من أهمها تطوير العملية التعليمية والإدارية بالمدرسة.

5. **مشرف الإدارة المدرسية:** مشرف متخصص يبذل جهده ووقته لتنمية مهارة القيادة التربوية لدى مديري المدارس ووكلائها، ورفع مستوى أدائهم وتمكينهم من كل ما تتطلبه العملية التربوية من تخطيط وتنظيم ومتابعة وتوجيه وتقويم، وتهيئة للظروف التي تنمي استعدادات الطلاب وقدراتهم العقلية والروحية والبدنية، وتشجيع المعلمين على تأدية رسالتهم بنجاح مستثمرين كل ما في المدرسة من إمكانات.

الإطار النظري:

أولاً: إدارة الصراع التنظيمي:

يعرّف الصراع بأنه أحد الأشكال الرئيسة للتفاعل بين ظروف البيئة وعناصرها وبين المنظمات الإدارية، بحيث ينتج عن ندرة الموارد المطلوبة للعمليات الإنتاجية صعوبات كبيرة تواجهها الإدارة فيما يتعلق بكيفية الحصول على هذه الموارد اللازمة، والصراع يتكون داخل المنظمة بسبب مواقف مؤثرة وظواهر محددة كشعور الأفراد بحالات التوتر والقلق والتعب والخصومة، وأيضا إلى الاختلاف في المستويات الإدراكية لدى الأفراد يؤدي إلى ظهور الصراع في المواقف والأمور التي تواجهها المنظمات وأفرادها، كما أن التناقضات في سلوكيات الأفراد داخل بيئات العمل وما يترتب عليها من مقاومة عالية إلى مقاومة منخفضة تؤدي إلى ظهور الصراعات التنظيمي، لذا فإنه يمكن تعريف الصراع بأنه إرباك أو تعطيل للعمل ولوسائل اتخاذ القرارات بشكل يؤدي إلى صعوبة المفاضلة والاختيار بين البدائل، (اللوزي، 2003م).

وعرّف الصراع بأنه عملية تتضمن بذل جهد مقصود من قبل شخص ما لطمس جهود شخص آخر باللجوء إلى شكل من العوائق، ينجم عنها إحباط الشخص الآخر وتثبيطه عن تحصيل أهدافه وعن تعزيز ميوله. كما عرّف بأنه حالة تفاعلية تظهر في عدم الاتفاق والاختلاف أو عدم الانسجام داخل الأفراد والجماعات أو فيما بينهما، (بطاح، 2006م). كما يؤكد (قطن، 2001م) بأن الصراع عملية تبدأ عندما يرى أحد الطرفين أو يدرك أن الطرف الآخر يعيق أو يحبط أو على وشك أن يحبط اهتماماته. أما (الطعاني والضمور، 2007م) فقد أكدا بأن الصراع موقف تنافسي بين طرفين متعارضين في الأهداف ومدركين للتعارض، فيرغب كل منهما في الحصول على المزيد من السلطة والمركز والفائدة، ويزداد الصراع كلما أدرك أحد الأطراف أن مقدار الخسارة عليه كبيرا.

وقد تطورت النظرة إلى الصراع التنظيمي عبر مراحل مختلفة، فالفكر الإداري التقليدي يؤكد على ضرورة تجنب الصراع في المنظمات الإدارية، بينما يرى أصحاب الفكر السلوكي أن الصراع داخل المنظمات الإدارية أمر طبيعي في حياة الأفراد وحياة المنظمات، أما أصحاب المدرسة التفاعلية فيرون أن الصراع ضروري ومهم لإنجاز الأعمال بفاعلية. وهي المرحلة التي تم فيها قبول الصراع، واعتبر وسيلة لزيادة الكفاءة والمهارة والتجديد، مما يعني وجود مفهومين للصراع، مفهوم إيجابي إذا أحسنت الإدارة والأفراد بالتعامل معه، ومفهوم سلبي إذا لم تحسن الإدارة ولا الأفراد التعامل معه. ويترتب على كل مفهوم سواء كان إيجابيا أو سلبيا أثار عديدة، لعل من أهم الآثار الإيجابية للصراع ما يلي (اللوزي 2003م):

1. مشاركة بناءة من الأفراد كافة في العمليات التنظيمية.
2. يساعد على تنمية المهارات والأفكار وكذلك الإبداع.
3. يساعد على اختيار البديل الأفضل للمنظمة الإدارية وكذلك للأفراد العاملين.

أما أهم الآثار السلبية للصراع، فهي (اللوزي 2003م):

1. نقص الكفاءة والإبداع.
2. يقلل من عامل الانتماء للمنظمة الإدارية، ومن ثم يسعى كل فرد إلى تحقيق الأهداف الخاصة به.
3. يخشى من انتشار الصراع السلبي إلى كافة مستويات التنظيم.

ويرى (بطاح، 2006م:136) أن مراحل الصراع تتركز في مراحل خمس، هي على النحو التالي:

1. مرحلة الصراع الكامن أو الضمني (Latent Conflict)، حيث يكون هناك عوامل لها إمكانية خلق الصراع كالتباين في الأهداف، والتنافس على الموارد، والاختلاف في الخلفيات الفكرية.

2. مرحلة الصراع المدرك (Perceived Conflict)، حيث تبدأ الأطراف المختلفة بإدراك أن ثمة أسبابا للصراع، وأن هناك خلافات وتعارضات لا يمكن حجبها.

3. مرحلة الصراع المحسوس (Felt Conflict)، وفي هذه المرحلة لا تقتصر المسألة على إدراك الصراع من قبل الأطراف المتصارعة، بل تبدأ هذه الأطراف بالشعور بالقلق والتوتر والتوعية والرغبة في عمل شيء ضد الخصم.

4. مرحلة الصراع العلني (Manifest Conflict)، حيث تلجأ الأطراف المتصارعة إلى سلوكات صراعية تهدف إلى إحباط الخصم والحؤول دون تحقيق أهدافه، وتأخذ هذه السلوكات أشكالا عدة مثل عدم التعاون،ومحاولة التخريب، وقد تصل إلى حد الاعتداء الجسدي.

5. مرحلة مخرجات الصراع (Conflict Aftermath)، حيث تتبلور تبعات الصراع، وتعتمد هذه التبعات في العادة على الأسلوب الذي تمت به إدارة الصراع، فإذا تمت إدارته بعقلانية وبأسلوب سليم فإن أداء المؤسسة يتحسن، وتسود العلاقات التعاونية، أما إذا تم تجاهل الصراع أو قمعه، فإنه قد يتفاقم أو يهدأ ليعود مرة أخرى، ويوضح الشكل التالي مراحل الصراع:

الشكل رقم (1) مراحل تطور الصراع

وبرغم أن هذه المراحل يمكن تمييزها عن بعضها، فإنه لابد من الإشارة إلى أن هـذه المراحـل قـد تتـداخل أحيانا كما قد تتفاوت في الوقت الذي تستغرقه، (بطاح، 2006م).

وحدّد الكثير من الدارسين الأسباب الرئيسة لحدوث الصراع التنظيمي، ومنهم (الجندي 1998م، القحطاني ويونس 2001م، إدريس والمرسي 2002م، سلطان 2002م، بطاح 2006م)، وقد أجملوها فيما يلي:

1. العلاقات الاعتمادية: ويعني اعتماد كل طرف على الآخر في القيام بنشاطه أو تحقيق أهدافه داخل التنظيم.

2. تعارض الأهداف: ويعني أن تتعارض الأهداف الفرعية مع بعضها البعض.

3. صراع الأدوار: ويعني نشأة الصراع بين الأدوار المختلفة داخل المنظمة لاختلاف طبيعة واجبات ومهام كل وظيفة عن الأخرى.

4. تفاوت الصفات الشخصية: ويعني ذلك اختلاف المستويات الثقافية للأفراد داخل التنظيم، وكذلك القيم والمعتقدات التي يمكن أن تكون مصدرا من مصادر الصراع.

5. الاختلافات في الخبرات الوظيفية داخل المنظمة، وغموض الاختصاصات الوظيفية، وعدم وضوح الأهداف التنظيمية، وعدم التجانس، ونقص الموارد التنظيمية، وعدم الاتفاق على تحديد الأدوار والمسؤوليات الأساسية للعاملين، والرغبة في الاستئثار بالسلطة، وتدني مستوى الرضا الوظيفي، والمصالح المتضاربة بين الأفراد.

وقسّم الكثير من المختصين في إدارة الصراع التنظيمي مستويات الصراع إلى عدة مستويات، ومنها ما يكون على مستوى الفرد أو الجماعة، ومنها ما يكون بين الأفراد. فالصراع الذاتي الذي يكون على مستوى الفرد وذلك عندما يكون الصراع داخل الفرد نفسه في شعوره وميوله واتجاهاته وأفكاره. والصراع بين الجماعة أو بين المجموعات فهو الذي يكون داخل المؤسسة الواحدة بين وحدات أو أقسام هذه المؤسسة. أما الصراع

على مستوى الأفراد أو بين الأفراد، وهو الصراع الذي يحدث بين شخصين حول قضايا مختلف فيها، وكل واحد منهما يعتد ويتمسك بوجهة نظره. وهناك الصراع بين المؤسسات التي تمارس نشاطا معينا يتسبب في إذكاء المنافسة بين هذه المؤسسات مما يسبب صراعا بينها، (إدريس والمرسي 2002م، سلطان 2002م، الطعاني والضمور 2007م).

وبيّن علماء الإدارة أن أساليب إدارة الصراع التنظيمي عديدة، وبعضهم أسماها استراتيجيات إدارة الصراع التنظيمي، وركز البعض منهم في حديثه عن تلك الأساليب أو الاستراتيجيات في التربية والتعليم، فبيّنوا أن الأساليب أو الاستراتيجيات لا تخرج من التجنب أو التحاشي والانسحاب (Avoiding) والمجاملة أو التساهـل (Accommodation) والتسوية (Compromising) والتعاون أو التضامن (Collaborating) والسلطة أو القوة أو السيطرة أو استخدام السلطة (Using Power)، (الجندي 1998م، سلطان 2002م، إدريس والمرسي 2002م، اللوزي 2003م، بطاح 2006م، الطعاني والضمور 2007م، النملة، 1428هـ). وفيما يلي توضيح لأهم ملامح كل أسلوب من أساليب إدارة الصراع التنظيمي.

فأسلوب التجنب يلجأ إليه الأفراد قاصدين التهرب أو الانسحاب من إدارة الصراع، ويتمثل ذلك في تجنب مشرف الإدارة المدرسية الصراع مع مدير المدرسة عندما يتجنب حضور اجتماع، ويحتفظ المشرف بخلافاته مع المدير لنفسه ليتجنب المشاعر السلبية التي ربما تنشأ من هذه الخلافات، وعندما يبتعد المشرف عن الموضوعات التي تسبب الصراعات فلا يناقشها مع المدير، وعندما يتفادى المشرف كل موقف يقود إلى جدل ونقاش غير مجد مع المدير، وعندما يقلل المشرف من زيارة المدير تجنبا للصراعات، وعندما يتغاضى عن أسباب الصراعات بعض الوقت لتهدئة الموقف مع المدير، إلى غير ذلك من ملامح استخدام مشرف الإدارة المدرسية لأسلوب التجنب في إدارته للصراع مع مدير المدرسة.

أما أسـلوب المجاملة فيسـتخدمه مشرف الإدارة المدرسية مـع مـدير المدرسـة عند اسـتعمال المشرف للدبلوماسية لإنهاء قضايا مختلف عليها مع المدير، وعندما يحرص المشرف عـلى مراعاة شعور المـدير ويتجنب إحراجه في مواقف متعددة، وعندما يركز

المشرف مع المدير على مواضيع الاتفاق ويهمل مواضيع الاختلاف، وعندما يوافق المشرف على وجهة نظر المدير برغم من عدم قناعته بها، وعندما يجامل المشرف المدير حتى لو كان ذلك على حساب العمل.

وأهم ملامح أسلوب التسوية أن يستخدم مشرف الإدارة المدرسية مع مدير المدرسة بعض القضايا، حيث يقترح المشرف حلولا لمشكلات العمل تتضمن المواءمة بين وجهات النظر المختلفة، وعندما يتنازل المشرف عن بعض المطالب ويتقبل مطالب أخرى تسهيلا للوصول إلى حل وسط، وعندما يستمع إلى آراء الآخرين لحل تعقد مشكلات العمل، وعندما يوازن بين عمليتي الربح والخسارة وصولا إلى اتفاق مع المدير، وعندما يبحث المشرف عن حلول وآراء وسطية لحل الخلافات مع المدير، ويتجنب المشرف طرح رأي يزيد من حدة الصراع مع مدير المدرسة.

أما أسلوب التعاون فيستخدمه مشرف الإدارة المدرسية مع مدير المدرسة عندما يتناقش المشرف مع المدير في الموضوعات الخاصة بالعمل مباشرة، وعندما يحرص على تبادل وجهات النظر مع مدير المدرسة بصفة دائمة، ويتعاون مع المدير في حل صراعات العمل بشكل مرض، ويهيئ المناخ الملائم لحل صراعات العمل مع المدير، ويسعى للوصول إلى قرار جماعي مع المدير في حل صراعات العمل، ويبحث مع المدير الأسباب والعوامل المؤدية إلى صراعات العمل وكيفية تجنبها.

وأهم ملامح أسلوب استخدام السلطة أن يمارس المشرف صلاحياته لإنهاء الصراع مع المدير، وأن يعبر عن رأيه بلغة مباشرة وقوية، وأن ينتقد المشرف المدير الذي لا يؤدي متطلبات عمله، وأن يستعمل المشرف الشدة والحزم مع المدير لتحقيق أهداف العمل، وأن تكون علاقة المشرف مع المدير علاقة الرئيس بالمرؤوس، وأن يلتزم باللوائح والأنظمة المنظمة للعمل تفاديا للصراع.

وقد أكد علماء الإدارة أن استخدام أحد هذه الأساليب يعود إلى الفرد نفسه، وليس هناك من أسلوب واحد يصلح أو يناسب جميع المواقف، بل يتوجب التنويع في الأساليب

بحسب المواقف المتعددة، فلكل أسلوب من أساليب إدارة الصراع التنظيمي مزايا وعيوب مما يجعله يختلف باختلاف حالة الصراع أو حالة الموقف المعاش.

ثانياً: معوقات الإشراف التربوي:

قبل الحديث المركز على معوقات الإشراف التربوي تتوجب أولا الإشارة إلى ماهية وتعريف الإشراف التربوي، فالإشراف التربوي يعد أهم مقوم من مقومات العملية التعليمية، ويعرّف الإشراف التربوي بأنه العملية التي يتم فيها تقويم وتطوير العملية التعليمية ومتابعة تنفيذ كل ما يتعلق بها لتحقيق الأهداف التربوية، وهو يشمل الإشراف على جميع العمليات التي تجري في المدرسة سواء كانت تدريبية أم إدارية أم تتعلق بأي نوع من أنواع النشاط التربوي في المدرسة وخارجها، (مكتب التربية العربي لدول الخليج، 1985م). ويهدف الإشراف التربوي إلى التركيز على المعلم والتلميذ من أجل تحسين عملية التعليم والتعلم، وكذا التركيز على الجوانب الإدارية وتنميتها وتطويرها.

وقد أكد (الحقيل، 1425هـ) على ضرورة التكامل بين الإدارة المدرسية والإشراف التربوي، فمدير المدرسة له دور مناط به يتوجب عليه القيام به، وللمشرف التربوي دور مناط به يتوجب عليه القيام به، ولا يستطيع أحدهم العمل بمفرده إذ لا بد من التكامل في العمل من أجل تحقيق أهداف المؤسسة التربوية. كما أن من أهم ضوابط العلاقة بين المدير والمشرف الانسجام والتعاون وعدم الصراع على السلطة والعمل بمبدأ المشاركة.

ولقد تطور الإشراف التربوي في المملكة العربية السعودية، ومر بمراحل عديدة بداية من إنشاء المديرية العامة للمعارف عام 1344هـ عندما كان يعرف الإشراف التربوي بالتفتيش ثم التوجيه التربوي وصولا إلى عام 1414هـ عندما تم تغيير المسمى إلى الإشراف التربوي، وبالرغم من الاهتمام الكبير الذي يوليه المسؤولون عن التعليم بمجال الإشراف التربوي فمازال الإشراف التربوي يصطدم بالكثير من المعوقات التي تحد من تطوره، (المغيدي 1997م، الحقيل 1425هـ، المغيدي 1426هـ البابطين 2005م). إلا أن هذه المعوقات هي معوقات عامة تتعلق بالإشراف التربوي ولا تختص بمشرفي الإدارة المدرسية، غير أن مشرفي الإدارة المدرسية هم جزء من الإشراف

التربوي، لكن هذا الجزء لم يحظى بدراسة مكثفة تكشف عن معوقات عملهم بشكل خاص.

ويشترك المشرفون التربويون بشكل عام ومشرفو الإدارة المدرسية بشكل خاص بمعوقات عديدة في مجالات عدة سواء كان المجال الاقتصادي أو المجال الفني أو المجال الإداري أو المجال الشخصي ـ ومعوقات عمل مشرفي الإدارة المدرسية لا تخرج من هذه المجالات الأربعة، والبعض أضاف المجال الاجتماعي، (المغيدي 1997م، المغيدي 1426هـ البابطين 2005م). إلا أن الباحث يرى أن مشرفي الإدارة المدرسية لديهم معوقات خاصة بعملهم على الرغم من أنهم يتشاركون في معوقات عامة إلا أنهم ما يتعلق بمهامهم ودورهم المتعلق بالتركيز على الإدارة والمدرسية وسبل تفعليها وتطويرها. ومن أهم صعوبات أو معوقات الإشراف التربوي التي وردت في الدراسات السابقة وخاصة الميدانية في المجال الاقتصادي ما يتعلق بنقص الوسائل التعليمية وقلة الحوافز المادية للمشرفين وقلة توافر المكتبات في جميع المدارس، وكل الصعوبات الاقتصادية تتركز في العز المادي. ويرى الباحث أن أهم معوقات عمل مشرفي الإدارة المدرسية ما يتعلق بتباعد المدارس التي يشرف عليها مشرف الإدارة المدرسية مما يكلفه أعباء مادية إضافية، ونقص الحوافز المادية المقدمة للمشرف، ونقص الحوافز المادية التي يستطيع المشرف منحها لمدير المدرسة، ويستخدم المشرف هاتفه الشخصي في التواصل مع إدارات المدارس التي يشرف عليها، ولا توجد ميزانية خاصة لتدريب مديري المدارس يستطيع المشرف التعامل معها.

أما ما يتعلق بمعوقات الإشراف التربوي في المجال الفني فقد أشارت الدراسات إلى عدم تنفيذ بعض المعلمين توجيهات المشرف التربوي وضعف كفاية المعلم وضعف انتماء المعلم إلى المهنة واكتظاظ الصفوف الدراسية بالطلاب وعدم تنويع استخدام أساليب الإشراف التربوي. ومع أهمية هذه الصعوبات إلا أنها متعلقة بالمعلم والطلبة دون الإدارة، لذا فالباحث يرى أن من أهم معوقات عمل مشرف الإدارة المدرسية في المجال الفني قلة زيارات المشرف لإدارة المدرسة الواحدة التي يشرف عليها وكثرة عدد المدارس التي يشرف عليها المشرف وتباعدها واحتياج المشرف إلى تنمية قدراته في إعداد البرامج

التدريبية لمديري المدارس وضعف الكفاية المهنية لبعض مديري المدارس وكثرة الأوراق والنماذج المطلوب تعبئتها من قبل مشرف الإدارة المدرسية.

وفيما يتعلق بمعوقات الإشراف التربوي في المجال الإداري فقد أشارت الدراسات إلى كثرة الأعباء الإدارية الملقاة على عاتق المشرف التربوي وقلة الدورات التدريبية للمشرفين وقلة أعداد المشرفين بالنسبة لعدد المعلمين وغياب معايير محددة لاختيار المعلمين الأكفاء وعدم تحديد مهام المشرف التربوي بدقة وغياب التعاون بين مدير المدرسة والمشرف التربوي وعدم تخصيص مشرفين لكل مرحلة تعليمية. أما أهم الصعوبات المتعلقة بالمجال الإداري لمشرفي الإدارة المدرسية فهي المتعلقة بتنوع واختلاف المراحل التعليمية التي يشرف عليها مشرف الإدارة المدرسية وكثرة الأعباء الإدارية الملقاة على عاتق مشرف الإدارة المدرسية وعدم وجود صلاحيات رسمية معتمدة لمشرف الإدارة المدرسية وعدم وجود سكرتارية لتنظيم عمل مشرف الإدارة المدرسية وتعدد الجهات المسؤولة عن مشرف الإدارة المدرسية.

أما معوقات الإشراف التربوي في المجال الشخصي فقد بيّنت العديد من الدراسات أن من أهم المعوقات اعتقاد بعض المشرفين بأنهم أكفاء قادرون على إقناع المعلمين وعلى إعداد برامج تدريبية لهم ولا يعانون من مشكلات اجتماعية أو نفسية. لذل فالباحث يؤكد أن المعوقات الشخصية المتمركزة حول عمل مشرفي الإدارة المدرسية تتمثل في ضعف الثقة المتبادلة بين المشرف وبين مدير المدرسة واحتياج المشرف إلى تنمية مهاراته في الحوار ويشعر مشرف الإدارة المدرسية بأنه شخصية غير مرغوب فيها بالمدرسة وعدم احترم مشرف الإدارة المدرسية لآراء ووجهات نظر مدير المدرسة وافتقاد المشرف إلى روح التعاون بين مشرف الإدارة المدرسية وبين مدير المدرسة.

ثالثاً: الدراسات السابقة:

يتناول الباحث في هذا الجزء الدراسات السابقة المحلية والعربية والأجنبية التي تناولت إدارة الصراع التنظيمي في المؤسسات التعليمية، والدراسات التي تناولت معوقات الإشراف التربوي، يلي ذلك التعليق على تلك الدراسات.

1. دراسات إدارة الصراع التنظيمي في المؤسسات التعليمية:

قام (Sharah, 1988) بإجراء دراسة هدفت إلى معرفة أساليب إدارة الصراع المتبعة لدى مديري المدارس الثانوية في الأردن وأثر بعض المتغيرات الشخصية، وقد أظهرت الدراسة وجود فروق ذات دلالة إحصائية بين أنماط إدارة الصراع وبين الشخصية والجنس، وكذلك وجود فروق ذات دلالة إحصائية بين الخبرة في الإدارة عند المديرين وبين أسلوب حل المشكلات ونمط الإجبار والتجنب، وكذلك وجود فروق تعزى لصالح الإناث على أسلوب الإجبار وفروق في أسلوب إدارة الصراع تعزى للمؤهل العلمي على أسلوب الإجبار، كما أظهرت الدراسة وجود أثر للتفاعل بين الخبرة والجنس على أسلوبي حل المشكلات والتسوية.

وقام (Dowd, 1992) بدراسة تتعلق بكيفية تعامل مديري المدارس بنيويورك بالولايات المتحدة الأمريكية مع الصراع من خلال إجراء مقابلات مع المديرين، وتوصل إلى أن هناك أثرا لمتغير الخبرة والمؤهل في كيفية تعامل المديرين مع الصراع وأن الأسلوب الأكثر استخداما هو أسلوب الإجبار أو استخدام السلطة وأن المديرين يستخدمون أنماطا متنوعة حسب الموقف الذي يحدث في الصراع.

وأجرى (Campbell, 1993) دراسة هدفت إلى التعرف على أساليب إدارة الصراع المفضلة لدى مديري المدارس الثانوية في هيوستن بالولايات المتحدة الأمريكية، ولم يتوصل إلى وجود فروق ذات دلالة إحصائية بين الأساليب التي يستخدمها المديرون وبين المستوى التنظيمي والجنس والخبرة، واكتشف أن الأسلوب الشائع هو التعاون أو ما يعرف بالتكامل إلا أنهم لا يلتزمون به بالضرورة لأنهم يرون أن الصراعات ذات أشكال متعددة تتوجب أن يتعامل معها المدير بما يتناسب مع كل موقف على حدة.

وقام (Parsons, 1994) بدراسة بهدف الوقوف على الأساليب المفضلة لدى مديري المدارس العليا بواشنطن بالولايات المتحدة الأمريكية، وتوصل إلى أن أسلوب التعاون هو الأكثر استخداما في إدارة الصراع، ولم يتوصل إلى وجود فروق ذات دلالة إحصائية تعود لمتغيرات الدراسة مثل العمر والجنس والعرق وحجم المدرسة والمؤهل العلمي والخبرة وساعات التدريب على إدارة الصراع.

وأجرى (الخضور، 1996م) دراسة عن أنماط إدارة الصراع لدى عينة من مديري المدارس الأساسية في الأردن في ضوء متغيرات الخبرة والجنس والمؤهل العلمي، وتوصلت الدراسة إلى أن الأنماط المتبعة هي حسب الترتيب التالي: التسوية والتعاون والتجنب والمجاملة والمنافسة. ولم تجد الدراسة أثرا لمتغير الخبرة على أنماط إدارة الصراع لدى المديرين باستثناء الأثر الموجود على نمط التسوية، فذوي الخبرة القصيرة يستخدمون نمط التسوية أكثر من ذوي الخبرة المتوسطة والطويلة. كما وجدت الدراسة أثرا على نمط المجاملة لصالح الذكور، وأشارت النتائج إلى عدم وجود فروق إحصائية على أنماط إدارة الصراع تعزى لمتغير المؤهل العلمي.

واكتشف (الجندي، 1998م) أن استراتيجيات إدارة الصراع التنظيمي لدى عينة من مديري المدارس الابتدائية والإعدادية والثانوية بمدينة الإسكندرية بمصر هي إستراتيجية التعاون ثم التجنب وأخيرا التنافس وذلك من خلال وجهة نظر المعلمين في تلك المدارس، وأوصى بضرورة العمل على تدعيم إتباع مديري المدارس لإستراتيجية التعاون خلال إدارتهم عملية الصراع التنظيمي داخل المدرسة، وكذلك ضرورة العمل على تغيير النظرة التشاؤمية تجاه الصراعات داخل المؤسسات التعليمية.

وقامت (قطن، 2001م) بإجراء دراسة بهدف التعرف على أساليب إدارة الصراع التنظيمي لدى مديري ومديرات المدارس الثانوية في سلطنة عمان وأثر متغيرات الجنس والمؤهل العلمي والخبرة على استخدام تلك الأساليب. وقد رتب المديرون والمديرات أساليب إدارة الصراع التنظيمي حسب التالي: التعاون والتسوية أو الحل الوسط والمجاملة واستخدام السلطة والتجنب. ولم تجد الباحثة فروقا ذات دلالة إحصائية تعزى لمتغير المؤهل العلمي في ممارسة أفراد عينة الدراسة لأساليب إدارة الصراع التنظيمي، ووجدت

فروقا ذات دلالة إحصائية تعزى لمتغير الخبرة في ممارسة أسلوب استخدام السلطة فقط، فأصحاب الخبرة الأطول يستخدمون أسلوب السلطة أكثر من أصحاب الخبرة القصيرة.

وهدف (المومني، 2003م) إلى دراسة العلاقة بين المناخ التنظيمي السائد والأسلوب المعتمد في إدارة الصراع في المدارس الثانوية الأردنية من وجهة نظر المديرين والمعلمين من خلال بعض المتغيرات كالجنس والمؤهل العلمي والخبرة. وقد رتب المديرون أساليب إدارة الصراع كما يلي: التعاون والمشاركة والتوفيق أو التسوية والتنافس والتجنب، أما المعلمون فقد رتبوا الأساليب حسب التالي: التعاون والتجنب والمشاركة والتوفيق والتنافس. وتبيّن أن هناك فروقا ذات دلالة إحصائية تعزى لمتغير المؤهل العلمي مع أسلوب التجنب لصالح الأقل درجة علمية وهم أقل من البكالوريوس.

وأجرت البلبيسي (2003م) دراسة بهدف التعرف على استراتيجيات إدارة الصراع التنظيمي التي يستخدمها مديرو المدارس الثانوية العامة في الأردن وعلاقتها بالروح المعنوية للمعلمين والتزامهم التنظيمي، وتوصلت الدراسة إلى نتائج، أهمها العمل على تدريب المعلمين أثناء الخدمة على كيفية استخدام استراتيجيات إدارة الصراع وفق مواقف الصراع المتنوعة نظريا وعمليا، مع تدريب المديرين على كيفية تشخيص الصراع، وكيفية قياس حجم الصراع والتعرف إلى درجة شدته في مدارسهم، مع ضرورة إشراكهم في تخطيط البرامج وتقويمها، وتدريبهم على كيفية إجراء التقييم الذاتي لأساليبهم السلوكية في إدارة الصراع.

أجرى (الطعاني والضمور، 2007م) دراسة هدفت إلى التعرف على درجة ممارسة المشرفين التربويين في الأردن لأساليب التعامل مع الصراع التنظيمي، وتوصلا إلى أن المشرفين التربويين يستخدمون جميع أساليب إدارة الصراع التنظيمي، وذلك حسب الترتيب التالي: التعاون والتسوية والإحالة لمستوى أعلى والمجاملة والتجنب واستخدام السلطة. كما توصلا إلى أنه لا توجد فروق دالة إحصائيا تعزى لمتغيري الخبرة والمؤهل العلمي في درجة ممارسة أساليب التعامل مع الصراع، وتوصلا إلى وجود فروق دالة إحصائيا تعزى لمتغير الإقليم في درجة ممارسة المشرفين لأساليب التسوية والتجنب

واستخدام السلطة. ومن أبرز توصيات هذه الدراسة عقد دورات وورش تدريبية للمشرفين التربويين على أساليب التعامل مع الصراع، وإعطاء المشرفين مزيدا من الصلاحيات.

وقد هدفت دراسة (النملة، 1428هـ) إلى التعرف على مفهوم الصراع التنظيمي وأساليب إدارته التي يستخدمها مديرو المدارس الثانوية في المملكة العربية السعودية. ومن أهم النتائج التي توصلت إليها هذه الدراسة أن أسلوب التعاون يعد هو الأسلوب الأكثر استخداما من قبل مديري المدارس الثانوية بالمملكة، يليه أسلوب الحل الوسط، حيث يستخدم مديرو المدارس الثانوية هذين الأسلوبين بدرجة عالية. وجاء أسلوب المجاملة في المرتبة الثالثة، يليه أسلوب استخدام السلطة. وأما أسلوب اللجوء إلى إدارة التربية والتعليم فيأتي بالمرتبة الخامسة، ويأتي أسلوب التجنب في المرتبة السادسة وهي المرتبة الأخيرة. وكذلك توصلت إلى أن أساليب المجاملة واستخدام السلطة واللجوء إلى إدارة التربية والتعليم والتجنب تمارس درجة متوسطة من قبل مديري المدارس الثانوية. كما أنها توصلت إلى أنه لا يوجد أسلوب من أساليب إدارة الصراع التنظيمي يستخدم من قبل مديري المدارس الثانوية بالمملكة بدرجة ضعيفة.

وقد استخدمت جميع الدراسات السابق ذكرها المنهج الوصفي وجعلت الاستبانة أداة لها، عدا دراسة (Dowd, 1992) التي استخدمت المقابلات. كما أنها أخذت وجهة نظر المعلمين أو المديرين، سوى دراسة (الطعاني والضمور، 2007م) التي أخذت وجهات نظر المشرفين التربويين الأردنيين. كما أن أغلب دراسات الصراع التنظيمي أجريت في مدارس التعليم العام، إلا أنه توجد دراسات عديدة تتعلق بالتعليم العالي، ومنها دراسة (عبابنة، 1996م) حول أساليب إدارة الصراع في الجامعات الحكومية في الأردن من وجهة نظر أعضاء هيئة التدريس، ودراسة (حيدر، 1997م) المتعلقة بإدارة الصراع التنظيمي في الجامعات المصرية. كما أن هناك دراسات أخرى أجريت في مؤسسات إدارية عامة، مثل دراسة (الحنيطي، 1993م) حول الصراع التنظيمي وأسبابه وطرق إدارته في المؤسسات العامة والخاصة في الأردن، ودراسة (زايد، 1996م) عن استراتيجيات إدارة الصراع التنظيمي في دولة الإمارات العربية المتحدة، ودراسة (القحطاني ويونس 2001م،) حول أسباب الصراعات التنظيمية في الأجهزة الحكومية

المركزية بالمملكة العربية السعودية، وهناك دراسات أخرى ليس لها علاقة مباشرة بموضوع هذه الدراسة الحالية، ومنها دراسة (الشعراوي، 2004م) التي تتعلق بالاضطرابات السلوكية وطرق إدارة الطلاب للصراع في التعليم الثانوي الفني المصري.

2. دراسات معوقات الإشراف التربوي:

الدراسات المتعلقة بالإشراف التربوي كثيرة جدا، ويكتفي الباحث بتناول الدراسات المتعلقة بمعوقات الإشراف التربوي.

ومن أقدم الدراسات التي حصل عليها الباحث دراسة (ريان، 1980م) التي اكتشفت وجود بعض مشكلات الإشراف الفني في دولة الكويت، ومن أهمها غلبة أسلوب التفتيش على معظم الممارسات التربوية، ووجود معلمين غير أكفاء. وأجرى (مكتب التربية العربي لدول الخليج، 1985م) دراسة شاملة عن واقع الإشراف التربوي في الدول الأعضاء، وكشفت عن وجود عدة معوقات لعمل الإشراف، ومنها ضعف الكفاءة المهنية لبعض المشرفين التربويين وبعض المعلمين وضعف الرغبة لدى بعض المعلمين في مهنة التدريس، وكثرة الأعباء الملقاة على عاتق المشرفين والمعلمين مما عاق المشرف من أداء عمله على الوجه الأمثل، وقلة عدد المشرفين التربويين وقلة الأجهزة والوسائل التعليمية، وضعف الوعي بمسؤولية العمل لدى بعض المشرفين وضعف العلاقة بين المشرفين والمعلمين. وجاءت دراسة (الأحمد، 1987م) التي ناقشت قضايا تخص الموجهين الفنيين للمواد الدراسية في مدارس التعليم العام بدولة الكويت، وقد ألمحت تلك الدراسة إلى وجود بعض المعوقات ومنها عدم وضوح أهداف التوجيه التربوي وكذلك عدم وضوح مهام المشرف أو الموجه التربوي، وقدمت توصية بهذا الشأن.

وقدمت دراسة (الزاغبة، 1989م) مجموعة من معوقات الإشراف التربوي في الضفة الغربية، وكان من أهمها عدم تمتع المشرفين التربويين بالكفاءة المطلوبة لأداء مهامهم، وعدم اختيار المشرف التربوي على أساس مبدأ الكفاءة في أداء العمل، وعدم إشراك المشرف للمعلم في وضع الخطط والملاحظة والتحليل والتطبيق، وعدم تنوع الأساليب الإشرافية وحصره في الزيارات الصفية المفاجئة، وقصور برامج التطوير

المهني للمشرفين، وعدم وجود مشرفين متخصصين لكل مرحلة تعليمية، ومحدودية عدد المشرفين بالنسبة لعدد المعلمين.

وأجرى (الحمد، 1989م) دراسة لبعض مشكلات الإشراف الفني في دولة الكويت، وكان من أهمها عدم قيام الموجه أو المشرف بتوطيد العلاقة مع المجتمع، وقنوات الاتصال التربوي بين الموجه الفني والمعلمين شبه معدومة، وضعف العلاقة بين الموجه الفني وإدارة المدرسة. وقامت (الزعبي، 1990م) بدراسة لمشكلات الإشراف التربوي في الأردن، وقد وجدت أن من أهمها زيادة الأعباء الإدارية على المشرف وعدم اهتمام أصحاب القرار بتوصيات المشرف وتكليف المشرف بالإشراف الفني والإداري معا. وهدفت دراسة (أحمد، 1990م) إلى الكشف عن أهم المعوقات التي تواجه المشرف التربوي في مصر، ومن أهمها نقص كفاءة المعلمين علميا وتربويا، وعدم وجود تعاون مثمر بين المشرف التربوي وإدارة المدرسة، وكثرة الأعباء المنوطة بالمشرف، وقيام المشرف بالأعمال الإدارية أكثر من الفنية، وعدم توافر العدد الكافي من المشرفين، وعدم وجود الدعم المادي الذي يتلاءم والجهود المطلوبة من المشرف التربوي، وضعف مستوى المشرف التربوي مهنيا وعدم اهتمامه بالعمل.

وكشفت دراسة (السعود، 1992م) إلى وجود معوقات تواجه عمل المشرف التربوي في الأردن من وجهة نظر المشرف نفسه، وكان من أهم هذه المعوقات عدم توافر الدعم المادي لتنفيذ النشاطات الإشرافية، وتدني مرتبات المشرفين، وقلة عدد المشرفين نسبة إلى عدد المعلمين، وبعد المدارس عن مركزية المديرية، ونظرة المعلم السلبية للمشرفين، وضعف كفايات المشرف الأكاديمية والعلمية.

وهدفت دراسة (المغيدي، 1997م) إلى الكشف عن معوقات الإشراف التربوي في محافظة الإحساء التعليمية بالمملكة العربية السعودية من وجهة نظر المشرفين التربويين في ضوء متغيرات الجنس والمؤهل العلمي والخبرة. وتوصلت الدراسة إلى وجود معوقات الإشراف التربوي في محافظة الإحساء في المجالات الاقتصادي والإداري والفني والاجتماعي بنسب تراوحت ما بين 57% كحد أدنى إلى 96% كحد أعلى باستثناء المجال الشخصي. وتبيّن أن المشرفين التي خبرتهم أكثر من عشر سنوات هم أكثر إيجابية نحو

إبراز معوقات الإشراف التربوي من ذوي الخبرات الأخرى، وعدم وجود فروق في مجـال معوقـات الإشراف التربـوي الإداري والفني والاجتماعي باختلاف الخبرة والمؤهل العلمي والجنس. وخرجت الدراسة بإجماع أفراد عينتها علـى أن هناك معوقات تعيق المشرف التربوي مـن القيـام بمهامـه الإشرافية في المجـال الإداري الاجتماعـي والفني والاقتصادي. ومن أهم المعوقات قلة الحوافز المادية للمشرفين، وكثرة الأعباء الإدارية الملقاة عـلى عـاتق المشرف التربوي، وقلة أعداد المشرفين بالنسبة لعدد المعلمين، وعدم تحديد مهام المشرف التربوي بدقة، وعدم تخصيص مشرفين لكل مرحلة تعليمية.

وقام (آل جوزان، 1420هـ) بدراسة تعرف فيها على المشكلات التـي تواجـه المشرف التربوي المبتدئ في عامه الأول مع المعلمين وإدارات المدارس والتنظيمات الإدارية والـزملاء والأساليب الإشرافيـة، وتوصـل إلى أن مـن أهم المشكلات تعالي بعض مديري المدارس علـى المشرف التربوي، وعدم وضوح المهـام الإشرافيـة لـدى المشرـف التربوي، وغموض أهداف وأساليب الإشراف التربوي الحديثة، ومحدودية صلاحية المشرف التربوي.

وأجرى (البابطين، 1420هـ) دراسة عن مشكلات المشرف التربوي أثناء تطبيق الأساليب الإشرافية بـالتعليم العام، وتوصل إلى أن من أهم هذه المشكلات زيادة نصاب المسرف من المعلمين الذين يشرف عليهم، وكثرة الأعباء الكتابية والإدارية على المشرفين التربويين، وعدم تأهيل المشرف التربوي قبل اختياره لممارسة الإشراف التربوي، وقلة الصلاحيات الممنوحة للمشرف التربوي، وضعف الكفاية لبعض مديري المدارس، وضعف الثقة المتبادلة بين المشرف التربوي ومدير المدرسة، وضعف الثقة بين المشرف التربوي والمعلم.

وقدمت دراسة (الحماد، 1421هـ) معوقات الإشراف التربوي كما يراها المشرفون التربويون بمدينة الرياض، وجاءت النتائج لتؤكد أن من أهم المعوقات ما يتعلق بكثرة الأعباء الإدارية التي تؤثر سلبا عـلى النشـاط الفني للمشرف، وكثرة نصاب المشرف التربوي من المعلمين، وقلة المخصصات المالية اللازمة، وقلة الصلاحيات الممنوحة

للمشرفين التربويين، وقلة الدورات التدريبية للمشرفين، وضعف الحوافز المعنوية التي يتلقاها المشرف التربوي.

وأجرى (قسم البحوث التربوية، 1425هـ) دراسة عن الصعوبات التي تواجه المشرفين التربويين في الميدان التربوي بمنطقة الرياض التعليمية والمقترحات اللازمة لها كما يراها المشرفون التربويون من خلال تقاريرهم السنوية، وتوصلت إلى أن أهم الصعوبات كثرة نصاب المشرف التربوي من المدارس والمعلمين، وتعدد المرجعيات الإدارية للمشرف، وكثرة الأعباء الكتابية التي ينجزها المشرف أثناء الزيارات، وعدم توفر مواصلات للمشرف أثناء زيارته للمدارس مما يترتب عليه تبعات مالية، وقلة الصلاحيات الممنوحة للمشرف التربوي.

وقام (البابطين، 2005م) بدراسة للمعوقات التي تحد من فاعلية الممارسات الإشرافية كما يراها المشرفون التربويون بمنطقة الرياض التعليمية، وتوصل إلى أن المعوقات المادية والإدارية تحد من فاعلية الممارسات الإشرافية بدرجة عالية، ولم يتوصل إلى فروق ذات دلالة إحصائية تعزى لمتغيرات المؤهل الدراسي والخبرة والدورات التدريبية ونصاب المشرف، وأوصى بضرورة توفير المخصصات المالية والحوافز المادية للمشرفين التربويين وكذلك تخفيف الأعباء الإدارية التي يقوم بها المشرف التربوي وتوفير عدد كاف من السكرتارية لتنظيم العمل الإشرافي وزيادة عدد المشرفين التربويين.

وهناك دراسات أخرى تتعلق بمشرفي الإدارة المدرسية، إلا أنها ليس لها علاقة مباشرة بمعوقات عملهم، ومنها دراسة (حبحب، 1408هـ) عن دور موجهي الإدارة المدرسية بإدارة تعليم مكة المكرمة كما يراها مديرو المدارس، ودراسة (آل عثيمين، 1413هـ) حول دور موجهي الإدارة المدرسية في تنمية كفاءة مديري المتوسطة والثانوية، ودراسة (المنيع، 1413هـ) عن وجهات نظر موجهي الإدارة المدرسية ومديري المدارس للدور الذي يقوم به موجه الإدارة المدرسية في مدارس المملكة العربية السعودية، ودراسة (الشايع، 1413هـ) حول درجة فاعلية دور موجهي الإدارة المدرسية إداريا وفنيا كما يراها مديرو المدارس بمنطقة حائل التعليمية، ودراسة

(القحطاني، 1420هـ) عن تقويم الممارسات الإشرافية لمشرفي الإدارة المدرسية من وجهة نظر مديري المدارس، ودراسة (النوح، 1421هـ) حول مهام مشرفي الإدارة المدرسية ومدى ممارستهم لها كما يراها مشرفو الإدارة المدرسية ومديرو المدارس الثانوية المتوسطة بمدينة الرياض، ودراسة (الحماد، 1425هـ) عن الكفايات المهنية اللازمة لمشرفي الإدارة المدرسية بالمملكة العربية السعودية. فهذه الدراسات تشترك مع الدراسة الحالية في كونها تتعلق بمشرفي الإدارة المدرسية، وتختلف هذه الدراسة الحالية عنها بتعلقها بأساليب إدارة الصراع التنظيمي لدى مشرفي الإدارة المدرسية وعلاقة هذه الأساليب بمعوقات عملهم.

3. التعليق على الدراسات السابقة:

استعرض الباحث عددا من الدراسات المحلية والعربية والأجنبية التي تناولت إدارة الصراع التنظيمي في المؤسسات التعليمية، والدراسات التي تناولت معوقات الإشراف التربوي.

وكانت أغلب دراسات إدارة الصراع التنظيمي تتعلق بالمعلمين أو بالمديرين مثل دراسة (Sharah 1988, Dowd 1992, Campbell 1993, Parsons 1994) وكذلك دراسة (الخضور، 1996م، الجندي، 1998م، قطن 2001م، المومني 2003م). إلا أن دراسة (الطعاني والضمور، 2007م) أخذت وجهات نظر المشرفين التربويين الأردنيين. وقد استخدمت جميع الدراسات المتعلقة بأساليب إدارة الصراع التنظيمي المنهج الوصفي، وجعلت الاستبانة أداة لها، عدا دراسة (Dowd, 1992) التي استخدمت المقابلات. والدراسة الحالية تتفق مع دراسة (الطعاني والضمور، 2007م) في كونها تركز على وجهة نظر مشرفي الإدارة المدرسية في استخدام أساليب إدارة الصراع التنظيمي، وتتفق مع معظم الدراسات في المنهج المتبع والأداة المستخدمة. كما أن هذه الدراسة تستهدف التعرف على درجة ارتباط أسلوب إدارة الصراع التنظيمي بمعوقات عمل مشرفي الإدارة المدرسية، وذلك من وجهة نظر مشرفي الإدارة المدرسية في مدينة الرياض.

وفيما يتعلق بدراسات معوقات الإشراف التربوي، فإن كل الدراسات السابقة التي ناقشها الباحث في هذا المجال تمحورت حول رأي المشرفين التربويين بعامة ولم تقتصر

على مشرفي الإدارة المدرسية، وكما هو معلوم فإن مشرف الإدارة المدرسية يتعلق عمله مباشرة بمدير المدرسة وبالتنظيمات الإدارية مما يؤكد الحاجة إلى إجراء دراسة خاصة توضح رأيه في معوقات عمله وكذلك الكشف عن أسلوب إدارة الصراع التنظيمي في تعامله مع مدير المدرسة. وقد استخدمت جميع الدراسات المتعلقة بمعوقات الإشراف التربوي المنهج الوصفي، وجعلت الاستبانة أداة لها، عدا دراسة (قسم البحوث التربوية، 1425هـ) التي استخدمت المنهج الوثائقي.

وحصل الباحث على دراسات أخرى تشترك مع الدراسة الحالية في كونها تتعلق بمهام مشرفي الإدارة المدرسية فقط، إلا أنه هذه الدراسة الحالية تتميز عن الدراسات السابقة بأنها تحاول الكشف عن أساليب إدارة الصراع التنظيمي لدى مشرفي الإدارة المدرسية وعلاقة هذه الأساليب بمعوقات عملهم.

الدراسة الميدانية:

يقدم الباحث فيما يلي الدراسة الميدانية بداية من الإجراءات المنهجية للدراسة ومجتمع وعينة الدراسة وأداتها والمعالجة الإحصائية ثم يعرض نتائج الدراسة الميدانية ويناقش نتائجها ثم بعد ذلك يوضح أهم النتائج والتوصيات ويقترح دراسات مستقبلية.

أولاً: الإجراءات المنهجية للدراسة:

1. منهج الدراسة:

استخدم الباحث المنهج الوصفي التحليلي الذي يهتم بوصف الواقع عن طريق جمع المعلومات والبيانات الدقيقة عن مشكلة الدراسة للوصول إلى استنتاجات تؤدي إلى تعميمات ذات مغزى يزيد بها الباحث رصيد معرفته عن تلك الظاهرة، (خيري وعبد الحميد, 1987م). لذلك فاختيار هذا المنهج سيصف بدقة رأي مشرفي الإدارة المدرسية في أساليب إدارة الصراع التنظيمي لديهم وكذلك سيصف معوقات الإشراف التربوي من وجهة نظرهم، كما سيوضح العلاقة بين استخدام أساليب إدارة الصراع التنظيمي ومعوقات الإشراف التربوي من وجهة نظر مشرفي الإدارة المدرسية.

2. مجتمع وعينة الدراسة:

يتكون مجتمع الدراسة من جميع مشرفي الإدارة المدرسية بادارة التربية والتعليم بمدينة الرياض، والبالغ عددهم أربعين (40) مشرفا للإدارة المدرسية، حسب إفادة مركز الحاسب الآلي بوزارة التربية والتعليم، 1429هـ. وقد أخذ الباحث جميع أفراد مجتمع الدراسة، ووزع عليهم أداة الدراسة، وتجاوب منهم ثلاثة وثلاثون (33) مشرفا للإدارة المدرسية بنسبة بلغت 82.5%، اعتبروا عينة الدراسة.

3. أداة الدراسة:

أجرى الباحث مقابلة مع خمسة من مشرفي الإدارة المدرسية وتناقش معهم عن أساليب إدارة الصراع التنظيمي لديهم مع مديري المدارس كما تحدث معهم كثيرا في معوقات الإشراف التربوي الخاص بمشرفي الإدارة المدرسية، ثم أجرى بعد ذلك دراسة استطلاعية أولية اشتملت على عدة محاور لأساليب إدارة الصراع التنظيمي، في كل محور مجموعة من العبارات، وكذلك تم علم الشيء نفسه فيما يتعلق بمعوقات الإشراف التربوي، وقد أجابا على هذا الاستطلاع الأولي خمسة من مشرفي الإدارة المدرسية.

عدل الباحث بعد ذلك أداة الدراسة آخذا بوجهة نظر مشرفي الإدارة المدرسية، وقدمها لمجموعة من المحكمين بهدف الحصول على آرائهم في هدف الدراسة وأسئلتها وكذلك محاورها وعباراتها، وأجرى التعديلات المطلوبة من المحكمين، ثم أجرى اختبار ثبات الأداة باستخدام اختبار الفا كرونباخ، وتبيّن من نتائج الاختبار أن الأداة ثابتة بدرجة عالية بلغت (90%) مما يؤكد صلاحية الأداة للتطبيق.

وقد اشتملت الأداة على ثلاثة أجزاء، الأول يتعلق بالبيانات الشخصية لمشرفي الإدارة المدرسية مثل الخبرة والعمر والمؤهل العلمي، الجزء الثاني يتعلق بدرجة ممارسة أساليب إدارة الصراع التنظيمي من وجهة نظر المشرف، والجزء الثالث يتعلق بدرجة تواجد معوقات عمل مشرف الإدارة المدرسية. إضافة إلى خطاب موجه للمشرفين يوضح الهدف من الدراسة وأسلوب الإجابة عن الاستبانة، كما خصص الباحث للمستجيبين مكانا مناسبا ليضيفوا وجهات نظرهم فيما يتعلق بأساليب إدارة الصراع التنظيمي ومعوقات عمل مشرفي الإدارة المدرسية.

4. المعالجة الإحصائية:

جمع الباحث المعلومات اللازمة ثم قام بتحليلها من خلال البرنامج الإحصائي للعلوم الاجتماعية (SPSS), وقد استخدم الباحث عدداً من الأساليب الإحصائية المناسبة لطبيعة هذه الدراسة.

وقد اعتمد الباحث في تحديد درجة ممارسة أساليب إدارة الصراع التنظيمي ودرجة توجد معوقات عمل مشرفي الإدارة المدرسية على معيار خماسي متدرج من درجة كبيرة جدا إلى درجة ضعيفة جدا، ونظرا لكون مدى الممارسة يساوي (4) وهو الفرق بين أعلى درجة (5) وأدنى درجة (1)؛ وبقسمة المدى (4) على عدد الفئات (5) يصبح طول الفئة (0.80), والجدول رقم (1) يوضح معيار التقدير الخماسي والقيمة الوزنية لدرجة الممارسة على عبارات أساليب إدارة الصراع التنظيمي ومعوقات عمل مشرفي الإدارة المدرسية.

جدول رقم (1)
معيار التقدير الخماسي والقيمة الوزنية لدرجة الممارسة

القيمة الوزنية	الدرجة	درجة الممارسة
من (4.2) إلى (5)	خمس درجات	كبيرة جدا
من (3.4) إلى أقل من (4.2)	أربع درجات	كبيرة
من (2.6) إلى أقل من (3.4)	ثلاث درجات	متوسطة
من (1.8) إلى أقل من (2.6)	درجتان	ضعيفة
من (1) إلى أقل من (1.8)	درجة واحدة	ضعيفة جدا

وبهذا يكتمل عرض الإجراءات المنهجية للدراسة، وينتقل الباحث إلى عرض نتائج الدراسة الميدانية ومناقشتها.

ثانياً: عرض نتائج الدراسة ومناقشتها:

هدفت هذه الدراسة إلى تحديد الأسلوب المتبع في إدارة الصراع التنظيمي لدى مشرفي الإدارة المدرسية، وكذلك محاولة تحديد معوقات عملهم، والتعرف على إمكانية

وجود فروق ذات دلالة إحصائية بين أسلوب إدارة الصراع التنظيمي ومعوقات عملهم، والتعرف على إمكانية وجود فروق ذات دلالة إحصائية تتعلق بأسلوب إدارة الصراع التنظيمي أو معوقات عمل مشرفي الإدارة المدرسية مع بعض الخصائص الشخصية للمشرفين.

ويقدم الباحث وصفا لأفراد الدراسة من حيث الخبرة في التدريس والعمر والمؤهل العلمي. والجداول رقم (2) ورقم (3) ورقم (4) توضح سنوات الخبرة والعمر والمؤهل العلمي لدى أفراد عينة الدراسة:

جدول رقم (2)

الخبرة لدى أفراد الدراسة

الخبرة لدى أفراد الدراسة	التكرار	النسبة المئوية
أقل من خمس سنوات	5	15.2
من خمس سنوات إلى عشر سنوات	7	21.2
أكثر من عشر سنوات	16	48.4
لم يبيّن	5	15.2
المجموع	33	100

وقد تبيّن من نتائج الجدول رقم (2) أن 48.4% من أفراد الدراسة تزيد خبرتهم في إشراف الإدارة المدرسية عن عشر سنوات، ثم فئة من خمس إلى عشر سنوات في المرتبة الثانية بنسبة مئوية بلغت 21.2% وأخيرا أصحاب الخبر التي هي أقل من خمس سنوات، حيث بلغت نسبتهم المئوية 15.2%. كما امتنع عن إيضاح الخبرة (5) أفراد من عينة الدراسة. وتؤكد هذه النتائج أن 69.6% من أفراد عينة الدراسة لديهم خبرة خمس سنوات في الإشراف التربوي وخاصة بالإدارة المدرسية، وهذه المدة كافية جدا للحكم على درجة ممارستهم لأساليب إدارة الصراع التنظيمي، وكذلك تحديد درجة وجود معوقات الإشراف التربوي.

جدول رقم (3)
العمر لدى أفراد الدراسة

العمر لدى أفراد الدراسة	التكرار	النسبة المئوية
أقل من 35 سنة	1	3.0
من 35 سنة إلى 50 سنة	23	69.7
أكثر من 50 سنة	2	6.1
لم يبيّن	7	21.2
المجموع	33	100

كما تبيّن من نتائج الجدول رقم (3) أن 69.7% من أفراد الدراسة من الفئة العمرية (من 35 إلى 50 سنة)، يلي ذلك الفئة (أكثر من 50 سنة) بنسبة بلغت 6.1% وأخيرا الفئة الثالثة (أقل من 35 سنة) إذ بلغت 3% من أفراد عينة الدراسة، كما امتنع عن بيان العمر (7) أفراد من دون بيان السبب. وتؤكد هذه النتيجة أن 75.8% من أفراد عينة الدراسة أعمارهم أكثر من 35 سنة مما يدلل على قدرتهم على الحكم على درجة ممارستهم لأساليب إدارة الصراع التنظيمي، وكذلك تحديد درجة وجود معوقات الإشراف التربوي.

جدول رقم (4)
المؤهل لدى أفراد الدراسة

المؤهل لدى أفراد الدراسة	التكرار	النسبة المئوية
جامعي	18	54.5
فوق الجامعي	12	36.4
لم يبيّن	3	9.1
المجموع	33	100

كما تبيّن من نتائج الجدول رقم (4) أن 54.5% من أفراد الدراسة حاصلون على مؤهل جامعي و36.4% من العينة حاصلون على مؤهل فوق الجامعي وهو الماجستير

والدكتوراه في مجالات الإدارة التربوية المختلفة، وامتنع عن بيان المؤهل العلمي (3) أفراد من دون بيان السبب. وتؤكد هذه النتيجة أن 36.4% من أفراد عينة الدراسة متخصصون في الإدارة التربوية وفي الإشراف التربوي وفي الإدارة المدرسية ويحملون مؤهلات عالية في تلك التخصصات مما يؤكد أهمية وجهات نظرهم في إيضاح ممارستهم لأساليب إدارة الصراع التنظيمي، وكذلك تحديد درجة وجود معوقات الإشراف التربوي.

وبهذا يكتمل وصف الباحث للبيانات الشخصية لأفراد عينة الدراسة من حيث الخبرة في التدريس والعمر والمؤهل العلمي، ويقدم عرضا لنتائج الدراسة ومناقشتها ابتداء بالسؤال الأول للدراسة:

1. إجابة السؤال الأول:

يعرض الباحث نتائج السؤال الأول من أسئلة هذه الدراسة المتعلق بالأسلوب المتبع في إدارة الصراع التنظيمي لدى مشرفي الإدارة المدرسية، والجدول رقم (5) يوضح استجابات مشرفي الإدارة المدرسية في أساليب إدارة الصراع التنظيمي؛ وقد جاءت نتيجة هذا السؤال لتؤكد أن مشرفي الإدارة المدرسية يستخدمون جميع أساليب إدارة الصراع التنظيمي الواردة في الدراسة، وأنهم يستخدمون هذه الأساليب بناء على الترتيب التالي: أسلوب (التعاون، والتسوية، والمجاملة، والتجنب، واستخدام السلطة). وبالنظر إلى الجدول رقم (5) يتبيّن أن جميع هذه الأساليب حظيت باستخدام مشرفي الإدارة المدرسية بدرجة كبيرة، فلم يحظى أي أسلوب باستخدام المشرفين بدرجة كبيرة جدا أو بدرجة متوسطة أو بدرجة ضعيفة أو بدرجة ضعيفة جدا، فكل الأساليب حظيت باستخدام مشرفي الإدارة المدرسية بدرجة كبيرة، وهذه النتيجة تتفق تماما مع دراسة (الطعاني والضمور، 2007م) التي هدفت إلى التعرف على درجة ممارسة المشرفين التربويين في الأردن لأساليب التعامل مع الصراع التنظيمي، حيث توصلا إلى أن المشرفين التربويين يستخدمون جميع أساليب إدارة الصراع التنظيمي.

كما يتبيّن من الجدول رقم (5) أن أسلوب التعاون هو الأكثر استخداما بمتوسط حسابي بلغ 4.15 من 5 والانحراف المعياري 0.845، يلي ذلك أسلوب التسوية بمتوسط

حسابي 3.96 من 5 والانحراف المعياري 0.791، ثم في الاستخدام الثالث جاء أسلوب المجاملة بمتوسط حسابي بلغ 3.66 من 5 والانحراف المعياري 0.911، وفي المرتبة الرابعة جاء أسلوب التجنب بمتوسط حسابي بلغ 3.56 من 5 والانحراف المعياري 0.94 وفي المرتبة الأخيرة جاء استخدام أسلوب استخدام السلطة بمتوسط حسابي بلغ 3.49 من 5 والانحراف المعياري 1.051. وجميع هذه المتوسطات تقع ضمن الدرجة الرابعة أي أنها تقع ضمن القيمة الوزنية من 3.4 إلى أقل من 4.2 أي أن مدى الممارسة بدرجة كبيرة. وتدل نتائج الجدول أيضا على قيم الانحراف المعياري للأساليب، حيث جاءت قيمة الانحراف المعياري صغيرة مع أسلوب التعاون والتسوية والمجاملة والتجنب مما يدل على انخفاض تشتت إجابات أفراد عينة الدراسة. أما أسلوب استخدام السلطة فبلغ الانحراف المعياري 1.051 والذي يعكس تشتتا عاليا لإجابات عينة الدراسة.

جدول رقم (5)

استجابات مشرفي الإدارة المدرسية نحو أساليب

إدارة الصراع التنظيمي الخمسة

م	الأسلوب	المتوسط الحسابي	الانحراف المعياري
1	التعاون	4.15	0.845
2	التسوية	3.96	0.791
3	المجاملة	3.66	0.911
4	التجنب	3.56	0.94
5	استخدام السلطة	3.49	1.051

وتؤكد نتائج الجدول رقم (6) استخدام مشرف الإدارة المدرسية لأسلوب التعاون عندما يتناقش مع المدير في الموضوعات الخاصة بالعمل مباشرة بدرجة كبيرة جدا، وعندما يحرص على تبادل وجهات النظر مع مدير المدرسة بصفة دائمة بدرجة كبيرة جدا، ويهيئ المناخ الملائم لحل صراعات العمل مع المدير بدرجة كبيرة جدا، ويتعاون مع المدير في حل صراعات العمل بشكل مرض بدرجة كبيرة، ويسعى للوصول إلى قرار

جماعي مع المدير في حل صراعات العمل بدرجة كبيرة، ويبحث مع المدير الأسباب والعوامل المؤدية إلى صراعات العمل وكيفية تجنبها بدرجة كبيرة. ويلاحظ عدم ورود أي درجة أقل من درجة كبيرة في ممارسة مشرفي الإدارة المدرسية لأسلوب التعاون من أساليب إدارة الصراع التنظيمي، أي أن استخدامات أسلوب التعاون لدى المشرفين يمارس إما بدرجة كبيرة جدا أو كبيرة فقط.

جدول رقم (6)
استجابات مشرفي الإدارة المدرسية نحو أسلوب (التعاون)

الانحراف المعياري	المتوسط الحسابي	صراع بدرجة					العبارة	م
		ضعيفة جدا	ضعيفة	متوسطة	كبيرة	كبيرة جدا		
0.667	4.48	%0	%0	%9.1	%33.3	%57.6	أتناقش مع مدير المدرسة في الموضوعات الخاصة بالعمل مباشرة	1
0.755	4.48	%0	%3	%6.1	%30.3	%60.6	أحرص على تبادل وجهات النظر مع مدير المدرسة بصفة دائمة	2
0.747	4.06	%0	%3	%15.2	%54.5	%27.3	أتعاون مع مدير المدرسة في حل صراعات العمل بشكل مرض	3
0.728	4.30	%0	%3	%6.1	%48.5	%42.4	أهيئ المناخ الملائم لحل صراعات العمل مع مدير المدرسة	4
0.984	3.97	%3	%3	%21.2	%39.4	%33.3	أسعى للوصول إلى قرار جماعي مع مدير المدرسة في حل صراعات العمل	5
1.194	3.64	%6.1	%12.1	%21.2	%33.3	27.3	أبحـث مـع مـدير المدرسة الأسباب والعوامل المؤدية إلى صراعات العمل وكيفية تجنبها	6
0.845	4.15						متوسط أسلوب التعاون	7

كما تؤكد نتائج الجدول رقم (6) أن مشرفي الإدارة المدرسية يستخدمون أسلوب التعاون بدرجة كبيرة في إدارة الصراع التنظيمي بينهم وبين مديري المدارس، حيث احتل هذا الأسلوب المرتبة الأولى في استخدامات المشرفين لأساليب إدارة الصراع التنظيمي. وهذه النتيجة تتوافق مع كثير من نتائج الدراسات السابقة وبالذات دراسة (النملة 1428هـ) من الدراسات المحلية ودراسة (Campbell 1993, Parsons 1994) من الدراسات الأجنبية، ودراسة (الجندي 1998م، قطن 2001م، المومني 2003م، الطعاني والضمور 2007م)، من الدراسات العربية. حيث احتل أسلوب التعاون المرتبة الأولى أي الأكثر استخداما من خلال وجهة نظر أفراد الدراسات السابق ذكرها، وجاء هذا الأسلوب -التعاون- في المرتبة الثانية في دراسة واحدة هي دراسة (الخضور، 1996م). تجدر الإشارة إلى أن كل هذه الدراسات تتعلق بالمديرين أو بالمعلمين سوى دراسة (الطعاني والضمور 2007م) التي أخذت وجهة نظر المشرفين التربويين الأردنيين، وقد جعلوا أسلوب التعاون هو الأسلوب الأكثر استخداما لدى المشرفين التربويين لتتفق مع الدراسة الحالية في هذه النتيجة.

وتؤكد نتائج الجدول رقم (7) استخدام مشرف الإدارة المدرسية لأسلوب التسوية عندما يقترح حلولا لمشكلات العمل تتضمن المواءمة بين وجهات النظر المختلفة بدرجة كبيرة جدا، وعندما يستمع إلى آراء الآخرين لحل تعقد مشكلات العمل بدرجة كبيرة جدا، وعندما يتنازل المشرف عن بعض المطالب ويتقبل مطالب أخرى تسهيلا للوصول إلى حل وسط بدرجة كبيرة، وعندما يوازن بين عمليتي الربح والخسارة وصولا إلى اتفاق مع المدير بدرجة كبيرة، وعندما يبحث المشرف عن حلول وآراء وسطية لحل الخلافات مع المدير بدرجة كبيرة، ويتجنب المشرف طرح رأي يزيد من حدة الصراع مع مدير المدرسة بدرجة كبيرة.

جدول رقم (7)
استجابات مشرفي الإدارة المدرسية نحو أسلوب (التسوية)

م	العبـــارة	صراع بدرجة					المتوسط الحسابي	الانحراف المعياري
		كبيرة جدا	كبيرة	متوسطة	ضعيفة	ضعيفة جدا		
1	اقترح حلولا لمشكلات العمل تتضمن المواءمة بين وجهات النظر المختلفة	%33.3	%57.6	%6.1	%3	%0	4.21	0.696
2	أتنازل عن بعض المطالب وأتقبل مطالب أخرى تسهيلا للوصول إلى حل وسط	%24.2	%54.5	%15.2	%6.1	%0	3.97	0.810
3	أستمع إلى آراء الآخرين لحل تعقد مشكلات العمل	%36.4	%54.5	%6.1	%3	%0	4.24	0.708
4	أوازن بين عمليتي الربح والخسارة وصولا إلى اتفاق مع مدير المدرسة	%18.8	%59.4	%18.8	%3.1	%0	3.94	0.716
5	أبحث عن حلول وآراء وسطية لحل الخلافات مع مدير المدرسة	%15.6	%46.9	%28.1	%3.1	%6.3	3.63	1.008
6	أتجنب طرح رأي يزيد من حدة الصراع مع مدير المدرسة	%21.2	%42.4	%33.3	%3	%0	3.82	0.808
7	متوسط أسلوب التسوية						3.96	0.791

كما تؤكد نتائج الجدول رقم (7) أن مشرفي الإدارة المدرسية يستخدمون أسلوب التسوية بدرجة كبيرة في إدارة الصراع التنظيمي بينهم وبين مديري المدارس، حيث احتل هذا الأسلوب المرتبة الثانية في استخدامات المشرفين لأساليب إدارة الصراع التنظيمي. وهذه النتيجة تتوافق مع كثير من نتائج الدراسات السابقة وبالذات دراسة (النملة 1428هـ) من الدراسات المحلية حيث احتل المرتبة الثانية أيضا عند هذه الدراسة على الرغم من أنها أجريت على المديرين والمعلمين، ولم تتفق مع أي دراسة من

الدراسات الأجنبية في هذه النتيجة، ودراسة (قطن 2001م، المومني 2003م، الطعاني والضمور 2007م،) من الدراسات العربية. حيث جاء أسلوب التسوية في المرتبة الثانية لدى دراسة (قطن 2001م، الطعاني والضمور 2007م،) والمرتبة الثالثة عند دراسة (المومني 2003م) وقد احتل أسلوب التسوية المرتبة الأولى في دراسة واحدة هي دراسة (الخضور، 1996م). تجدر الإشارة إلى أن كل هذه الدراسات تتعلق بالمديرين أو بالمعلمين سوى دراسة (الطعاني والضمور 2007م) التي أخذت وجهة نظر المشرفين التربويين الأردنيين، وقد جعلوا أسلوب التسوية هو الأسلوب الثاني استخداما لدى المشرفين التربويين لتتفق مع الدراسة الحالية في هذه النتيجة.

وتؤكد نتائج الجدول رقم (8) استخدام مشرف الإدارة المدرسية لأسلوب المجاملة مع مدير المدرسة عند استعمال المشرف للدبلوماسية لإنهاء قضايا مختلف عليها مع المدير بدرجة كبيرة جدا، وعندما يحرص المشرف على مراعاة شعور المدير بدرجة كبيرة جدا، ويتجنب إحراجه في مواقف متعددة بدرجة كبيرة جدا، وعندما يركز المشرف مع المدير على مواضيع الاتفاق ويهمل مواضيع الاختلاف بدرجة كبيرة، وعندما يوافق المشرف على وجهة نظر المدير برغم من عدم قناعته بها بدرجة متوسطة، وعندما يجامل المشرف المدير حتى لو كان ذلك على حساب العمل بدرجة ضعيفة.

جدول رقم (8)

استجابات مشرفي الإدارة المدرسية نحو أسلوب (المجاملة)

م	العبـــارة	صراع بدرجة					المتوسط الحسابي	الانحراف المعياري
		كبيرة جدا	كبيرة	متوسطة	ضعيفة	ضعيفة جدا		
1	استعمل الدبلوماسية لإنهاء قضايا مختلف عليها مع مدير المدرسة	%42.4	%39.4	%15.2	%3	%0	4.21	0.820
2	أحرص على مراعاة شعور مدير المدرسة	%39.4	%48.5	%12.1	%0	%0	4.27	0.674
3	أركز مع مدير المدرسة على مواضيع الاتفاق وأهمل مواضيع الاختلاف	%18.2	%51.5	%18.2	%9.1	%3	3.73	0.977
4	أوافق على وجهة نظر مدير المدرسة أحيانا رغم عدم قناعتي بها	%6.3	%34.4	%28.1	%31.3	%0	3.16	0.954
5	أجامل مدير المدرسة حتى لو كان ذلك على حساب العمل	%6.1	%18.2	%15.2	%27.3	%33.3	2.36	1.295
6	أحرص على تجنب إحراج مدير المدرسة	%42.4	%39.4	%18.2	%0	%0	4.24	0.751
7	متوسط أسلوب المجاملة						3.66	0.911

كما تؤكد نتائج الجدول رقم (8) أن مشرفي الإدارة المدرسية يستخدمون أسلوب المجاملة بدرجة كبيرة في إدارة الصراع التنظيمي بينهم وبين مديري المدارس، حيث احتل هذا الأسلوب المرتبة الثالثة في استخدامات المشرفين لأساليب إدارة الصراع التنظيمي. وهذه النتيجة تتوافق مع كثير من نتائج الدراسات السابقة وبالذات دراسة (النملة 1428هـ) من الدراسات المحلية حيث احتل المرتبة الثالثة أيضا عند هذه الدراسة، ولم تتفق مع أي دراسة من الدراسات الأجنبية في هذه النتيجة، ودراسة (قطن 2001م،

الطعاني والضمور 2007م،) من الدراسات العربية. حيث جاء أسلوب المجاملة في المرتبة الثالثة لدى دراسة (قطن 2001م، الطعاني والضمور 2007م،) والمرتبة الرابعة عند دراسة (الخضور، 1996م). تجدر الإشارة إلى أن كل هذه الدراسات تتعلق بالمديرين أو بالمعلمين سوى دراسة (الطعاني والضمور 2007م) التي أخذت وجهة نظر المشرفين التربويين الأردنيين، وقد جعلوا أسلوب المجاملة هو الأسلوب الثالث استخداما لدى المشرفين التربويين لتتفق مع الدراسة الحالية في هذه النتيجة.

جدول رقم (9)

استجابات مشرفي الإدارة المدرسية نحو أسلوب (التجنب)

م	العبارة	صراع بدرجة					المتوسط الحسابي	الانحراف المعياري
		كبيرة جدا	كبيرة	متوسطة	ضعيفة	ضعيفة جدا		
1	أحتفظ بخلافاتي مع مدير المدرسة لنفسي- لتجنب المشاعر السلبية	%39.4	%30.3	%24.2	%6.1	%0	4.03	0.951
2	أبتعد عن مناقشة الموضوعات التي تسبب الصراعات	%21.2	%30.3	%39.4	%9.1	%0	3.64	0.929
3	أتفادى كل موقف يقود إلى جدل ونقاش غير مجد	%19.4	%51.6	%22.6	%6.5	%0	3.84	0.820
4	أقلل من زيارة مدير المدرسة تجنبا للصراعات	%9.1	%12.1	%21.2	%51.5	%6.1	2.67	1.080
5	أتغاضى عن أسباب الصراعات بعض الوقت لتهدئة الموقف	%9.4	%25	%37.5	%18.8	%9.4	3.06	1.105
6	أتجنب الخوض في مناقشة موضوعات تم حسمها	%33.3	%51.5	%12.1	%3	%0	4.15	0.755
7	متوسط أسلوب التجنب						3.56	0.94

وتؤكد نتائج الجدول رقم (9) استخدام مشرف الإدارة المدرسية لأسلوب التجنب مع مدير المدرسة عند استعمال المشرف عندما يتجنب الخوض في مناقشة موضوعات تم حسمها بدرجة كبيرة، ويحتفظ المشرف بخلافاته مع المدير لنفسه ليتجنب المشاعر السلبية التي ربما تنشأ من هذه الخلافات بدرجة كبيرة، وعندما يبتعد المشرف عن الموضوعات التي تسبب الصراعات فلا يناقشها مع المدير بدرجة كبيرة، وعندما يتفادى المشرف كل موقف يقود إلى جدل ونقاش غير مجد مع المدير بدرجة كبيرة، وعندما يقلل المشرف من زيارة المدير تجنبا للصراعات بدرجة متوسطة، وعندما يتغاضى عن أسباب الصراعات بعض الوقت لتهدئة الموقف مع المدير بدرجة متوسطة.

كما تؤكد نتائج الجدول رقم (9) أن مشرفي الإدارة المدرسية يستخدمون أسلوب التجنب بدرجة كبيرة في إدارة الصراع التنظيمي بينهم وبين مديري المدارس، حيث احتل هذا الأسلوب المرتبة الرابعة في استخدامات المشرفين لأساليب إدارة الصراع التنظيمي. وهذه النتيجة تتوافق مع نتيجة دراسة (الطعاني والضمور 2007م) التي أخذت وجهة نظر المشرفين التربويين الأردنيين، وقد جعلوا أسلوب التجنب هو الأسلوب الرابع استخداما لدى المشرفين التربويين لتتفق مع الدراسة الحالية في هذه النتيجة. أما بقية الدراسات فقد اختلفت مع نتيجة الدراسة الحالية، فمثلا نتيجة دراسة (النملة 1428هـ) احتل أسلوب التجنب المرتبة السادسة، ومع نتيجة دراسة (قطن 2001م) المرتبة الخامسة ومع نتيجة دراسة (الجندي 1998م) المرتبة الثانية والمرتبة الثالثة عند دراسة (الخضور، 1996م)، تجدر الإشارة إلى أن كل هذه الدراسات تتعلق برأي المديرين أو بالمعلمين.

جدول رقم (10)
استجابات مشرفي الإدارة المدرسية نحو أسلوب
(استخدام السلطة)

الانحراف المعياري	المتوسط الحسابي	صراع بدرجة					العبارة	م
		ضعيفة جدا	ضعيفة	متوسطة	كبيرة	كبيرة جدا		
1.185	3.63	9.4%	6.3%	18.8%	43.8%	21.9%	أمارس صلاحياتي لإنهاء الصراع	1
1.208	3.52	6.5%	16.1%	19.4%	35.5%	22.6%	أعبر عن رأيي بلغة مباشرة وقوية	2
0.938	3.55	0%	12.1%	39.4%	30.3%	18.2%	أنتقد مدير المدرسة الذي لا يؤدي متطلبات عمله	3
1.104	3.03	9.1%	21.2%	36.4%	24.2%	9.1%	استعمل الشدة والحزم لتحقيق أهداف العمل	4
1.104	3.03	18.8%	15.6%	31.3%	12.5%	21.9%	علاقتي مع مدير المدرسة علاقة الرئيس بالمرؤوس	5
0.769	4.18	0%	3%	12.1%	48.5%	36.4%	التزم باللوائح والأنظمة المنظمة للعمل تفاديا للصراع	6
1.051	3.49						متوسط أسلوب استخدام السلطة	7

وتؤكد نتائج الجدول رقم (10) استخدام مشرف الإدارة المدرسية لأسلوب استخدام السلطة عندما يلتزم مشرف الإدارة المدرسية باللوائح والأنظمة المنظمة للعمل تفاديا للصراع بدرجة كبيرة، وأن يمارس المشرف صلاحياته لإنهاء الصراع مع المدير بدرجة كبيرة، وأن ينتقد المشرف المدير الذي لا يؤدي متطلبات عمله بدرجة كبيرة، وأن يعبر عن رأيه بلغة مباشرة وقوية بدرجة كبيرة، وأن يستعمل المشرف الشدة والحزم مع المدير لتحقيق أهداف العمل بدرجة متوسطة، وأن تكون علاقة المشرف مع المدير علاقة الرئيس بالمرؤوس بدرجة متوسطة.

كما تؤكد نتائج الجدول رقم (10) أن مشرفي الإدارة المدرسية يستخدمون أسلوب استخدام السلطة بدرجة كبيرة في إدارة الصراع التنظيمي بينهم وبين مديري المدارس، حيث احتل هذا الأسلوب المرتبة الخامسة في استخدامات المشرفين لأساليب إدارة الصراع التنظيمي. وهذه النتيجة تتوافق مع نتيجة دراسة (الطعاني والضمور 2007م) التي أخذت وجهة نظر المشرفين التربويين الأردنيين، وقد جعلوا أسلوب استخدام السلطة هو الأسلوب الخامس استخداما لدى المشرفين التربويين لتتفق مع الدراسة الحالية في هذه النتيجة. أما بقية الدراسات فقد اختلفت مع نتيجة الدراسة الحالية، فمثلا نتيجة دراسة(النملة 1428هـ) و دراسة (قطن 2001م) فقد احتل أسلوب استخدام السلطة المرتبة الرابعة، وتختلف هذه النتيجة مع نتيجة دراسة (Dowd 1993) في كون مديري المدارس جعلوا أسلوب استخدام السلطة الأول استخداما.

وبهذا يكتمل عرض ومناقشة نتائج السؤال الأول، وينتقل الباحث إلى عرض وتحليل وتفسير نتائج السؤال الثاني ومناقشة نتائج هذه الدراسة مع نتائج الدراسات السابقة.

2. إجابة السؤال الثاني:

يعرض الباحث نتائج السؤال الثاني المتعلق بمعوقات عمل مشرفي الإدارة المدرسية من وجهة نظرهم، والجدول رقم (11) يوضح استجابات مشرفي الإدارة المدرسية في معوقات الإشراف التربوي بشكل عام، حيث أكد المشرفون أن معوقات الإشراف التربوي الاقتصادية تتواجد بدرجة كبيرة، إذ حظيت هذه المعوقات بمتوسط حسابي بلغ 4.01 من 5 والانحراف المعياري 1.057 والذي يعكس تشتتا عاليا لإجابات عينة الدراسة من خلال كبر قيمة الانحراف المعياري لمجموع عبارات المعوقات الاقتصادية. ثم جاء في المرتبة الثانية معوقات الإشراف التربوي الإدارية بدرجة كبيرة وبمتوسط حسابي بلغ 3.86 من 5 والانحراف المعياري 1.065. وفي المرتبة الثالثة جاءت معوقات الإشراف التربوي الفنية بدرجة كبيرة وبمتوسط حسابي بلغ 3.61 من 5 والانحراف المعياري 1.240. أما في المرتبة الرابعة والأخير جاءت معوقات الإشراف التربوي الشخصية بدرجة متوسطة وبمتوسط حسابي بلغ 2.85 والانحراف المعياري

2.006 مما يعكس تشتتا عاليا جدا لإجابات عينة الدراسة من خلال كبر قيمة الانحراف المعياري لمجموع عبارات المعوقات الشخصية.

جدول رقم (11)
استجابات مشرفي الإدارة المدرسية
نحو معوقات الإشراف التربوي الأربعة

م	المعوقات	المتوسط الحسابي	الانحراف المعياري
1	الاقتصادية	4.01	1.057
2	الإدارية	3.86	1.065
3	الفنية	3.61	1.240
4	الشخصية	2.85	2.006

وبهذه النتيجة فإن هذه الدراسة تتفق مع الدراسات المحلية في تحديد معوقات الإشراف التربوي لدى المشرفين عموما وجاءت هذه الدراسة لتؤكد وجود نفس المعوقات من وجهة نظر مشرفي الإدارة المدرسية، وبالذات دراسات (المغيدي 1997م، البابطين 1420هـ الحماد 1421هـ قسم البحوث التربوية 1425هـ البابطين 2005م). كما اشتركت نتائج هذه الدراسة في بعض أجزائها مع نتائج الدراسات السابقة العربية، وعلى سبيل المثال مع دراسة (السعود 1992م) بالأردن في المعوقات الاقتصادية ودراسة (الزعبي 1990م) بالأردن ودراسة (أحمد 1990م) بمصر في المعوقات الإدارية.

والجداول رقم (12، 13، 14، 15) توضح استجابات مشرفي الإدارة المدرسية في معوقات الإشراف التربوي الاقتصادية والإدارية والفنية الشخصية.

وتؤكد نتائج الجدول رقم (12) أن مشرفي الإدارة المدرسية يرون أن معوقات الإشراف التربوي الاقتصادية تتمثل فيما يتعلق بنقص الحوافز المادية التي يستطيع المشرف منحها لمدير المدرسة بدرجة كبيرة جدا، ويستخدم المشرف هاتفه الشخصي في التواصل مع إدارات المدارس التي يشرف عليها بدرجة كبيرة جدا، وتباعد المدارس التي يشرف عليها مشرف الإدارة المدرسية مما يكلفه أعباء مادية إضافية بدرجة كبيرة،

ونقص الحوافز المادية المقدمة للمشرف بدرجة كبيرة، ولا توجد ميزانية خاصة لتدريب مديري المدارس يستطيع المشرف التعامل معها بدرجة كبيرة. وبهذه النتائج فإن المشرفين يؤكدون تواجد معوقات الإشراف التربوي الاقتصادية بدرجة كبيرة، إذ حظيت هذه المعوقات بمتوسط حسابي بلغ 4.01 من 5 والانحراف المعياري 1.057.

جدول رقم (12)

استجابات مشرفي الإدارة المدرسية نحو المعوقات

(الاقتصادية)

الانحراف المعياري	المتوسط الحسابي	معوق بدرجة					العبارة	م
		ضعيفة جدا	ضعيفة	متوسطة	كبيرة	كبيرة جدا		
1.237	3.70	9.1%	9.1%	12.1%	42.4%	27.3%	تباعد المدارس التي أشرف عليها يكلفني أعباء مادية إضافية	1
1.153	3.73	3%	18.2%	9.1%	42.4%	27.3%	نقص الحوافز المادية المقدمة لي كمشرف إدارة مدرسية	2
1.085	4.28	3.1%	6.3%	9.4%	21.9%	59.4%	نقص الحوافز المادية التي أستطيع منحها لمديري المدرس	3
0.870	4.22	0%	6.3%	9.4%	40.6%	43.8%	أستخدم هاتفي الشخصي في التواصل مع إدارات المدارس التي أشرف عليها	4
0.942	4.13	3.1%	3.1%	9.4%	46.9%	37.5%	لا توجد ميزانية خاصة لتدريب مديري المدارس أستطيع التعامل معها	5
1.057	4.01						متوسط المعوقات الاقتصادية	6

واتفقت نتيجة هذا المحور المتعلق بمعوقات الإشراف التربوي الاقتصادية مع نتيجة الدراسات التالية (المغيدي 1997م، البابطين 1420هـ الحماد 1421هـ قسم البحوث التربوية 1425هـ البابطين 2005م). كما اشتركت نتيجة هذه الدراسة في المعوقات الاقتصادية مع نتيجة دراسة (السعود 1992م) بالأردن.

وتؤكد نتائج الجدول رقم (13) ما يتعلق بمعوقات الإشراف التربوي الإدارية، حيث أكد مشرفو الإدارة المدرسية أن كثرة الأعباء الإدارية الملقاة على عاتقهم متواجدة كمعوق بدرجة كبيرة جدا، وتنوع واختلاف المراحل التعليمية التي يشرف عليها مشرفو الإدارة المدرسية متواجدة كمعوق بدرجة كبيرة جدا، وعدم وجود صلاحيات رسمية معتمدة لمشرف الإدارة المدرسية متواجدة كمعوق بدرجة كبيرة، وعدم وجود سكرتارية لتنظيم عمل مشرف الإدارة المدرسية متواجدة كمعوق بدرجة كبيرة، وتعدد الجهات المسؤولة عن مشرف الإدارة المدرسية متواجدة كمعوق بدرجة كبيرة. وبهذه النتيجة فإن المتوسط الحسابي للمعوقات الإدارية بلغ 3.86 من 5 والانحراف المعياري 1.065 ليجعلها في المرتبة الثانية من المعوقات.

واتفقت نتيجة هذه الدراسة في هذا المحور المتعلق بمعوقات الإشراف التربوي الإدارية مع الدراسات المحلية التالية (المغيدي 1997م، البابطين 1420هـ، الحماد 1421هـ، قسم البحوث التربوية 1425هـ، البابطين 2005م)، ومع الدراسات العربية (الزعبي 1990م) بالأردن ودراسة (أحمد 1990م) بمصر، حيث أكد المشرفون التربويون على تواجد المعوقات الإدارية في عملهم.

جدول رقم (13)
استجابات مشرفي الإدارة المدرسية نحو المعوقات
(الإدارية)

م	العبـــارة	معوق بدرجة					المتوسط الحسابي	الانحراف المعياري
		كبيرة جدا	كبيرة	متوسطة	ضعيفة	ضعيفة جدا		
1	تنـوع واخـتلاف المراحـل التعليميـة التـي أشرف عليها	%24.2	%27.3	%18.2	%18.2	%12.1	3.33	1.362
2	كـثرة الأعبـاء الإداريـة الملقـاة عـلى عـاتقي كمشرف إدارة مدرسية	%40.6	%53.1	%3.1	%3.1	%0	4.31	0.693
3	عدم وجـود صـلاحيات رسـمية معتمـدة لي كمشرف إدارة مدرسية	%43.8	%25	%21.9	%6.3	%3.1	4	1.107
4	عـدم وجـود سـكرتارية لتنظـيم عمـلي كمشرف إدارة مدرسية	%60.6	%27.3	%9.1	%3	%0	4	1.061
5	تعدد الجهات المسؤولة عني كمشرف إدارة مدرسية	%27.3	%33.3	%24.2	%12.1	%3	3.70	1.104
6	متوسط المعوقات الإدارية						3.86	1.065

وتؤكد نتائج الجدول رقم (14) ما يتعلق بمعوقات الإشراف التربوي الفنيـة، حيـث أكـد المشرفـون وجـود معوق يتعلق بكثرة الأوراق والنماذج المطلوب تعبئتها مـن قـبلهم بدرجـة كبـيرة، وبقلـة زيـارات المشرف لإدارة المدرسة الواحدة التي يشرف عليها بدرجة كبيرة، وبكثرة عدد المدارس التي يشرف عليها المشرف وتباعـدها بدرجـة كبيرة، وبضعف الكفاية المهنية لبعض مديري المدارس بدرجة كبيرة، وباحتياج المشرف إلى تنميـة قدراتـه في إعـداد البرامج التدريبية لمديري المدارس بدرجة متوسطة. وبهذه النتائج فإن المشرفين يؤكـدون تواجـد معوقـات الإشراف التربوي الفنية بدرجة كبيرة، إذ حظيت هذه المعوقات بمتوسط حسابي بلغ 3.61 من 5 والانحراف المعياري 1.240.

جدول رقم (14)
استجابات مشرفي الإدارة المدرسية نحو المعوقات
(الفنية)

م	العبــارة	معوق بدرجة					المتوسط الحسابي	الانحراف المعياري
		كبيرة جدا	كبيرة	متوسطة	ضعيفة	ضعيفة جدا		
1	قلة زياراتي لإدارة المدرسة الواحـدة التـي أشرف عليها	%27.3	%27.3	%27.3	%9.1	%9.1	3.55	1.252
2	كـثرة عـدد المـدارس التـي أشرف عليهـا وتباعدها	%37.5	%28.1	%18.8	%6.3	%9.4	3.78	1.289
3	احتاج إلى تنمية قدراتي في إعـداد البـرامج التدريبية لمديري المدارس	%42.4	%18.2	%18.2	%12.1	%0	3.18	1.211
4	ضـعف الكفايـة المهنيـة لـبعض مـديري المدارس	%21.1	%39.4	%21.2	%9.1	%9.1	3.55	1.201
5	كـثرة الأوراق والـنماذج المطلـوب تعبئتهـا من قبلي	%48.5	%24.2	%12.1	%9.1	%6.1	4	1.250
6	متوسط المعوقات الفنية						3.61	1.240

واتفقت نتيجة هذه الدراسـة في هـذا المحـور المتعلـق بمعوقـات الإشراف التربـوي الفنيـة مـع الدراسـات المحلية فقط، وهي دراسات (المغيدي 1997م، البابطين 1420هـ الحماد 1421هـ قسم البحوث التربوية 1425هـ البابطين 2005م)، حيث أكدت تلك الدراسات وجود معوقات الإشراف التربوي الفنية لدى المشرفين التربويين.

جدول رقم (15)
استجابات مشرفي الإدارة المدرسية نحو المعوقات
(الشخصية)

م	العبـــارة	معوق بدرجة					المتوسط الحسابي	الانحراف المعياري
		كبيرة جدا	كبيرة	متوسطة	ضعيفة	ضعيفة جدا		
1	ضعف الثقة المتبادلة بيني وبين مدير المدرسة	%6.1	%3	%18.2	%39.4	%.30	2.82	4.127
2	احتاج إلى تنمية مهاراتي في الحوار	%15.2	%27.3	%39.4	%9.1	%9.1	3.30	1.289
3	أشعر بأني شخصية غير مرغوب فيها بالمدرسة	%3	%15.2	%21.2	%33.3	%24.2	2.73	2.309
4	عدم احترم آراء ووجهات نظر مدير المدرسة	%12.9	%25.8	%25.8	%25.8	%9.7	3.06	1.209
5	أفتقد إلى روح التعاون بيني وبين مدير المدرسة	%3.1	%15.6	%15.6	%43.8	%21.9	2.34	1.096
6	متوسط المعوقات الشخصية						2.85	2.006

وتؤكد نتائج الجدول رقم (15) ما يتعلق بمعوقات الإشراف التربوي الشخصية، حيث أكد المشرفون وجود معوق يتعلق باحتياج المشرف إلى تنمية مهاراته في الحوار بدرجة متوسطة، وعدم احترم مشرف الإدارة المدرسية لآراء ووجهات نظر مدير المدرسة بدرجة متوسطة، وضعف الثقة المتبادلة بين المشرف وبين مدير المدرسة بدرجة متوسطة، ويشعر مشرف الإدارة المدرسية بأنه شخصية غير مرغوب فيها بالمدرسة بدرجة متوسطة، وافتقاد المشرف إلى روح التعاون بين مشرف الإدارة المدرسية وبين مدير المدرسة بدرجة ضعيفة.

وبهذه النتائج فإن مشرفو الإدارة المدرسية يؤكدون تواجد معوقات الإشراف التربوي الشخصية بدرجة متوسطة، حيث بلغ المتوسط الحسابي 2.85 والانحراف

المعياري 2.006 مما يعكس تشتتا عاليا جدا لإجابات عينة الدراسة من خلال كبر قيمة الانحراف المعياري لمجموع عبارات هذا المحور.

واتفقت نتيجة هذه الدراسة في هذا المحور المتعلق بمعوقات الإشراف التربوي الشخصية مع الدراسات المحلية فقط، وهي دراسات (المغيدي 1997م، البابطين 1420هـ آل جوزان، 1420هـ)، حيث توصلت دراسة آل جوزان، 1420هـ إلى أن من أهم المشكلات التي تواجه المشرف التربوي المبتدئ في عامه الأول مع المعلمين وإدارات المدارس تعالي بعض مديري المدارس على المشرف التربوي، وهذا من المعوقات الشخصية.

3. إجابة السؤال الثالث:

يعرض الباحث نتائج السؤال الثالث المتعلق بالكشف عن العلاقة ذات الدلالة الإحصائية بين أسلوب إدارة الصراع التنظيمي ومعوقات عمل مشرفي الإدارة المدرسية، والجدول رقم (16) يوضح استجابات مشرفي الإدارة المدرسية في علاقة أساليب إدارة الصراع التنظيمي مع معوقات الإشراف التربوي، حيث أكد مشرفو الإدارة المدرسية عدم وجود أي علاقة ذات دلالة إحصائية بين استخدام أسلوبي التعاون والتجنب مع معوقات الإشراف التربوي سواء كانت الإدارية أم الاقتصادية أم الفنية أم الشخصية. وكذلك عدم وجود أي علاقة ذات دلالة إحصائية بين استخدام أساليب إدارة الصراع التنظيمي التسوية والمجاملة واستخدام السلطة مع معوقات الإشراف التربوي الإدارية أو الاقتصادية أو الفنية.

بينما أكدت نتائج نفس الجدول أن هناك علاقة ذات دلالة إحصائية سالبة أو عكسية تجاه استخدام مشرفي الإدارة المدرسية لأسلوب التسوية عند مستوى الدلالة (0.01) والمجاملة عند مستوى الدلالة (0.05) واستخدام السلطة عند مستوى الدلالة (0.01) مع المعوقات الشخصية، مما يعني أن استخدام أساليب السلطة والتسوية والمجاملة تقل مع المعوقات الشخصية بشكل ملحوظ.

وحيث إن هذه الدراسة هي الدراسة الوحيدة على حد علم الباحث التي تحاول كشف العلاقة بين أساليب إدارة الصراع التنظيمي لدى مشرفي الإدارة المدرسية وبين معوقات الإشراف التربوي من وجهة نظرهم، فإن الباحث لم يستطع هنا مناقشة نتائج هذا الجدول مع الدراسات السابقة، لأن الدراسات السابقة لم تتعرض لدراسة هذه العلاقة.

جدول رقم (16)
علاقة أساليب إدارة الصراع التنظيمي
لدى مشرفي الإدارة المدرسية بمعوقات عملهم

المعوقات / الأسلوب	اقتصادية	إدارية	فنية	شخصية
التعاون	0.100	-0.180	-0.068	-0.212
التسوية	-0.029	-0.125	0.013	**-0.478
المجاملة	-0.224	-0.266	-0.085	*-0.395
التجنب	-0.012	-0.189	0.35	-0.139
استخدام السلطة	-0.182	-0.148	0.63	**-0.343

* دلالة عند مستوى (0.05)
**دلالة عند مستوى (0.01)

4. إجابة السؤال الرابع:

يعرض الباحث نتائج السؤال الرابع المتعلق بتحديد الفروق ذات الدلالة الإحصائية في تحديد أسلوب إدارة الصراع التنظيمي تعزى للخصائص الشخصية (العمر والخبرة والمؤهل العلمي) لمشرفي الإدارة المدرسية، والجدول رقم (17) يوضح استجابات مشرفي الإدارة المدرسية فيما يختص بالعلاقة بين أساليب إدارة الصراع التنظيمي وبعض المتغيرات الشخصية لدى المشرفين. حيث تم استخدام معامل الارتباط بيرسون (Pearson Correlation) للكشف عن وجود هذه الفروق من عدمها، وتبيّن عدم وجود فروق ذات دلالة إحصائية في هذه العلاقة باستثناء وجود فروق ذات دلالة إحصائية ين متغير الخبرة لدى مشرفي الإدارة المدرسية وبين استخدامهم لأسلوب التعاون في إدارة

الصراع التنظيمي عند مستوى الدلالة (0.05). ومن أجل معرفة لصالح من هذه الفروق فيما بين فئات الخبرة، تم استخدام اختبار (شِيفي Scheffe) الذي أكد أن هذه الفروق لصالح الأكثر خبرة من مشرفي الإدارة المدرسية، أي أن من خبرته عشر سنوات فأكثر يستخدم أسلوب التعاون في إدارة الصراع التنظيمي. ومعنى ذلك أنه كلما زادت خبرة مشرف الإدارة المدرسية فإنه يستخدم أسلوب التعاون في إدارة الصراع التنظيمي عن غيره من أساليب إدارة الصراع التنظيمي الأخرى.

وهذه النتيجة تتفق مع دراسات عديدة، ومنها دراسة (Sharah, 1988) التي وجدت فروقا ذات دلالة إحصائية بين أنماط إدارة الصراع وبين الخبرة في الإدارة عند المديرين وبين أسلوب حل المشكلات ونمط الإجبار والتجنب، ودراسة (Dowd, 1992) التي توصلت إلى أن هناك أثرا لمتغير الخبرة في كيفية تعامل المديرين مع الصراع وأن الأسلوب الأكثر استخداما هو أسلوب الإجبار أو استخدام السلطة، ودراسة (الخضور، 1996م) التي لم تجد أثرا لمتغير الخبرة على أنماط إدارة الصراع لدى المديرين باستثناء الأثر الموجود على نمط التسوية، فذوي الخبرة القصيرة يستخدمون نمط التسوية أكثر من ذوي الخبرة المتوسطة والطويلة.

وتتعارض نتيجة هذه الدراسة مع نتيجة دراسة (قطن، 2001م) التي وجدت فروقا ذات دلالة إحصائية تعزى لمتغير الخبرة في ممارسة أسلوب استخدام السلطة فقط، فأصحاب الخبرة الأطول يستخدمون أسلوب السلطة أكثر من أصحاب الخبرة القصيرة، بينما أصحاب الخبرة الأطول في هذه الدراسة الحالية يستخدمون أسلوب التعاون في إدارة الصراع التنظيمي وليس هناك فروقا ذات دلالة إحصائية في استخدام مشرفي الإدارة المدرسية لأسلوب السلطة تعزى لمتغير الخبرة.

أما دراسة (Campbell, 1993) ودراسة (Parsons, 1994) ودراسة (الخضور، 1996م) ودراسة (المومني، 2003م) ودراسة (الطعاني والضمور، 2007م) فلم تتوصل أي منها إلى وجود فروق ذات دلالة إحصائية تعزى لمتغير الخبرة مع أي أسلوب من أساليب إدارة الصراع التنظيمي سواء كانت من وجهة نظر المعلمين أو المديرين أو المشرفين.

جدول رقم (17)
علاقة أساليب إدارة الصراع التنظيمي
لدى مشرفي الإدارة المدرسية بالمتغيرات الشخصية

الخصائص / الأسلوب	العمر	الخبرة	المؤهل العلمي
التعاون	-0.051	*-0.385	-0.204
التسوية	-0.045	-0.346	-0.122
المجاملة	0.303	-0.184	-0.237
التجنب	-0.120	-0.127	-0.019
استخدام السلطة	**-0.542	-0.178	-0.057

* دلالة عند مستوى (0.05)
**دلالة عند مستوى (0.01)

وتبيّن من الجدول رقم (17) أيضا وجود فروق ذات دلالة إحصائية تعزى لمتغير العمر مع أسلوب استخدام السلطة عند مستوى الدلالة (0.01). ومن أجل معرفة لصالح من هذه الفروق فيما بين فئات العمر، تم استخدام اختبار (شِيفي Scheffe) الذي أكد أن هذه الفروق لصالح الأقل عمرا أو سنا من مشرفي الإدارة المدرسية، أي أن من عمره أقل من 35 سنة يستخدم أسلوب السلطة في إدارة الصراع التنظيمي. ومعنى ذلك أنه كلما نقص أو قل عمر مشرف الإدارة المدرسية فإن الأسلوب المفضل لديه هو استخدام السلطة دون باقي الأساليب الأخرى في إدارة الصراع التنظيمي.

وتختلف نتيجة هذه الدراسة مع نتيجة دراسة (Parsons, 1994) التي لم تتوصل إلى وجود فروق ذات دلالة إحصائية بين العمر واستخدام أساليب إدارة الصراع التنظيمي.

كما تبيّن من الجدول رقم (17) عدم جود فروق ذات دلالة إحصائية تعزى لمتغير المؤهل العلمي مع أساليب إدارة الصراع التنظيمي الخمسة محل الدراسة، وهي التعاون والتسوية والمجاملة والتجنب واستخدام السلطة. وتتفق هذه النتيجة مع نتائج دراسة

(الخضور، 1996م) التي توصلت إلى عدم وجود فروق إحصائية على أنماط إدارة الصراع تعزى لمتغير المؤهل العلمي، ولم تجد دراسة (قطن، 2001م) فروقا ذات دلالة إحصائية تعزى لمتغير المؤهل العلمي في ممارسة أفراد عينة الدراسة لأساليب إدارة الصراع التنظيمي، وتختلف هذه النتيجة مع نتائج دراسة (Sharah, 1988) التي وجدت فروق ذات دلالة إحصائية بين أنماط إدارة الصراع تعزى للمؤهل العلمي على أسلوب الإجبار، ودراسة (Dowd, 1992) التي توصلت إلى أن هناك أثرا لمتغير المؤهل في كيفية تعامل المديرين مع الصراع، ودراسة (المومني، 2003م) التي تبيّن من نتائجها أن هناك فروقا ذات دلالة إحصائية تعزى لمتغير المؤهل العلمي مع أسلوب التجنب لصالح الأقل درجة علمية وهم أقل من البكالوريوس.

5. إجابة السؤال الخامس:

يعرض الباحث نتائج السؤال الخامس المتعلق بتحديد الفروق ذات الدلالة الإحصائية في تحديد معوقات عمل مشرفي الإدارة المدرسية تعزى للخصائص الشخصية (العمر والخبرة والمؤهل العلمي) لمشرفي الإدارة المدرسية، والجدول رقم (18) يوضح استجابات المشرفين في العلاقة بين معوقات الإشراف التربوي والمتغيرات الشخصية لهم.

جدول رقم (18)
علاقة معوقات الإشراف التربوي
لدى مشرفي الإدارة المدرسية بالمتغيرات الشخصية

الخصائص / المعوقات	العمر	الخبرة	المؤهل العلمي
الاقتصادية	-0.068	-0.202	0.093
الإدارية	-0.218	-0.049	0.003
الفنية	-0.066	-0.163	0.129
الشخصية	-0.192	0.029	-0.126

حيث أوضحت نتائج الجدول رقم (18) عدم وجود فروق ذات دلالة إحصائية تعزى لمتغير العمر أو الخبرة أو المؤهل العلمي مع معوقات الإشراف التربوي الأربعة محل الدراسة، وهي المعوقات الاقتصادية والإدارية والفنية والشخصية. ومعنى ذلك أن نظرة مشرفي الإدارة المدرسية تجاه المعوقات لم تتأثر بأي متغير شخصي.

وتتفق هذه النتيجة مع نتائج دراسة (البابطين، 2005م)، حيث لم تتوصل إلى فروق ذات دلالة إحصائية تعزى لمتغيرات المؤهل الدراسي أو الخبرة، ودراسة (المغيدي، 1997م) التي توصلت كذلك إلى عدم وجود فروق في مجال معوقات الإشراف التربوي الإداري والفني والاجتماعي باختلاف الخبرة أو المؤهل العلمي. وفي جزء من دراسة (المغيدي، 1997م) تبيّن أن المشرفين التي خبرتهم أكثر من عشر سنوات هم أكثر إيجابية نحو إبراز معوقات الإشراف التربوي من ذوي الخبرات الأخرى.

الجدير بالذكر أن الكثير من دراسات معوقات الإشراف التربوي أهملت النظر في وجود فروق ذات دلالة إحصائية تعزى للمتغيرات الشخصية، ومن هذه الدراسات (ريان 1980م، مكتب التربية العربي لدول الخليج 1985م، الزاغبة 1989م، الزعبي 1990م) وغيرها.

ثالثاً: أهم النتائج والتوصيات:

1. أهم النتائج:

يلخص الباحث أهم نتائج هذه الدراسة من خلال عرض إجابات أسئلة الدراسة فيما يلي:

- يؤكد مشرفو الإدارة المدرسية بادارة التربية والتعليم بمدينة الرياض أنهم يستخدمون جميع أساليب إدارة الصراع التنظيمي الواردة في الدراسة، وأنهم يستخدمون هذه الأساليب بناء على الترتيب التالي: أسلوب (التعاون، والتسوية، والمجاملة، والتجنب، واستخدام السلطة بدرجة كبيرة.
- يؤكد مشرفو الإدارة المدرسية بادارة التربية والتعليم بمدينة الرياض أن معوقات الإشراف التربوي الاقتصادية جاءت في المرتبة الأولى وفي المرتبة الثانية جاءت معوقات الإشراف التربوي الإدارية وفي المرتبة الثالثة جاءت معوقات الإشراف التربوي الفنية بدرجة كبيرة، وفي المرتبة الرابعة جاءت معوقات الإشراف

التربوي الشخصية بدرجة متوسطة.

- يؤكد مشرفو الإدارة المدرسية بادارة التربية والتعليم بمدينة الرياض عدم وجود أي علاقة ذات دلالة إحصائية بين استخدام أسلوبي التعاون والتجنب مع معوقات الإشراف التربوي سواء كانت الإدارية أم الاقتصادية أم الفنية أم الشخصية، وكذلك عدم وجود أي علاقة ذات دلالة إحصائية بين استخدام أساليب إدارة الصراع التنظيمي التسوية والمجاملة واستخدام السلطة مع معوقات الإشراف التربوي الإدارية أو الاقتصادية أو الفنية، باستثناء وجود علاقة ذات دلالة إحصائية سالبة أو عكسية تجاه استخدام مشرفي الإدارة المدرسية لأسلوب التسوية عند مستوى الدلالة (0.01) والمجاملة عند مستوى الدلالة (0.05) واستخدام السلطة عند مستوى الدلالة (0.01) مع المعوقات الشخصية، مما يعني أن استخدام أساليب السلطة والتسوية والمجاملة تقل مع المعوقات الشخصية بشكل ملحوظ.
- يؤكد مشرفو الإدارة المدرسية بادارة التربية والتعليم بمدينة الرياض عدم وجود فروق ذات دلالة إحصائية بين أساليب إدارة الصراع التنظيمي وبعض المتغيرات الشخصية لديهم باستثناء وجود فروق ذات دلالة إحصائية بين متغير الخبرة لدى المشرفين وبين استخدامهم لأسلوب التعاون في إدارة الصراع التنظيمي عند مستوى الدلالة (0.05) لصالح الأكثر خبرة. وباستثناء وجود فروق ذات دلالة إحصائية تعزى لمتغير العمر مع أسلوب استخدام السلطة عند مستوى الدلالة (0.01) لصالح الأقل عمرا أو سنا من مشرفي الإدارة المدرسية، ولا توجد فروق ذات دلالة إحصائية تعزى لمتغير المؤهل العلمي مع أساليب إدارة الصراع التنظيمي.
- يؤكد مشرفو الإدارة المدرسية بادارة التربية والتعليم بمدينة الرياض عدم وجود فروق ذات دلالة إحصائية تعزى لمتغير العمر أو الخبرة أو المؤهل العلمي مع معوقات الإشراف التربوي؛ الاقتصادية والإدارية والفنية والشخصية.

2. أهم التوصيات:

في ضوء نتائج هذه الدراسة يوصي الباحث بما يلي:

- عقد دورات تدريبية وورش عمل متخصصة لمشرفي الإدارة المدرسية لإدارة الصراع التنظيمي لتعزيز درجة ممارسة كل أسلوب من أساليب إدارة الصراع التنظيمي الخمسة بالصورة المناسبة.

- العمل على تقليل معوقات الإشراف التربوي المتعلقة بمشرفي الإدارة المدرسية وخاصة المعوقات الاقتصادية، وخاصة ما يتعلق بنقص الحوافز المادية واستخدام المشرف هاتفه الشخصي- في التواصل مع إدارات المدارس التي يشرف عليها.

- العمل على تقليل معوقات الإشراف التربوي المتعلقة بمشرفي الإدارة المدرسية وخاصة المعوقات الإدارية، وخاصة ما يتعلق بكثرة الأعباء الإدارية على عاتق المشرفين وتنوع واختلاف المراحل التعليمية التي يشرف عليها مشرفو الإدارة المدرسية وعدم وجود صلاحيات رسمية معتمدة لمشرف الإدارة المدرسية وعدم وجود سكرتارية لتنظيم عمل مشرف الإدارة المدرسية وتعدد الجهات المسؤولة عن مشرف الإدارة المدرسية.

- العمل على تقليل معوقات الإشراف التربوي المتعلقة بمشرفي الإدارة المدرسية وخاصة المعوقات الفنية، وخاصة ما يتعلق بكثرة الأوراق والنماذج المطلوب تعبئتها من قبلهم وقلة زيارات المشرف لإدارة المدرسة الواحدة التي يشرف عليها وكثرة عدد المدارس التي يشرف عليها المشرف وتباعدها وضعف الكفاية المهنية لبعض مديري المدارس.

- دعم مشرفي الإدارة المدرسية بكل الإمكانات المادية والمعنوية لضمان فاعلية عملهم.

3. مقترحات لدراسات مستقبلية:

يقترح الباحث إجراء دراسات مستقبلية تتعلق بـ

- أساليب إدارة الصراع التنظيمي لدى مشرفات الإدارة المدرسية وعلاقتها بمعوقات عملهن.

- إدارة الصراع التنظيمي وعلاقتها بإنتاجية مشرفي الإدارة المدرسية.

- واقع الأداء الوظيفي لمشرفي الإدارة المدرسية وسبل تطويره.
- إدارة الصراع التنظيمي وعلاقتها بالرضا الوظيفي لدى مشرفي الإدارة المدرسية.
- ضغوط العمل وعلاقتها بأساليب إدارة الصراع التنظيمي لدى مشرفي الإدارة المدرسية.
- إدارة الصراع التنظيمي وعلاقتها بالتوتر التنظيمي لدى مشرفي الإدارة المدرسية.
- تحديد الاحتياجات التدريبية لمشرفي الإدارة المدرسية.
- أساليب إدارة الصراع التنظيمي لدى مشرفي الإدارة المدرسية في التعليم الأهلي وعلاقتها بمعوقات عملهم.
- دراسة تقويمية لتقارير الأداء الوظيفي لمشرفي الإدارة المدرسية.
- فاعلية إشراف الإدارة المدرسية من وجهة نظر مشرفي الإدارة المدرسية ومديري مدارس التعليم العام.
- ممارسة مشرفي الإدارة المدرسية للعلاقات الإنسانية من وجهة نظرهم ووجهة نظر المديرين.
- الثقافة التنظيمية وعلاقتها بأساليب إدارة الصراع التنظيمي لدى مديري مدارس التعليم العام.
- أساليب إدارة الصراع التنظيمي بين مديري ومعلمي مدارس التعليم العام.
- السلوك القيادي لدى مديري مدارس التعليم العام وعلاقتها بأساليب إدارة الصراع التنظيمي.

مراجــع الدراسة الثالثة

1- أحمد، أحمد، (1990م)، الإدارة التربوية والإشراف الفني بين النظرية والتطبيق، دار الفكر العربي، القاهرة.

2- الأحمد، عبدالرحمن، (1987م)، دراسة بعض القضايا ذات الصلة بعمل الموجهين الفنيين للمواد الدراسية في مدارس التعليم العام بدولة الكويت، مجلة العلوم الاجتماعية، المجلد 15، العدد، 34.

3- إدريس ثابت، والمرسي جمال، (2002م)، السلوك التنظيمي: نظريات ونماذج وتطبيق عملي لإدارة السلوك في المنظمة، الدار الجامعية، الإسكندرية.

4- آل جوزان، عون، (1420هـ)، المشكلات التي تواجه المشرف التربوي المبتدئ في عامه الأول من وجهة نظر المشرفين التربويين بمنطقة مكة المكرمة التعليمية، رسالة ماجستير غير منشورة، كلية التربية بجامعة أم القرى.

5- آل عثيمين، مسلم، (1413هـ)، دور موجهي الإدارة المدرسية في تنمية كفاءة مديري المتوسطة والثانوية، رسالة ماجستير غير منشورة، كلية التربية بجامعة الملك سعود.

6- البابطين، عبدالرحمن، (1420هـ)، مشكلات المشرف التربوي أثناء تطبيق الأساليب الإشرافية بالتعليم العام، مجلة رسالة التربية وعلم النفس، الجمعية السعودية للعلوم التربوية والنفسية، العدد 10.

7- البابطين، عبدالرحمن، (2005م)، المعوقات التي تحد من فاعلية الممارسات الإشرافية كما يراها المشرفون التربويون بمدينة الرياض، مجلة كلية التربية بالزقازيق، العدد 50: 223-258.

8- بطاح، أحمد، (2006م)، قضايا معاصرة في الإدارة التربوية، دار الشروق،الأردن.

9- البلبيسي، سناء، (2003م)، استراتيجيات إدارة الصراع التي يستخدمها مديرو المدارس الثانوية العامة في الأردن وعلاقتها بالروح المعنوية للمعلمين والتزامهم

التنظيمي، رسالة دكتوراه غير منشورة، جامعة عمان العربية للدراسات العليا، الأردن.

10- الجندي، عادل، (1998م)، استراتيجيات إدارة الصراع التنظيمي ودورها في إحداث عملية التطوير والتغير التربوي داخل النظام المدرسي، مجلة التربية وعلم النفس، كلية التربية بجامعة عين شمس، العدد الثاني والعشرون الجزء الثاني: 189-232.

11- حبحب، عبدالله، (1408هـ)، دور موجهي الإدارة المدرسية بإدارة تعليم مكة المكرمة كما يراها مديرو المدارس، رسالة ماجستير غير منشورة، كلية التربية بجامعة أم القرى.

12- الحقيل، سليمان، (1425هـ)، الإدارة المدرسية وتعبئة قواها البشرية في المملكة العربية السعودية، مطابع الحميضي، الرياض.

13- الحماد، إبراهيم، (1421هـ)، معوقات الإشراف التربوي بمدينة الرياض، رسالة ماجستير غير منشورة، كلية بجامعة الملك سعود.

14- الحماد، إبراهيم، (1425هـ)، الكفايات المهنية اللازمة لمشرفي الإدارة المدرسية بالمملكة العربية السعودية: دراسة ميدانية، رسالة دكتوراه غير منشورة، كلية التربية بالقاهر بجامعة الأزهر.

15- الحمد، رشيد، (1989م)، برنامج لإعداد الموجهين الفنيين وتحسين أدائهم، مجلة التربية، جامعة الكويت، العدد، 3: 139-148.

16- الحنيطي، محمد، (1993م)، الصراع التنظيمي: أسبابه وطرق إدارته في المؤسسات العامة والخاصة في الأردن، مجلة دراسات، المجلد: 1، العدد: 2.

17- حيدر، معالي، (1997م)، إدارة الصراع التنظيمي في الجامعات المصرية: دراسة تحليلية. رسالة دكتوراه غير منشورة، جامعة المنوفية.

18- الخضور، جمال، (1996م)، أنماط إدارة الصراع لدى مديري المدارس الأساسية في محافظة المفرق في ضوء متغيرات الخبرة والجنس والمؤهل العلمي، رسالة ماجستير غير منشورة، جامعة اليرموك، إربد.

19- خيري أحمد، وعبد الحميد جابر، (1987م)، مناهج البحث في التربية وعلم النفس, ط2، دار النهضة العربية، القاهرة.

20- الرويلي، عبدالله، (1424هـ) استراتيجيات مديري المدارس الثانوية بمنطقة الحدود الشمالية في إدارة الصراع التنظيمي ودورها في تنمية المهارات الإبداعية لدى المعلمين، رسالة ماجستير غير منشورة، كلية التربية بجامعة أم القرى.

21- ريان، فكري، (1980م)، التوجيه الفني بين النظرية والتطبيق، الطبعة الأولى، دار القلم، الكويت.

22- الزاغبة، محمد، (1989م)، واقع الإشراف التربوي في الضفة الغربية كما يراه كل من المشرف ومعلم المرحلة الثانوية، رسالة ماجستير غير منشورة، جامعة النجاح، نابلس.

23- زايد، عادل، (1996م)، استراتيجيات إدارة الصراع التنظيمي في دولة الإمارات العربية المتحدة، مجلة الإدارة العامة، المجلد: 34، العدد: 4: 525-554.

24- الزعبي، ميسون، (1990م)، معوقات الإشراف التربوي والتطلعات المستقبلية كما يراها مشرفو اللغة العربية ومعلموها لمرحلة التعليم الأساسي في الأردن، رسالة ماجستير غير منشورة، جامعة اليرموك، إربد.

25- السعود، راتب، (1992م)، معوقات العمل الإشرافي في الأردن كما يراها المشرفون التربويون، دراسات الجامعة الأردنية، المجلد 21 (أ)، العدد 4: 445-450.

26- سلطان، محمد، (2002)، السلوك الإنساني في المنظمات: فهم وإدارة الجانب الإنساني للعمل، دار الجامعة الجديدة، الإسكندرية.

27- الشايع، عبدالله، (1413هـ)، درجة فاعلية دور موجهي الإدارة المدرسية إداريا وفنيا كما يراها مديرو المدارس بمنطقة حائل التعليمية، رسالة ماجستير غير منشورة، كلية التربية بجامعة أم القرى.

28- الشعراوي، علاء، (2004م)، المناخ النفسي- الاجتماعي المدرسي واستراتيجيات إدارة الصراع وعلاقتهما بالاضطرابات السلوكية لدى طلاب التعليم الثانوي الفني، مجلة كلية التربية، جامعة أسيوط، المجلد العشرون، العدد الثاني، 80-132.

29- صادق، حصة، (1999م)، العلاقة بين صراع الدور والمناخ التنظيمي: دراسة ميدانية على عينة من مديري ومديرات مدارس قطر الابتدائية، مؤتمر الجمعية المصرية للتربية المقارنة والإدارة التعليمية، المؤتمر السنوي الثاني بعنوان إدارة التعليم في الوطن العربي في عالم متغير، الجزء الثاني: 271-315.

30- الطعاني حسن، والضمور سامي، (2007م) أساليب تعامل المشرفين التربويين في الأردن مع الصراع التنظيمي، مجلة العلوم التربوية، كلية التربية بجامعة قطر، العدد 11.

31- الطويل، هاني، (1998م)، الإدارة التربوية والسلوك المنظمي: سلوك الأفراد والجماعات في التنظيم، دار وائل، الأردن.

32- عبابنة، سعيد، (1996م)، أساليب إدارة الصراع في الجامعات الحكومية في الأردن من وجهة نظر أعضاء هيئة التدريس، رسالة ماجستير غير منشورة، جامعة اليرموك، إربد.

33- عبيدات، ذوقان، وآخرون، (1993م)، البحث العلمي: مفهومه-أدواته-أساليبه. دار الفكر للنشر- والتوزيع، عمان.

34- العديلي، ناصر، (1414هـ)، إدارة السلوك التنظيمي، مرامر للطباعة والنشر، الرياض.

35- علي، شهمة، (1991م)، التوتر التنظيمي وكيف نواجهه، التنمية الإدارية، القاهرة، السنة 14، العدد 50، 78-84.

36- العمايرة، محمد، (1999م)، مبادئ الإدارة المدرسية، دار المسيرة، الأردن.

37- العواملة، نائل، (1995م)، أبعاد المناخ المؤسسي في الوزارات والدوائر المركزية في الأردن، دراسات الجامعة الأردنية، مجلد 21، العدد 3.

38- الفريجات، غالب، (2000م)، الإدارة والتخطيط التربوي: تجارب عربية متنوعة، المكتبة الوطنية، الأدرن.

39- القحطاني سالم، ويونس حلمي، (2001م)، أسباب الصراعات التنظيمية في الأجهزة الحكومية المركزية بالمملكة العربية السعودية: دراسة استطلاعية، مجلة العوم الإدارية، جامعة الملك سعود، مجلد 13، العدد، 1.

40- القحطاني، ظافر، (1420هـ)، تقويم الممارسات الإشرافية لمشرفي الإدارة المدرسية من وجهة نظر مديري المدارس، رسالة ماجستير غير منشورة، كلية التربية بجامعة الملك سعود.

41- القريوتي، محمد، (2000م)، السلوك التنظيمي: دراسة السلوك الإنساني الفردي والجماعي في المنظمات المختلفة، دار الشروق، الأردن.

42- قسم البحوث التربوية، (1425هـ)، الصعوبات التي تواجه المشرفين التربويين في الميدان التربوي والمقترحات اللازمة لها كما يراها المشرفون التربويون من خلال تقاريرهم السنوية، وزارة التربية والتعليم، الإدارة العامة للتربية والتعليم بمنطقة الرياض التعليمية للبنين.

43- قطن، طفول، (2001م)، أساليب إدارة الصراع التنظيمي لدى مديري المدارس الثانوية في سلطنة عمان، رسالة ماجستير غير منشورة، جامعة السلطان قابوس، عمان.

44- اللوزي، موسى، (2003م)، التطوير التنظيمي: أساسيات ومفاهيم حديثة، دار وائل، الأردن.

45- ماهر، أحمد، (2003م)، السلوك التنظيمي: مدخل بناء المهارات، الدار الجامعية، الإسكندرية.

46- المغيدي، الحسن، (1426هـ)، الإشراف التربوي الفعال، مكتبة الرشد، الرياض.

47- المغيدي، الحسن، (1997م)، معوقات الإشراف التربوي كما يراها المشرفون والمشرفات في محافظة الإحساء التعليمية، مجلة مركز البحوث التربوية، جامعة قطر، العدد 12: 67-104.

48- مكتب التربية العربي لدول الخليج، (1985م)، الإشراف التربوي بدول الخليج العربي: واقعه وتطوراته، مكتب التربية العربي لدول الخليج، الرياض.

49- منصور، علي، (2004م)، مبادئ الإدارة: أسس ومفاهيم، مجموعة النيل العربية، القاهرة.

50- المنيع، محمد، (1413هـ)، دراسة وجهات نظر موجهي الإدارة المدرسية ومديري المدارس للدور الذي يقوم به موجه الإدارة المدرسية في مدارس المملكة العربية السعودية، رسالة مجلة رسالة التربية وعلم النفس، الجمعية السعودية للعلوم التربوية والنفسية، العدد: 3.

51- المومني، واصل، (1426هـ)، المناخ التنظيمي وإدارة الصراع في المؤسسات التربوية، دار الحامد، الأردن.

52- المومني، واصل، (2003م)، علاقة المناخ التنظيمي بأسلوب إدارة الصراع في المدارس الثانوية الأردنية العامة من وجهة نظر المديرين والمعلمين، رسالة دكتوراه غير منشورة، جامعة عمان العربية للدراسات العليا، الأردن.

53- النمر، سعود، (1994م)، الصراع التنظيمي: عوامله وطرق إدارته، مجلو جامعة الملك عبدالعزيز: الاقتصاد والإدارة، المجلد: 7 العدد: 1، 37-91.

54- النملة، سليمان، (1428هـ)، إدارة الصراع التنظيمي في المدارس الثانوية بالمملكة العربية السعودية: تصور مقترح، رسالة دكتوراه غير منشورة، كلية التربية بجامعة الملك سعود.

55- النوح، مساعد، (1421هـ)، مهام مشرفي الإدارة المدرسية ومدى ممارستهم لها كما يراها مشرفو الإدارة المدرسية ومديرو المدارس الثانوية والمتوسطة بمدينة الرياض، رسالة ماجستير غير منشورة، كلية التربية بجامعة الملك سعود.

56- يونس، مجدي، (1998م)، واقع الإشراف التربوي بمنطقة القصيم التعليمية، مجلة البحوث النفسية والتربوية بكلية التربية، جامعة المنوفية، العدد الثاني، 61-95.

57- Campbell, Gray, (1993), Secondary school principals and conflict-handling styles. University of Houston, Dissertation Abstract International, Vol. 54, No. 8A-2813.

58- Davies, B. & West-Burnham, J. (2003), Handbook of Educational Leadership and Management. Pearson Longman, London.

59- Dowd, J. F. (1992), School superintendents perceptions of conflict and how they deal with them. Syracuse University. Dissertation Abstract International, Vol. 53, No. 4P999-1000.

60- Parsons, Larry, (1994), An analysis of crisis conflict resolution strategies preferred by Washington state public light school principals. Dissertation Abstract International, Vol. 55, No. 4A-823.

61- Sharah, Hussein, (1988), The relationships of conflict management styles if Jordanian high school principals to their personality and training of conflict management. Universtiy of Colorado.

الدراسـة الرابعـة

ضغوط العمل لدى المعلمين وعلاقتها بالسلوك القيادي لدى المديرين

ملخص الدراسة

حظي موضوع ضغوط العمل باهتمام واسع في السنوات الأخيرة من قبل الباحثين في مجال السلوك التنظيمي ومجال إدارة الموارد البشرية في المنظمات، ويحظى السلوك القيادي للمديرين بأهمية كبيرة، فالمدير يشغل مواقع مميزة في التنظيم الإداري ويمارس الكثير من المهام والصلاحيات مما يجعله يتعامل مع مرؤوسيه تعاملا قد يسبب ضغوطا لديهم، لذا فهدف هذه الدراسة تحديد درجة ضغوط العمل لدى معلمي المعاهد العلمية، ومعرفة ضغوط العمل الأكثر انتشارا لديهم، ومعرفة العلاقة بين متغيري العمر والخبرة لديهم مع ضغوط العمل، وتحديد نوع السلوك القيادي لدى مديري المعاهد العلمية، والكشف عن العلاقة فيما بين ضغوط العمل لدى المعلمين وعلاقتها بالسلوك القيادي لدى المديرين.

وقد أظهرت نتائج هذه الدراسة أن معلمي المعاهد العلمية يعانون من ضغوط العمل بدرجة كبيرة، إذ بلغ المتوسط الحسابي 3.67 من 5، وتبيّن أن ضغوط العمل الأكثر انتشارا لديهم هي الضغوط المهنية، ثم الضغوط المادية، ثم الضغوط التنظيمية والنفسية. وقد أكد المعلمون أن السلوك القيادي التنظيمي هو السلوك السائد لدى مديري المعاهد العلمية يلي ذلك السلوك القيادي الإنساني. ودلت النتائج على وجود علاقة ارتباطيه موجبة ومتوسطة ودالة إحصائيا عند مستوى دلالة (0.05) بين ضغوط العمل لدى المعلمين وبين السلوك القيادي التنظيمي لدى مديري المعاهد العلمية. وقدمت الدراسة بناء على نتائجها توصيات من شأنها المساهمة في تطوير مستوى الأداء والإنتاجية لمعلمي ومديري المعاهد العلمية.

المدخـل

أولاً: المقدمة:

عرفت ضغوط العمل في منتصف الخمسينات الميلادية للقرن الماضي، وازداد الاهتمام بـه حديثا لارتباطـه بإحداث ردود أفعال انفعالية قد لا تحمد عقباها على المستوى الصحي أو النفسي للأفراد. فضغوط العمل التـي هي عبارة عن ردود فعل الإنسان إزاء المؤثرات المادية والنفسية في العمل يتوجب التعامـل معهـا والعمـل عـلى تفاديها أو التقليل منها، (العديلي، 1414هـ حسين، 2004م).

وقد حظي موضوع ضغوط العمل باهتمام واسع في السنوات الأخيرة من قبل البـاحثين في مجـال السـلوك التنظيمي، كما أنها أصبحت من الموضوعات الهامة في مجال إدارة الموارد البشـرية في المنظمات، وضغوط العمـل وآثارها الضارة أصبحت شائعة في منظمات العمل وامتدت لتشمل مهناً عديـدة في منظمات متنوعـة، لـذا فـإن الاتجاه الحديث في مجال الإدارة يركز اهتمامه على التعرف على طبيعة ومصادر وأشكال ضغوط العمل ومسبباته والآثار المترتبة عليه، (عبدالرحمن، 1998م).

يعد مصطلح الضغط من المصطلحات التي تناولها الباحثون بمعان مختلفة تبعـا لمجـالاتهم، كمـا تحـدث عنها الأطباء والمهندسون والإداريون إضافة إلى علماء النفس، إلا أنه استخدم بداية للتعبير عن المعاناة أو الضيق أو الاضطهاد والإحساس بظلم ما، ثم استخدم ليعطي معنى الضغط والتوكيد في آن واحد، (الفقي، 2000م). وبـالرغم من أنه بمجرد ذكر مصطلح الضغط ينصرف الذهن إلى الضغط السلبي الغير مرغوب فيه، فإن هناك نوعـا آخر من أنواع الضغط مرغوبا ومطلوبا في العمل هو الضغط الإيجابي، "من الضروري الاعتراف بأنه ليس كل الضغط سـيئا، فكما يشير هانزسيلي -أبو دراسات الضغط-أن الشخص الوحيـد الـذي لا يتعـرض للضغط هـو الشخص الميـت"، (المهدي، 2002م:4).

ويؤكد (حسن، 1996م) أن "مهنة التدريس تعد من أهم مهن الخدمة الإنسانية في المجتمع الحـديث إلا أنها أيضا إحدى المهن الضاغطة، بل أصبحت مهنة تتزايد ضغوطها

بشكل مستمر، وقد أصبح الضغط على المعلم خطرا يهدد مهنة التدريس وذلك بسبب ما قد ينجم عنه من تأثيرات سلبية على المعلم والطالب وفعالية حجرة الدراسة والفعالية الكلية للنظام التعليمي".(حسن، 1996م:4).

وتحظى القيادة المدرسية بأهمية كبيرة، فالتجديد التربوي وتطوير الأداء الطلابي وتحسين أداء المعلمين وإدارة القضايا التعليمية والمادية والبشرية باقتدار وتنفيذ السياسات التعليمية في جو من العلاقات الإنسانية السليمة كفيل بتحقيق قدر كبير من النجاح لمدارس اليوم. "فالقيادة تعد من المفاهيم التي نالت اهتماما كبيرا من الكتاب والباحثين في مجال الإدارة والسلوك"، (المغيدي، 1426هـ:133).

ومن أهم مداخل القيادة المدرسية الحديثة المدخل السلوكي، الذي يعتمد على دراسة سلوك القائد أثناء ممارسته لعمله، وابتعد هذا المدخل عن دراسة القيادة كمفهوم في حد ذاتها. وقد أسهم المدخل السلوكي في تقديم توضيح أكثر تطورا لعمل القائد، حيث وضح أن القائد يقوم بالتأثير في جهود مجموعة منظمة من الأفراد للوصول إلى هدف معين، وتم تصنيف عمل القائد إلى بعدين أساسيين يتمحور حولهما سلوك القائد، وهما البعد البنائي أو التنظيمي والبعد الاعتباري أو الإنساني، (حسني، ومحمود، 1993م، والمغيدي، 1426هـ).

لذا فإن الكشف عن ضغوط العمل ومحاولة علاجها من شأنه تأكيد فاعلية النظام التعليمي. وكذلك، فإن تحديد درجة ضغوط العمل، ومعرفة ضغوط العمل الأكثر انتشارا لدى معلمي المعاهد العلمية، ومعرفة العلاقة بين متغيري العمر والخبرة لديهم مع ضغوط العمل، وتحديد نوع السلوك القيادي لدى مديري المعاهد العلمية، والكشف عن العلاقة فيما بين ضغوط العمل لدى المعلمين وعلاقتها بالسلوك القيادي للمدير من شأنه المساهمة في تحقيق فاعلية القيادة المدرسية من أجل الوصول إلى أفضل النتائج.

ثانياً: مشكلة الدراسة وتساؤلاتها:

يتعرض المعلمون إلى العديد من المواقف التي تجعلهم عرضة للضغوط المالية والتنظيمية والنفسية والمهنية، وغيرها من أنواع الضغوط المختلفة، ويبيّن (حسني، ومحمود، 1993م) أن الكثير من الدراسات تشير إلى أن الكثير من شاغلي المهن

المرتبطة بتقديم الخدمات الإنسانية وفي مقدمتهم المعلمون؛ هم أكثر الأنواع تعرضا لضغوط العمل، فتؤثر ضغوط العمل على المعلم تأثيرا بالغا على عملية التعليم وعلى العلاقة بينه وبين طلابه مما يجعل هذه الضغوط تقف مانعا من تحقيق المدرسة لغاياتها التربوية. كما "أنبأت التقارير العلمية أن أعدادا متزايدة، لا يمكن إغفالها، ينتهي بها ضغوط العمل الوظيفي في التدريس إلى تلك الظاهرة التي أشيع تسميتها في السبعينات بظاهرة الاحتراق النفسي أو الانهيار Burnout" (حسني، ومحمود، 1993م: 77). والاحتراق هو حالة من الغضب والتعب والسأم والإحباط تدفع بصاحبها إلى البحث عن منفذ للهروب أو التحول عامة عن المهنة إلى غيرها من المهن الأخرى.

وتشير بعض الدراسات السابقة في هذا المجال إلى أن المعلمين يعانون من ضغوط عمل كبيرة كلما كانت خبرتهم قليلة، وكلما زادت عدد سنوات الخبرة كلما انخفض مستوى ضغوط العمل، مثل (الفرماوي 1990م، اليوسفي 1990م، عبدالحافظ 1993م، عبدالمقصود وطاحون 1993م، التويجري 1426هـ).

وأشارت الكثير من الدراسات إلى أهمية الأسلوب القيادي الذي يعد من أهم المتغيرات الهامة في البيئة المدرسية وله دور كبير وهام، ويعد من أهم مصادر الضغوط لدى المعلم، فالقائد الذي يعتمد على تحديد المسؤوليات والمطالبة بإنجازها تحت الكثير من التهديدات والإجراءات العقابية في حالة المخالفة يولد الشعور بالسخط والاضطراب لدى مرؤوسيه وهذا يؤدي إلى الإصابة بالإجهاد النفسي ثم الاحتراق النفسي ثم ترك العمل، كما أشارت نتائج بعض الدراسات الأخرى إلى وجود ارتباط بين ضغوط العمل التي يعانيها المعلمون والسلوك القيادي للمدير، إضافة إلى العديد من الدراسات التي أكدت أن المدير الذي يهتم بالعلاقات الإنسانية يؤثر بصورة إيجابية في الحالة النفسية للمعلمين، أما الذي يهتم بأداء المهام فقط فله تأثير سلبي على المعلمين، (تيروري، 1982م، كنعان، 1999م، حسني، ومحمود، 1993م، المغيدي، 1426هـ).

وحيث إن القائد عموما ومدير المدرسة خصوصا يشغل مواقع مميزة في التنظيم الإداري المدرسي ويمارس الكثير من المهام والصلاحيات مما يجعله يتعامل مع مرؤوسيه وخاصة المعلمين، فإن هذا التعامل قد يسبب ضغوطا لدى هؤلاء المرؤوسين، فقد أشارت

الكثير من الدراسات وخاصة المبكرة منها إلى هذه العلاقة باعتبار القائد مصدرا محتملا لإحداث التوتر والقلق لدى المرؤوسين وتأثيرات هذا الضغط ربما تزيد مع القائد الذي يميل في سلوكه إلى البعد التنظيمي على حساب البعد الإنساني، ومن أهم هذه الدراسات دراسة (حسني، ومحمود، 1993م) ودراسة (حسن، 1996م).

ومن هنا فإن مشكلة الدراسة تتركز في التعرف على ضغوط العمل لدى معلمي المعاهد العلمية وعلاقتها بالسلوك القيادي لدى مديري المعاهد العلمية بجامعة الإمام محمد بن سعود الإسلامية. وتحديدا فإن هذه الدراسة تحاول الإجابة عن الأسئلة التالية:

1. ما درجة ضغوط العمل لدى معلمي المعاهد العلمية من وجهة نظرهم؟
2. ما ضغوط العمل الأكثر انتشارا لدى معلمي المعاهد العلمية من وجهة نظرهم؟
3. ما العلاقة بين ضغوط العمل لدى معلمي المعاهد العلمية وبين متغيري العمر والخبرة؟
4. ما السلوك القيادي المتبع لدى مديري المعاهد العلمية من وجهة نظر المعلمين؟
5. ما العلاقة بين ضغوط العمل لدى المعلمين وبين السلوك القيادي لدى مديري المعاهد العلمية؟

ثالثاً: أهمية الدراسة:

تستمد هذه الدراسة أهميتها من أهمية موضوعها المتعلق بضغوط العمل لدى المعلمين وعلاقة هذه الضغوط بالسلوك القيادي لدى مديري المعاهد العلمية. فأثر الضغوط في العمل على المعلمين تنعكس سلبا على العملية التعليمية ونتائجها، في حال عدم العمل على خفض مستوى شدتها وإنقاص حدتها، (التويجري، 1426هـ).

وترجع أهمية دراسة ضغوط العمل لدى المعلمين إلى ما تسببه الضغوط من شعور بالتوتر والإجهاد والقلق والاحتراق النفسي يصل بالمعلم إلى الأمراض مما يؤثر سلبا على أدائه ومن ثم إنجازه وإتقانه، أو يؤثر على إنتاجيته بشكل عام. وتزداد أهمية دراسة ضغوط العمل لدى المعلمين في الوقت الحاضر مع تنوع مصادر الضغوط سواء المادية

أو النفسية أو المهنية أو التنظيمية. كما أن أهمية دراسة ضغوط العمل لدى المعلمين تتضح أكثر في ربطها بالسلوك القيادي للمديرين.

وقد زاد اهتمام المنظمات الإدارية بموضوع ضغوط العمل لدى الأفراد، وهذا الاهتمام عائد إلى عاملين مهمين هما الأمراض المترتبة على هذه الضغوط والتكاليف الناجمة عنها. فالدلائل تشير إلى أن هذه الضغوط من الممكن أن تؤدي بالفرد إلى الشعور بعدم الرضا عن عمله ومن ثم الوقوع في براثن الاضطرابات الجسمية والنفسية والعقلية، مما يكون له العديد من الآثار السيئة على سلامة الفرد والمنظمة التي يعمل بها، أضف إلى ذلك التكاليف المادية أو الخسائر الاقتصادية سواء على مستوى الفرد أو المنظمة التي تصرف لمعالجة آثار تعرض العاملين لضغوط العمل التنظيمية أو الصحية، فضغوط العمل هي العامل الرئيس في كثير من المشكلات التنظيمية مثل الأداء المنخفض وضعف الإنتاجية والتغيب والتسرب الوظيفي وغيرها، وكذلك فإن ضغوط العمل تعد العامل الرئيس في كثير من المشكلات أو الأمراض الصحية للعاملين، (هيجان، 1419هـ).

كما تنبع أهمية هذه الدراسة من أن بعض الدراسات السابقة أشارت إلى الارتباط الوثيق بين متغيرين مهمين هما ضغوط العمل والسلوك القيادي، الأمر الذي يدعو إلى ضرورة دراستهما في المعاهد العلمية التي لم يسبق للباحثين الكشف عن هذين الأمرين منفصلين أو مجتمعين في هذه البيئة التعليمية. وتتضح الأهمية أيضا من سعي هذه الدراسة إلى تقديم مجموعة من المقترحات والتوصيات التي من شأنها مساعدة متخذي القرار والمسؤولين عن هذه المعاهد في تحديد بعض جوانب التطوير والتفعيل بغية رفع مستوى الأداء والإنتاجية للمعلمين والمديرين. وكذلك توفير مناخ تربوي إداري مناسب وفاعل يسهم في تفعيل دور المعاهد العلمية وقيامها برسالتها المنوطة بها وتحقيق أهدافها.

رابعاً: أهداف الدراسة:

تهدف هذه الدراسة إلى تحديد درجة ضغوط العمل لدى معلمي المعاهد العلمية، ومعرفة ضغوط العمل الأكثر انتشارا لديهم، ومعرفة العلاقة بين متغيري العمر والخبرة مع ضغوط العمل، و تحديد نوع السلوك القيادي لدى مديري المعاهد العلمية، ومعرفة

العلاقة بين درجة ضغوط العمل لدى المعلمين والسلوك القيادي لدى مديري المعاهد العلمية.

خامساً: حدود الدراسة:

تنحصر حدود هذه الدراسة فيما يلي:

أ- **الحدود الموضوعية**: حيث تقتصر هذه الدراسة على التعرف على ضغوط العمل لدى معلمي المعاهد العلمية، وتحديد السلوك القيادي المتبع لدى مديري المعاهد العلمية، والتعرف على العلاقة بينهما.

ب- **الحدود الزمانية**: طبقت الدراسة الميدانية خلال الفصل الدراسي الثاني من العام الدراسي 1428/27هـ.

ج- **الحدود المكانية**: تقتصر هذه الدراسة على جميع معلمي المعاهد العلمية التابعة لجامعة الإمام محمد بن سعود الإسلامية بالمملكة العربية السعودية.

سادساً: مصطلحات الدراسة:

يعرف الباحث فيما يلي مصطلحات الدراسة تعريفا إجرائيا، ويتوسع في الحديث عن هذه المصطلحات في الإطار النظري:

ضغوط العمل: ويقصد بها أحول مالية وتنظيمية ونفسية ومهنية تتفاعل فيما بينها وتولد توترا شديدا على المعلم إن استطاع التغلب عليها يكون الضغط إيجابيا وإن لم يتمكن من التغلب عليها والتعامل معها فيصبح الضغط سلبيا يؤثر على أدائه.

السلوك القيادي: التصرف الذي يمارسه مدير المعهد العلمي عند إدارته للمعهد سواء كان ذلك التصرف إيجابيا أو سلبيا، وسواء كان هذا السلوك يميل إلى الجانب التنظيمي أو يميل إلى الجانب الإنساني.

الإطار النظري:

تمهيد:

يعرض الباحث في هذا الجزء الإطار النظري للدراسة، وفيه يتحدث عن المعاهد العلمية وتطورها إضافة إلى أهدافها، ويتحدث عن ضغوط العمل والسلوك القيادي بشيء من التفصيل. ويعرض الباحث الدراسات السابقة المحلية والعربية والأجنبية التي درست ضغوط العمل لدى المعلمين والسلوك القيادي لدى المديرين، ويختم هذا الجزء بالتعليق على الدراسات السابقة.

أولاً: المعاهد العلمية:

صدرت موافقة جلالة الملك عبدالعزيز رحمه الله على افتتاح معهد الرياض العلمي عام 1370هـ تحقيقا لفكرة مفتي المملكة العربية السعودية سماحة الشيخ محمد بن إبراهيم آل الشيخ واستجابة لتنامي الحاجة إلى طلبة العلم لتولي القضاء والإفتاء والإرشاد في أنحاء البلاد، (جامعة الإمام محمد بن سعود الإسلامية، 1421هـ). ثم توالى بعد ذلك افتتاح المعاهد العلمية حتى بلغ عددها 62 معهدا علميا للمرحلتين المتوسطة والثانوية، تتبع هذه المعاهد جامعة الإمام محمد بن سعود الإسلامية وذلك بموجب المرسوم الملكي رقم م/ 50 بتاريخ 1394/8/23هـ المبني على قرار مجلس الوزراء رقم 1100 وتاريخ 1394/8/17هـ الصادر بالموافقة على نظام جامعة الإمام محمد بن سعود الإسلامية وعلى اسمها لتحمل اسم مؤسس الدولة السعودية الأولى الإمام محمد بن سعود رحمه الله تعالى، (جامعة الإمام محمد بن سعود الإسلامية، 1419هـ). وقد أنشأت الجامعة وكالة خاصة بالمعاهد العلمية تسمى وكالة الجامعة لشؤون المعاهد العلمية تتبعها إدارات تنفيذية وتطويرية لترعى شؤون المعاهد وتنظم أمورها العلمية والإدارية والمالية والفنية، (جامعة الإمام محمد بن سعود الإسلامية، 1421هـ).

يتضح اهتمام المملكة بالمعاهد العلمية من خلال النظر في وثيقة سياسة التعليم التي صدرت عام 1389هـ حين جاء في الباب الخامس –أحكام خاصة-منها ثلاثة بنود رئيسة تحدد دور هذه المعاهد، وهي على النحو التالي:

150- "تواكب المعاهد العلمية النهضة التعليمية في البلاد، وتشارك التعليم العام في مواد الدراسة المناسبة، تعنى عناية خاصة بالدراسات الإسلامية واللغة العربية.

151- يؤهل هذا النوع من التعليم الدارسين فيه للتخصصات في علوم الشريعة الإسلامية وفروع اللغة العربية إلى جانب الدراسات في الكليات النظرية الملائمة.

152- يرعى هذا التعليم أبناءه علميا وتربويا وتوجيهيًا ومسلكيًا لتحقيق أغراضه الأساسية في كفاية البلاد من المتخصصين في الشريعة الإسلامية وعلوم اللغة العربية والدعاة إلى الله" (وزارة المعارف، 1416هـ:28).

ويؤكد (الجاسر، 1426هـ: 29) أن "مما يدل على الاهتمام والحرص على إنشاء المعاهد واستمرارها والتشجيع على الالتحاق بها انتشارها في جميع أنحاء المملكة، إضافة إلى وجود الحافز المادي الذي يتمثل في المكافأة الشهرية التي تصرف لطلابها منذ إنشائها وحتى الوقت الحاضر، حيث يصرف حاليا للطالب المنتظم في المرحلة المتوسطة مبلغ (315) ريالا والمرحلة الثانوية (375) ريالا، كما يتم تأمين نقل الطلاب الذين تبعد مساكنهم من المعهد وإليه، وتقديم الخدمات العلاجية للطلاب مجانا".

كما تأكد الاهتمام بالمعاهد العلمية صدور الأمر السامي ذو الرقم 7175/م ب بتاريخ 1428/8/19هـ المتضمن الإبقاء على المعاهد العلمية التابعة للجامعة داخل المملكة وخارجها مرتبطة بالجامعة، وكذلك الموافقة على اعتماد ميزانية الجامعة للعام الدراسي 1430/29هـ بإنشاء عشرين معهداً جديداً، حيث تم اعتماد ما تم التوصل إليه بمحضر اللجنة الوزارية للتنظيم الإداري الرابع والثمانون المتضمن إبقاء المعاهد العلمية مرتبطة بالجامعة وفق ما تضمنه الأمر السامي من ترتيبات، (تعميم وكيل الجامعة لشؤون المعاهد العلمية رقم 22/2289 بتاريخ 1429/3/24هـ).

ومدة الدراسة في المعاهد العلمية ست سنوات تنقسم إلى مرحلتين متوسطة مدتها ثلاث سنوات وثانوية مدتها ثلاث سنوات، يمنح الخريج شهادة إتمام الدراسة الثانوية التي تمكنه من الالتحاق بجامعات المملكة وكلياتها الأدبية والعسكرية، (جامعة الإمام محمد بن سعود الإسلامية، 1421هـ).

ويبلغ عدد المعلمين بالمعاهد العلمية 1539 معلما و62 مديرا إضافة إلى عدد مناسب من الوكلاء والإداريين والمستخدمين، وبلغ عدد خريجي المرحلة الثانوية في المعاهد العلمية حتى نهاية العام الدراسي 1425/24هـ 78271 طالبا. وقد حرصت الوكالة على تدريب وتأهيل مديري المعاهد العلمية أثناء الخدمة بالتحاقهم بالكثير من الدورات التدريبية التي تعقد بقسم التربية بكلية العلوم الاجتماعية بالجامعة أو بالجامعات الأخرى أو مراكز التدريب بوزارة التربية والتعليم أو معهد الإدارة العامة، كما توج هذا الاهتمام بإنشاء مركز للتدريب التربوي بوكالة الجامعة لشؤون المعاهد العلمية بغية تدريب منسوبي المعاهد العلمية، (الجاسر، 1426هـ)، وزاد عدد خريجي المرحلة الثانوية في المعاهد العلمية بنهاية العام الدراسي 1428/27هـ حتى وصل إلى 86145 طالبا، (إدارة الامتحانات بوكالة الجامعة لشؤون المعاهد العلمية).

أكدت بعض الدراسات المحلية معاناة المعلمين -بنسب مختلفة- في مدارس التعليم العام بالمملكة من كثير من الضغوط مثل دراسة (باقرضوض، 1416هـ، السلمان، 1420هـ، الغامدي، 1421هـ)، أما الدراسات العربية فعلى سبيل المثال (عسكر، 1988م، دوائي وآخرون، 1989م، بسطا، 1990م، حسني، ومحمود، 1993م). ومعلمو المعاهد العلمية لا يختلفون عن معلمي مدارس التعليم العام في هذا الجانب، فهم يعانون من ضغوط عمل تتعلق بالجوانب المادية والتنظيمية والنفسية والمهنية أو غير هذه الجوانب مما يستدعي دراسة هذه الضغوط لدى معلمي المعاهد العلمية والكشف عنها وتحديد درجتها وكذلك تحديد السلوك القيادي لدى المديرين والعلاقة بين ضغوط العمل لدى المعلمين والسلوك القيادي لدى المديرين.

ثانياً: ضغوط العمل Job or Work Stress:

تعتبر ظاهرة الضغوط بصفة عامة ظاهرة قديمة قدم الإنسان، إلا أن الاهتمام بها كموضوع للدراسة يعد حديثا نسبيا، بالرغم من أن العدد الصادر عام 1883م لمجلة British Fortnightly Review وصف العصر بعصر- الضغوط والتوتر، وفي عام 1972م بلغت دراسات الضغوط ست دراسات فقط، أما في عام 1989م فقد بلغت 245 دراسة مما يدل على زيادة الاهتمام بموضوع ضغوط العمل عالميا، أما محليا فقد بدأ

الاهتمام بدراسات ضغوط العمل متأخرا نسبيا، فأول دراسة كانت لـ(العسكر، 1409هـ) و(السالم، 1411هـ) و(علي، 1991م) وكتاب (المحارب، 1409هـ) ومقالة (ماهر، 1991م) وكتاب (الخضيري، 1991م) ودراسة (الطريري، 1411هـ) وتتابع بعد ذلك الاهتمام وزادت دراسات الضغوط في مجالات عدة، (هيجان، 1419هـ).

يعرف هيجان ضغوط العمل بأنها "تجربة ذاتية لدى الفرد تحدث نتيجة لعوامل في الفرد نفسه أو البيئة التي يعمل فيها"، (هيجان، 1419هـ:37). كما يمكن أن تعرف ضغوط العمل بأنها أي خصائص موجودة في بيئة العمل والتي تخلق تهديدا للفرد، وهناك من يرى أن الضغوط مجموعة التفاعلات بين الفرد وبيئته والتي تتسبب في حالة عاطفية أو وجدانية غير سارة مثل التوتر والقلق (هيجان، 1419هـ). ويبيّن (الفقي، 2000م) أن الضغوط لدى المعلم بأنها شعور المعلم بعدم القدرة على أداء عمله بسبب ما يواجهه من أعباء زائدة فيما يقوم به من دور متناقض وما يواجهه من إحباط ومشكلات بالمدرسة. ويؤكد (الفقي، 2000م) أيضا أن معنى الضغوط لدى المعلم يتحدد في إدراك المعلم لشيء ما يهدد ذاته ويمثل عبئا زائدا عليه في عمله وبحيث قدراته لا تستطيع أن تحقق له التكيف المطلوب في مواقف حياته. كما تؤكد الأدبيات أن الضغوط ليست كلها ضارة، فالحياة اليومية تحتاج إلى نوع بسيط من التحدي يدفع صاحبه للإنجاز والتحدي وتعلم الصبر والتعامل والمقاومة ولكن التعرض الدائم للضغوط هو الذي يجعل الفرد عرضة للانهيار والتعرض للأمراض المختلفة.

تتمثل ماهية ضغوط العمل في الاستجابة العامة للأحداث أو المواقف التي يتعرض لها الإنسان نتيجة عوامل نفسية أو مادية أو كلاهما. تتضمن عملية ضغوط العمل الحالات التي يتفاعل فيها الموظف مع ظروف العمل الخارجية. وفي هذا الجانب يمكن تعريف ضغوط العمل على أنها حالة عدم التوازن بين متطلبات البيئة وقدرات الفرد على الاستجابة لتلك المتطلبات (ماهر، 2005م).

كما يؤكد (الفقي، 2000م) أن أنواع الضغوط تتمثل في الضغوط المادية كالدخل الشهري غير الكافي ونقص الحوافز المادية، والضغوط النفسية كعدم الشعور بالأمان والاستقرار في الوظيفة وكثرة الصراعات الإدارية بين المعلمين، والمهنية كنقص فرص

النمو المهني والافتقاد إلى الدعم والمساندة المهنية من الإشراف التربوي، والضغوط التنظيمية مثل كثرة متطلبات العمل كمعلم وعدم تحديد مسؤوليات المعلم بدقة.

وتؤكد الأدبيات أن جوانب دراسات ضغوط العمل في المنظمات ترتكز على ثلاثة جوانب هي مصادر ضغوط العمل ونتائجها وكيفية إدارتها، كما تؤكد الأدبيات أيضا أن ضغوط العمل تنقسم إلى قسمين اثنين هما ضغوط سلبية وتأثيراتها كبيرة، وضغوط إيجابية لها آثارها الحميدة على الفرد والمنظمة، (عزت، 2004م). فآثار الضغوط الإيجابية كثيرة من أهمها أنها تكون دافعة للعمل وتساعد على التفكير وتركز على النتائج وتجعل الفرد ينظر إلى العمل بتحد ويتفاءل بالمستقبل، أما آثار الضغوط السلبية فكثيرة ومن أهمها انخفاض الروح المعنوية والشعور بالأرق والقلق وعدم ضبط الانفعالات وقلة الإنتاجية والتشاؤم بالمستقبل، (هيجان، 1419هـ).

وتعتمد الضغوط على عوامل عديدة ومن أهمها مدى إدراك الفرد للضغوط، وتفسيره لهذه الضغوط وكيفية مواجهته لها، وإدراكه لأفضل النواتج المحتملة للنجاح حين تكيفه مع الضغوط. وتختلف ردود فعل الأفراد على الضغوط إلا إنها في الجملة تكاد تنحصر في ردود الفعل النفسية كالقلق أو التوتر أو الإحباط أو الاحتراق النفسي أو الاكتئاب، وردود الفعل الجسمية كالإجهاد أو الأرق أو القلق المرضي أو الأمراض الأخرى كالقرحة والقولون، وردود الفعل السلوكية كترك العمل أو كثرة الغياب أو تدني الإنتاج أو المشاجرات بين العاملين.

أما نتائج ضغوط العمل بالنسبة للمنظمة فتكاد تنحصر في عدم الدقة في اتخاذ القرارات وتدني مستوى الإنتاجية للمنظمات وزيادة نسبة التسرب الوظيفي وزيادة نسبة الصراع الإداري بين العاملين. وتجدر الإشارة إلى أن العلاقة بين الفرد والمنظمة علاقة تبادلية وتكاملية، لذا فإنه يصعب التمايز أحيانا أو الفصل التام بين ردود أفعال الأفراد تجاه الضغوط وكذلك نتائج الضغوط بالنسبة للمنظمات.

وضغوط العمل لدى العاملين في المنظمات الإدارية عموما ولدى المعلمين خصوصا تتنوع ما بين الضغوط المادية والضغوط النفسية والضغوط المهنية والضغوط

التنظيمية مما يستوجب التعامل معها في ظل فهم واع وإدراك تام بحيث لا يتم التعامل معها وحدها ودون وضعها ضمن إطارها المناسب. فهناك ضغوط ناجمة من الأفراد، وأخرى ناجمة من المنظمة، وثالثة ناجمة من البيئة الخارجية، والشكل رقم (1) يبيّن ذلك بالتفصيل.

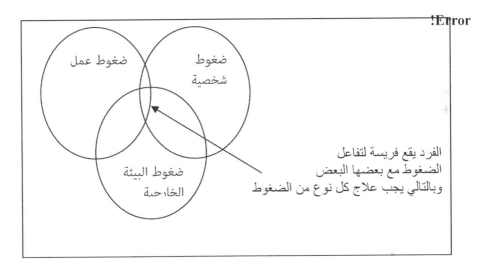

Error!

ضغوط عمل
ضغوط شخصية
ضغوط البيئة الخارجية
الفرد يقع فريسة لتفاعل الضغوط مع بعضها البعض وبالتالي يجب علاج كل نوع من الضغوط

المصدر: (ماهر، 2005م: 91).

ويتضح من الشكل السابق أن مساحة منطقة الضغوط صغيرة جدا ومع ذلك فلها آثار كبيرة جدا، لذا يتوجب علاج جميع أنواع الضغوط سواء المتعلقة بالفرد أو بالمنظمة أو بالبيئة الخارجية علاجا مناسبا، فلا يقع كل العبء على الفرد وحده أو على المنظمة وحدها أو على البيئة الخارجية وحدها بل لا بد من توافر الجهود المشتركة بين جميع الأطراف للمساهمة في علاج ضغوط العمل والحد من آثارها ونتائجها السلبية.

وربما تزداد ضغوط العمل لدى العاملين في المجال التربوي خاصة وذلك لاستشعارهم بعظم المسئولية الملقاة على عواتقهم ولرغبتهم في استثمار طاقاتهم في خدمة مجتمعهم وأمتهم. والمعلم هو محور العملية التعليمية وحجر الزاوية فيها، ودوره دور تربوي وتعليمي يحتاج لتحقيقه إلى الكثير من العوامل الأساسية والمساندة ومن أهمها

تخفيف ضغوط العمل سواء كانت المادية أو التنظيمية أو المهنية أو النفسية. والواقع أن التعليم قد صار مهنة فنية معقدة تتطلب مستويات عالية من الكفاءات والمهارات واستمرارية في تنميتها، ولذلك فهي مهنة تزخر بالعديد من الأعباء والمتطلبات والمطالب والمسؤوليات وبشكل متزايد ومستمر، (حسن، 1996م). مما يستدعي مع ذلك ضرورة دراسة ضغوط العمل لدى المعلمين والكشف عنها وتحديد درجتها وكذلك تحديد السلوك القيادي لدى المديرين والعلاقة بين ضغوط العمل لدى المعلمين والسلوك القيادي لدى المديرين.

ثالثاً: السلوك القيادي Leadership Behavior:

يؤكد كثير من علماء الإدارة أن القيادة هي جوهر العملية الإدارية وقلبها النابض، وأنها مفتاح نجاح الإدارة، فبدون القيادة الحكيمة لا تستقيم أمور المؤسسة ولا تستطيع أن تحقق أهدافها المنشودة، (الصياد وحسان، 1986م). وقد عرّفت القيادة بأنها "السلوك الذي يقوم به الفرد حين يوجه نشاط جماعة نحو هدف مشترك"، وكذلك فقد عَرفت القيادة بأنها "القدرة على توجيه سلوك الأفراد في موقف معين"، (ياركندي، 2003م:80). فالقيادة إذا تقوم في جوهرها على التفاعل الذي يتم بين القائد والعاملين معه، لذا فإن الاختلاف في وسائل التفاعل بين المدير والعاملين معه بغرض الإشراف عليهم يعكس تباينا في أساليب القيادة.

أما السلوك القيادي فهو عبارة عن علاقة تعاون بين طرفين، القائد والتابعين له، وتحمل للمسؤولية التي لا تقع على عاتق طرف دون الآخر. سلوك قيادي لا يخلط بين السلطة والقوة بل يعتمد اعتمادا كبيرا على التعامل البشري الإيجابي والتعاون البناء في مصلحة تحقيق أهداف المنظمة. لذلك فنظريات السلوك القيادي تركز على دور القائد تجاه سلوكيات الأتباع، فظهرت نظرية العلاقات الإنسانية والنظرية السلوكية الحديثة ونظرية البعدين، ونظريات أخرى ظهرت لدراسة السلوك الفعلي للقائد والأتباع على حد سواء، (القحطاني، 1422هـ).

وقد تطور الاهتمام بسلوك القائد حتى أصبح المدخل السلوكي من أهم المداخل الإدارية الحديثة، فالمدخل السلوكي يركز على سلوك القائد وكيفية تأثره وتأثيره بالعاملين

معه ويركز على دوافع المرؤوسين وسلوكهم وترتب على ذلك وجود عاملين مهمين في تحديد القيادة وهما الاهتمام بالعمل والاهتمام بالعاملين، وهذا الاتجاه ضمن المدخل السلوكي عرف بداية من دراسات جامعة أوهايو التي ركزت على المحددات الرئيسة لسلوك القائد ومدى التأثير الذي يتركه الأسلوب القيادي على أداء الجماعة ورضاها عن العمل، وكان من أهم المقاييس الشهيرة في هذا المدخل ما عرف باسم مقياس وصف سلوك القائد (LBDQ)، وهذا المقياس يركز على بعدين الأول هو هيكلة المهام والثاني هو الاهتمام بالمشاعر، وقد اختلفت المسميات لهذين البعدين، رغم تشابه الجوهر، باختلاف الأشخاص الذين اهتموا بوصف السلوك القيادي. فقد أطلق عليها بارسونز البعد الاداتي والبعد التعبيري، واطلق عليها جتزلز وجوبا بالبعد الوظيفي الرسمي والبعد الشخصي. أما هالبن فقد أسماها بعد وضع إطار للعمل وبعد الاعتبارية وأسماها بليك وموتون بعد الاهتمام بالعمل وبعد الاهتمام بالناس، أو ما يسمى بالسلوك الموجه نحو المهمة والسلوك الموجه نحو الناس، (عياصرة، 2006م).

يحدد (هوانة وتقي، 1999م) بأن نشأت المدرسة السلوكية كانت بفضل جهود مبكرة على يد قادة ومفكرين من أمثال هنري جانت وهوجو مونتسربرج في أواخر القرن التاسع عشر اعترافا بأهمية الفرد كمركز لأي مشروع تعاوني. ويركز السلوكيون تفكيرهم على الدوافع والحوافز وديناميكية الجماعة والمبادرات الفردية، بجانب الاهتمام بالعلاقة التبادلية بين الفرد والتنظيم والجوانب التنظيمية.

ويؤكد (منصور، 2004م) أن من أبرز رواد المدخل السلوكي في القيادة هو ألتون مايو وتجاربه في "مصانع هاوثورن"، والتي أعطت نتائج إيجابية وحددت بأن العامل ليس عبارة عن أداة طيعة في يد الإدارة تحركه كيفما شاءت، إنما العامل له شخصيته المستقلة التي تتفاعل مع الجماعة تؤثر فيها وتتأثر بها وأن الاهتمام بهذه الشخصية يعتبر أمرا ضروريا لصالح الإنتاج.

وقد توصل المهتمون بالدراسات السلوكية إلى نماذج قيادية عدة، ومن أهمها نظرية الأنماط المتاحة أو الخط المتصل التي يركز فيها على المرؤوسين من جهة ويركز على القائد من جهة أخرى. كما ظهرت نظرية ليكرت لنظم القيادة ضمن المدخل السلوكي

والذي حدد سلوك القائد بالتسلطي الاستغلالي والتسلطي الخير والاستشاري وأسلوب المشاركة الجماعية، (عياصرة، 2006م).

أما البعد المؤسسي والبعد الشخصي، أو نظرية البعدين، أو ما يسمى بالسلوك الموجه نحو المهمة والسلوك الموجه نحو الناس فيختلف تأثر العاملين وبالذات في المؤسسات التربوية بكل من البعدين السابقين، فقد أوضح (البوهي، 2001م) أن الاتجاه في الإدارة التقليدية يتمثل في تغليب البعد المؤسسي- على البعد الشخصي- ويؤكد كذلك أنه لا توجد معادلة للوضع المثالي في الموازنة بين هذين البعدين يمكن أن يصلح لجميع المؤسسات أو لجميع الأحوال أو لجميع الأفراد، كما يؤكد أنه كلما طغى أحد البعدين كان ذلك على حساب البعد الآخر.

يوضح (الشلعوط، 2002م)، أنه عندما يمارس مدير المؤسسة التربوية سلطته فإما أن يسلك سلوكا رسميا أو تنظيميا لتحقيق أهداف المؤسسة التربوية، وإما أن يسلك سلوكا غير رسمي أو شخصي لتحقيق الأهداف. وإذا ما سلك المدير السلوك الأول وهو أن يستمد قوته من المركز الرسمي الذي يشغله وبذلك يمارس سلطة بقوة القوانين والأنظمة، فهو يعمل على تحقيق أهداف المؤسسة التربوية ومصلحتها على حساب أهداف المعلمين ومصالحهم، وبذلك تتسع الفجوة بينه وبين المعلمين والعاملين معه وبذلك أيضا تتكون بعض التنظيمات التي قد تعمل على إعاقة تحقيق أهداف المؤسسة التربوية. وإذا مارس المدير دوره من خلال قوة تأثير الشخصية فإنه يعمل على إسعاد مرؤوسيه وقد تسير المؤسسة التربوية في الطريق الصحيح مادام موجودا على رأس هرمية السلطة، وإذا ما ترك المدير مركزه لسبب أو لآخر فإن الفوضى تسود مؤسسته وبالتالي لا تستطيع تلك المؤسسة تحقيق أهدافها. ولتحقيق التوازن يمكن للمدير أن يسلك السلوك الأمثل الذي يرتكز على التوازن ما بين السلوك الرسمي والسلوك الشخصي لتحقيق أهداف المؤسسة التربوية من خلال توظيف القوى الإيجابية الرسمية وغير الرسمية للوصول إلى تكامل المؤسسة التربوية وتحقيق أهدافها وقيمها، (الشلعوط، 2002م:176-183).

ولذا فإن تحليل سلوك القائد ودراسته يؤكد على أن هناك نوعين من السلوك هما: السلوك الموجه نحو المهمة والسلوك الموجه نحو الناس. وهناك من القادة من يطغى على

سلوكه البعد الأول وهناك من يطغى على سلوكه البعد الثاني. وأكثرية القادة يكون سلوكهم متوازنا.

ويؤكد (الحربي، 1425هـ)، أن الأبحاث توصلت إلى القائد الذي يملك درجة عالية من بعد تحديد العمل وتنظيمه يميل لأن يتدخل في تخطيط الأنشطة المختلفة للعاملين، كما يحدد أدواره في إنجاز الأهداف ويؤسس قنوات اتصال واضحة بينه وبين العاملين، كما يقوم بتوزيع العمل والرقابة عليهم. بينما القائد الذي عنده درجة عالية من بعد تفهم واعتبار مشاعر الآخرين يميل لأن ينمي جوا من الصداقة والثقة بينه وبين العاملين، كما أنه يحترم أفكارهم ومشاعرهم. ولقد أثبتت هذه الدراسات بأن سلوك القائد يمكن أن يجمع بين البعدين بدرجات متفاوتة في آن واحد، وأن القائد الذي لديه درجة عالية من كلا البعدين يحقق الرضا والإنجاز الجماعي للعاملين.

وقد تحدث الكثير من المؤلفين في القيادة المدرسية عن خصائص السلوك القيادي للمدير، وبينوا أن من أهم هذه الخصائص:

1. المبادأة بالعمل والمثابرة والطموح، فالقائد قدوة لمرؤوسيه، عليه أن يبدأ بالسلوك والتصرف في مواجهة مواقف العمل المختلفة، كما يتطلب منه أن يكون مثالا للصبر والتحمل والطموح العالي.

2. التفاعل الاجتماعي، كأن يكون القائد أكثر الأفراد نشاطا وإيجابية بوعي وإدراك.

3. التوافق النفسي الاجتماعي، حيث الرزانة والثبات في التصرف وتقبل النقد والاعتراف بالأخطاء والعمل على تفاديها.

4. التكامل، ذلك أنه مطلوب من القائد أن يقضي على حدة التوتر داخل الجماعة ويعمل على تماسكها والتعاون فيما بينها.

5. العمل على توطيد العلاقات بين أفراد الجماعة ومراعاة مشاعر الآخرين.

6. التخطيط والتنظيم، فيضطلع القائد بوضع الخطط والبرامج لبلوغ الأهداف، (باقازي، 1403هـ).

كما يتوجب أن يتوفر في القائد العديد من الصفات والخصائص التي تؤهله للقيادة، ومن أهم تلك المواصفات الصفات الخلقية والرغبة في العمل والذكاء والشخصية الاجتماعية والإيمان بالجانب الإنساني في العلاقات، وكذلك القدرة على تحمل المسؤولية والشعور بها والإلمام بالمهارات الإدارية. فلم يعد ينظر إلى الإدارة المدرسية بأنها تركز على الخبرة والبداهة والإلهام أو إلى القدرات الشخصية التي يمتلكها الإداري، بل إن الإدارة المدرسية بمفهومها الحديث ترتكز على أسس علمية وتستمد ممارساتها من أسس وأطر نظرية، (الشلعوط، 2002م).

رابعاً: الدراسات السابقة:

يتناول الباحث في هذا الجزء الدراسات السابقة من خلال أقسام ثلاثة؛ هي الدراسات التي تناولت ضغوط العمل لدى المعلمين، والدراسات التي تناولت السلوك القيادي لدى المديرين، وأخيرا الدراسات التي تناولت العلاقة بين ضغوط العمل لدى المعلمين والسلوك القيادي لدى المديرين، يلي ذلك التعليق على تلك الدراسات. وحيث إن المكتبة عموما تزخر بالكثير من الدراسات المتعلقة بضغوط العمل سواء للمعلمين أو المديرين في مدارس التربية والتعليم إضافة إلى الكثير من الفئات الأخرى العاملة في الكثير من القطاعات الخدمية، إلا أنه وتحقيقا لأهداف هذه الدراسة فإن الباحث يكتفي بعرض الدراسات المتعلقة بفئة المعلمين في مجال ضغوط العمل وبفئة المديرين في مجال السلوك القيادي.

أ- دراسات تناولت ضغوط العمل لدى المعلمين:

1. دراسة دوائي وآخرون، (1989م):

هدفت هذه الدراسة إلى معرفة مستويات الاحتراق النفسي لدى معلمي المدارس الحكومية في الأردن، ودلت نتائج هذه الدراسة على أن المعلم الأردني يعاني من احتراق نفسي بدرجة متوسطة، كما دلت النتائج على أن المعلمات الأردنيات أكثر تعرضا للاحتراق النفسي من المعلمين الأردنيين.

2. دراسة الفرماوي، (1990م):

ركز الفرماوي على دراسة مستوى ضغط المعلم في مهنة التدريس وعلاقته ببعض المتغيرات وخاصة المرحلة التعليمية والخبرة والجنس لدى معلمي محافظة المنوفية بجمهورية مصر العربية. وتبيّن وجود فروق ذات دلالة إحصائية بين المعلمين ترجع إلى المرحلة التعليمية لصالح معلمي المرحلة الثانوية، وترجع الفروق في سنوات الخبرة لصالح المعلمين الأقل خبرة، أي أن مستوى الضغط يقل بزيادة سنوات الخبرة، كما تبيّن للباحث عدم وجود فروق ذات دلالة إحصائية ترجع إلى الجنسين بين المعلمين والمعلمات.

3. دراسة بسطا، (1990م):

من أهم أهداف هذه الدراسة الكشف عن مصادر ضغوط العمل لدى المعلمين والمعلمات في مدينة القاهرة بجمهورية مصر العربية. وقد توصلت الدراسة إلى أن المعلمين والمعلمات يعانون من ضغوط العمل ويتعرضون للانفعالات النفسية السلبية مثل الغضب والقلق وقلة الحيلة والإزعاج وتثبيط العزم. كما توصلت الدراسة إلى أن أهم ثلاثة أبعاد لمصادر ضغوط العمل تتمثل في كثافة الفصول وحالة الحجرات في المدرسة، ومشكلات تتعلق بالنمو المهني للمعلم، ومشكلات تتعلق بالتلاميذ. وتوصلت كذلك إلى أن مصادر الضغوط الأقل تتركز في عدم اهتمام أولياء الأمور بمستوى أبنائهم التعليمي، وإهمال التلاميذ في أداء الواجبات والاستذكار وعدم وجود حجرات لائقة للمعلمين.

4. دراسة اليوسفي، (1990م):

هدفت هذه الدراسة إلى معرفة العلاقة بين ضغط المعلم والتوافق بالإضافة إلى دراسة الفروق بين المعلمات ذوات الخبرة والمعلمات حديثات التخرج. وأظهرت نتائج الدراسة التي شارك فيها 82 معلمة أن الزيادة في درجة ضغط المعلمة يقابلها نقصان في درجة التوافق، وأن الفروق ذات الدلالة الإحصائية وجدت لصالح المعلمات ذوات الخبرة.

5. دراسة السالم، (1411هـ):

كشفت هذه الدراسة عن مفاهيم وأسباب وإستراتيجيات وإدارة التوتر التنظيمي، وفيها بيّن الباحث أن الاهتمام بموضوع التوتر التنظيمي جاء متأخرا بعض الشيء وأن

الدراسات في هذا المجال ما زالت قليلة على المستوى العالمي ونادرة على المستوى العربي، لذا دعا في دراسته إلى التركيز على دراسات إدارة التوتر التنظيمي.

6. دراسة الزهراني، (1411هـ):

حاولت هذه الدراسة التعرف على أبعاد الضغوط المهنية التي تواجه معلمي التربية الخاصة والعامة بالمملكة العربية السعودية، وكشفت عن وجود اختلاف في أنواع الضغوط المهنية التي يتعرض لها المعلمون في مؤسسات التربية الخاصة وبين الضغوط التي تواجه المعلمين في المدارس العامة. فقد احتل العبء الوظيفي وسلوك التلاميذ مكان الصدارة لدى معلمي التربية الخاصة، في مقابل تقدير المهنة والمشاركة في القرارات لدى معلمي التربية العامة.

7. دراسة ماكبرايد، McBride (1991م):

استهدفت هذه الدراسة التعرف على مصادر ضغوط العمل لدى معلمي مراحل التعليم المختلفة، وتوصلت إلى أن أهم مصادر ضغوط العمل تتمثل في التلاميذ وأولياء الأمور والعلاقات مع الإداريين وظروف العمل المادية والمرتب.

8. دراسة عبدالحافظ، (1993م):

هدفت هذه الدراسة إلى تحديد مصادر الضغوط المهنية لدى المعلمات السعوديات وغير السعوديات في مراحل التعليم العام المختلفة، وقد خرجت الدراسة بنتائج كثيرة من أهمها أن المعلمات غير السعوديات أكثر تعرضا للضغوط المتعلقة بالشكوى من سلوك التلميذات والتقدير المهني وقلة الراتب مقارنة بالمعلمات السعوديات، كما أن المعلمات غير المتزوجات وفي نفس الوقت قليلات الخبرة أكثر تعرضا للضغوط المهنية من غيرهن. ولم تتوصل الدراسة إلى فروقات ذات دلالة إحصائية بين المعلمات ترجع إلى المرحلة التعليمية.

9. دراسة عبدالمقصود وطاحون، (1993م):

من أهم أهداف هذه الدراسة الكشف عن ضغوط العمل لدى المعلمين في المملكة العربية السعودية وجمهورية مصر العربية وعلاقتها ببعض المتغيرات. ومن أهم نتائج

هذه الدراسة أن متوسط الضغوط لدى المعلمين في مصر أعلى من المعلمين في المملكة، وأنه كلما زاد عدد سنوات الخبرة تقل الضغوط عند المعلمين، كما كان المعلمون المصريون أكثر شعورا بالضغوط من المعلمات المصريات، في حين كانت المعلمات السعوديات أكثر شعورا بالضغوط من المعلمين السعوديين.

10. دراسة ياركندي، (1993م):

حاولت هذه الدراسة التعرف على مدى وجود علاقة بين مستوى ضغط المعلمة وبين الطمأنينة النفسية وكذلك هدفت إلى التعرف على الفروق في درجة الضغط في ضوء مجموعة من المتغيرات من أهمها المرحلة التعليمية والخبرة التدريسية وكذلك المؤهل التربوي. وقد توصلت الدراسة إلى أنه كلما زاد ضغط المعلمة قلت درجة إحساسها بالطمأنينة النفسية، وكذلك توجد فروق ذات دلالة إحصائية في مستوى ضغط المعلمة في ضوء متغير المرحلة التعليمية لصالح المرحلة الابتدائية، ولا توجد فروق ذات دلالة إحصائية في مستوى ضغط المعلمة في ضوء متغير الخبرة التدريسية.

11. دراسة باقرضوض، (1416هـ):

هدفت هذه الدراسة إلى التعرف على ضغوط العمل التي يواجهها المعلم في مرحلة التعليم الابتدائي بمدينة مكة المكرمة فيما يتعلق بخمسة مكونات رئيسة لهذه الضغوط تتمثل في أعباء العمل الوظيفي وغموض الدور وعبء تطبيق المهارات وصراع الدور وقصور الإعداد والتدريب. وقد بيّن المعلمون أن أعباء العمل الوظيفي هي المصدر الأساس لضغوط العمل وأن المصادر الأقرب كصراع الدور وغموضه، كما تبيّن أن الفروق بين استجابات أفراد مجتمع الدراسة تبعا لمتغير العمر والخبرة وحجم المدرسة الابتدائية كانت محدودة جدا.

12. دراسة زيدان، (1997م):

هدفت هذه الدراسة إلى تحديد الضغوط المهنية التي يتعرض لها المعلم في التعليم قبل الجامعي وتبيّن من نتائج الدراسة أن المعلمين -فيما دون التعليم الثانوي-يعانون من الضغوط المهنية بدرجة كبيرة، أما معلمو المرحلة الثانوية فيعانون من الضغوط المهنية

بدرجة كبيرة جدا. ومن أهم أسباب الضغوط عدم كفاية الراتب وسوء العلاقة مع أولياء الأمور والطلاب وإدارة المدرسة والزملاء. ولم تتوصل الدراسة إلى فروقات ذات دلالة إحصائية بين المعلمين ترجع إلى المرحلة التعليمية.

13. دراسة السلمان، (1420هـ):

استهدفت هذه الدراسة التعرف على مصادر الضغوط المهنية لدى معلمي المرحلة الثانوية بمدينة الرياض وعلاقتها ببعض المتغيرات متمثلة في العمر والخبرة، وكانت أهم مصادر ضغوط العمل العلاقة مع أولياء الأمور والأنظمة المدرسية وسلوك الطلاب ونظرة المجتمع لمهنة التدريس. وقد أوصى الباحث بالاهتمام الفني والمهني للمعلمين وزيادة الاهتمام بالتدريب أثناء الخدمة وزيادة الحوافز المادية والمعنوية.

14. دراسة الغامدي، (1421هـ):

هدفت هذه الدراسة إلى كشف مدى وجود ظاهرة الضغوط النفسية للمعلمين بمراحل التعليم المختلفة بمدينة مكة المكرمة وتحديد مستوى شدتها. وقد توصلت هذه الدراسة إلى أن المعلمين يتعرضون لضغوط عمل عالية جدا في نقص الدافعية والضيق بالمهنة والمظاهر السلوكية، كما أنهم يعانون بشكل كبير من زيادة العبء المهني، ولم تجد الدراسة فروقا ذات دلالة إحصائية تعزى إلى متغير الخبرة والعمر والمرحلة التعليمية والضغوط.

15. التويجري، (1426هـ):

من أهم أهداف هذه الدراسة التعرف على ضغوط العمل لدى معلمات المدارس الثانوية بمدينة الرياض وتأثير الخبرة والمؤهل العلمي والتخصص على مستوى تلك الضغوط. وقد توصلت الدراسة إلى أن أبرز الضغوط التي تواجهها المعلمات تتعلق بالجانب المادي ثم التنظيمي، كما وجدت علاقة طردية فكلما زادت وتيرة ضغط العمل زاد التأثير السلبي لها على أداء العمل للمعلمات. وقد توصلت الدراسة أيضا إلى وجود تأثير دال إحصائيا لمتغير سنوات الخبرة على التأثير السلبي لضغط العمل على أداء

المعلمات لصالح الأكثر خبرة وتحديدا 15 سنة فـأكثر، كـما لم يوجـد أي تـأثير للمؤهـل العلمـي أو التخصـص لـدى المعلمات في تحديد مستوى ضغوط العمل لديهن.

ب- دراسات تناولت السلوك القيادي لدى المديرين:

1. دراسة دويل والبراند Doyle & Ahlbrand، (1974م):

هدفت هذه الدراسة إلى التعرف على السلوك الإداري الذي يمارسه المدير في مدرسته، وتبيّن لهذه الدراسة أن هناك نوعين من سلوك القيادة يمارسها المديرون، وهما السلوك القيادي الذي يظهر الاهتمام بالعمل والسلوك القيادي الذي يركز على الجانب الإنساني، وتضيف نتائج هذه الدراسة أن المعلمين الذين يمارس مديروهم السلوك القيادي الإنساني أكثر نجاحا لإنجازهم للأعمال التي كلفوا بها. وأوصت هـذه الدراسـة بضرورة تـدريب مـديري المدارس أثناء الخدمة على فنون القيادة المدرسية وذلك لارتباط نجاح أداء المعلم بالسلوك القيادي المقبول لديهم.

2. مندنهول Mendenhall، (1981م):

من أهم أهداف هذه الدراسة التعرف على تأثير متغيري البناء التنظيمي للمؤسسة والسلوك القيادي في درجة الرضا الوظيفي للمعلمين، ومن أهم نتائج الدراسة التي خلصت إليها أن متغير السلوك القيادي ذو أثر فاعل في درجة الرضا الوظيفي للمعلمين بينما أثر متغير البناء التنظيمي أقل فاعلية في الرضا الوظيفي.

3. الهدهود والجبر، (1985م):

استهدفت هذه الدراسة التعرف على السلوك القيادي لمديري ومديرات مـدارس التعليم العام في دولـة الكويت، ومن أبرز نتائج هذه الدراسة اهتمام المديرات في المرحلة الابتدائية بالبعد الإنساني كسلوك قيادي يمارسنه، وأظهرت الدراسة بشكل عام اهتمام المديرين والمديرات بالجانب الوظيفي، وأوصت هذه الدراسة بإعداد برامج تدريبية لمديري ومديرات مدارس التعليم العام في الكويت.

4. دراسة العوشن Aloushan، (1987):

من أهم أهداف هذه الدراسة التعرف على السلوك الإداري لمديري المدارس الثانوية في المملكة العربية السعودية، وكان من أهم توصيات هذه الدراسة ضرورة تقديم برامج لمديري المدارس بغرض تجديد خبراتهم وإتاحة الفرصة لهم للنمو الوظيفي، كما أوصت بإجراء بحوث ميدانية عن القيادة الفعالة وخصائصها على مدارس البنات في المملكة.

5. دراسة القرشي، (1409هـ):

كشفت هذه الدراسة عن مستوى المهارات القيادية الممارسة فعلا لدى بعض مديرات المدارس الابتدائية للبنات في مكة المكرمة، وقد حددت الباحثة المهارات الذهنية والإنسانية والفنية والذاتية. وقد أظهرت النتائج أن جميع أنواع المهارات تتوافر لدى مديرات المدارس بنسبة 70%، وذلك من خلال وجهة نظر المعلمات والمشرفات التربوية.

6. دراسة القاسم، (1411هـ):

هدفت هذه الدراسة إلى التعرف على علاقة السلوك القيادي بالمناخ السائد في المدارس المتوسطة في مدينة حائل بالمملكة العربية السعودية، وانطلقت هذه الدراسة من افتراض وجود سلوكين للقيادة المدرسية: أحدهما يركز على الاعتبارات الإنسانية، والآخر يركز على العمل أو الإنتاج أو المبادأة، وتوصلت الدراسة إلى وجود علاقة قوية بين السلوك القيادي العالي في البعدين مع المناخ المنفتح جداً، وكذلك وجود علاقة قوية بين السلوك القيادي المنخفض في البعدين مع المناخ الأقل انفتاحاً، وأيضا لا توجد فروق ذات دلالة إحصائية بين مديري المدارس تعزى إلى النوع، وإن كان مديرو المدارس يميلون إلى السلوك القيادي الإنساني، على العكس من مديرات المدارس اللاتي يملن إلى الأسلوب القيادي العملي.

7. دراسة المطرفي، (1412هـ):

من أهم أهداف هذه الدراسة التعرف على السلوك القيادي الأكثر فعالية على مستوى التحصيل الدراسي للطلاب، وقد توصلت هذه الدراسة إلى أن السلوك القيادي لمديري المدارس يمثل مجموعة من العناصر التي لها تأثيرات مختلفة على مجريات العملية التعليمية، إلا أنها ذات تأثير محدود على التحصيل الدراسي للطلاب.

8. دراسة الصائغ وقنديل، (1414هـ):

استهدفت هذه الدراسة التعرف على العلاقة بين قدرة مديري المدارس في مدينة الرياض على القيادة التربوية وبين بعض المتغيرات مثل الخبرة التدريسية والإدارية والمرحلة الدراسية. اشتملت عينة الدراسة على 62 مديرا لمختلف المراحل التعليمية، ومن أهم النتائج أن مستوى القدرة على القيادة التربوية لدى مديري المدارس بالرياض لم يصل إلى المستوى الجيد، ولا توجد علاقة ارتباطية بين القدرة على القيادة لدى العينة وكل من الخبرة التدريسية والإدارية وتوجد علاقة ارتباطية عكسية بين القدرة على القيادة وبين المرحلة التعليمية.

9. دراسة المحبوب، (1415هـ):

هدفت هذه الدراسة إلى كشف أبعاد القيادة الإدارية كما تراها مديرات المدارس الابتدائية بالمملكة العربية السعودية، وقد حدد الباحث أبعاد القيادة الإدارية في التنظيم والإبداع والتعاون. وقد أكدت نتائج الدراسة على هذه الأبعاد وكذلك عدم وجود فروق دالة إحصائيا فيما يتعلق بالأبعاد القيادية تعزى لمتغير العمر أو الخبرة. وقد أوصت هذه الدراسة بإجراء المزيد من الدراسات للكشف عن أبعاد قيادية تربوية لم تتطرق لها الدراسة وعلاقتها ببعض المتغيرات الأخرى مثل حجم المدرسة وموقعها، وكذلك تصميم برامج تدريبية قصيرة المدى بغرض تحديث خبرات المديرات لمسايرة التطوير الفكري الإداري.

10. دراسة الغامدي، (1420هـ):

استهدفت هذه الدراسة التعرف على السلوك القيادي لمديري المدارس الثانوية في منطقة الباحة التعليمية والتعرف على مستوى الروح المعنوية للمعلمين، والتعرف على علاقة السلوك القيادي لدى المديرين بالروح المعنوية لدى المعلمين. وتوصلت هذه الدراسة إلى أن مديري المدارس الثانوية يمارسون في سلوكهم القيادي البعد المتعلق بالعمل (البعد الوظيفي) والبعد الذي يتعلق بالعاملين (البعد الإنساني)، إلا أن الفروق ذات الدلالة الإحصائية تتجه نحو السلوك القيادي للمدير الذي يهتم بالعاملين.

ج- دراسات تناولت العلاقة بين ضغوط العمل لدى المعلمين والسلوك القيادي لدى المديرين:

1. دراسة فاست Fast، (1962م):

هدفت هذه الدراسة إلى تحديد السلوك القيادي لمدير المدرسة من كونه يميل إلى السلوك الاعتباري الإنساني أو يميل إلى البنائي التنظيمي، واستخدمت هذه الدراسة مقياس وصف السلوك القيادي LBDQ لهالبن ووينر كأداة للدراسة. وأشارت نتائج هذه الدراسة إلى أنه كلما عظم التناقض بين السلوك المتوقع من مدير المدرسة والسلوك الملاحظ الفعلي الذي يسلكه زاد انخفاض درجة الرضا عن العمل لدى المعلمين وبالتالي ازداد الإحساس بضغوط العمل لديهم، (Stogdill, 1974).

2. دراسة مكلوس Miklos، (1964م):

من أهم أهداف هذه الدراسة الكشف عن العلاقة بين خبرة مدير المدرسة والسلوك القيادي لديه، حيث أظهرت النتائج أن كلما زادت خبرة المدير في الإدارة ازداد ظهور السلوك القيادي ذو التوجه البنائي التنظيمي، وكذلك فإنه عندما يصف المعلمون السلوك القيادي لمدير المدرسة بأنه عال في كلا الجانبين الاعتباري الإنساني والبنائي التنظيمي يكون هناك ازدياد في درجة اتفاق المعلمين ومدير المدرسة، (Stogdill, 1974).

3. دراسة كونز وهوي Kunz & Hoy، (1976م):

حاولت هذه الدراسة التعرف على السلوك القيادي لمدير المدرسة وعلاقته بنطاق قبول المعلمين لقيادة مدير المدرسة. وأشارت النتائج إلى أن السلوك القيادي ذي التوجه الاعتباري الإنساني كانت أكثر نتائجه الإيجابية في رضا المرؤوسين الذين يعملون في بيئة عمل غير مرضية ومحبطة وتتسم بضغوط زائدة في العمل.

4. دراسة شاهدبور Shahidehpour، (1986م):

هدفت هذه الدراسة إلى تحديد السلوك القيادي لمديري المدارس الثانوية في ظل حالات الضغوط الشديدة، وأشارت النتائج إلى أن مديري المدارس الثانوية في المواقف الضاغطة التي تتعرض لها المدرسة يلجأون إلى ممارسة السلوك القيادي التشاوري، كما أن لديهم ثقة أكبر في خبرة المعلمين العاملين. كما أشارت النتائج إلى أن مديرة المدرسة الثانوية التي تواجه مواقف ضاغطة قوية تمارس سلوكا قياديا أكثر مساندة للعاملين معها.

5. دراسة حسني ومحمود، (1993م):

استهدفت هذه الدراسة التعرف على مدى الضغوط الوظيفية التي يعانيها معلم المدرسة في مراحل التعليم العام والعوامل المرتبطة بوجود هذه الضغوط، كما هدفت إلى تحديد مدى الارتباط بين ضغوط العمل الوظيفي لدى المعلمين والسلوك القيادي لدى مدير المدرسة. وأشارت نتائج هذه الدراسة إلى أن المعلمين بصفة عامة يعانون من ضغوط عمل بدرجة كبيرة ويعاني أصحاب الخبرة القصيرة منهم من ضغوط عمل أكبر مما يعاني أقرانهم من ذوي الخبرة الأطول. كما أشارت النتائج إلى عدم وجود فروق ذات دلالة إحصائيا بين ضغوط العمل لدى المعلمين ترجع إلى اختلاف المرحلة التي يعملون بها، وأشارت النتائج أيضا إلى وجود ارتباط بين ضغوط العمل التي يعانيها المعلمون والسلوك القيادي لمدير المدرسة الذي يعملون معه.

6. دراسة ياركندي، (2003م):

من أهم أهداف هذه الدراسة الكشف عن العلاقة بين ضغوط العمل والقيادة التربوية لدى ستة وتسعين مديرة من مديرات مدارس التعليم العام بمحافظة جدة. وقد أظهرت

النتائج أن 36.5% من أفراد العينة تعاني من ضغوط العمل، كما أظهرت النتائج أن 79% من أفراد العينة تعاني من عدم قدرتهن على استخدام جوانب القيادة التربوية، وأظهرت النتائج أيضا عدم وجود علاقة ذات دلالة إحصائية بين ضغوط العمل والقيادة التربوية وعدم وجود علاقة ذات دلالة إحصائية في درجات ضغوط العمل والقيادة التربوية وفقا لمتغيرات المرحلة الدراسية أو المؤهل العلمي أو عدد سنوات الخدمة.

خامساً: التعليق على الدراسات السابقة:

يتضح مما تم عرضه سابقاً أن هناك عدداً وفيراً من الدراسات السابقة أولت ضغوط العمل لدى المعلمين والسلوك القيادي لدى المديرين اهتماماً كبيراً، بحيث تنوعت تلك الدراسات ما بين دراسات أجريت في بيئات محلية وعربية ودراسات أجريت في بيئات أجنبية. فلقد توزعت الدراسات السابقة إلى ثلاثة أنواع؛ الأول ما يتعلق بضغوط العمل لدى المعلمين، والنوع الثاني ما يتعلق بالسلوك القيادي لدى المديرين، والنوع الثالث تلك الدراسات التي جمعت بين ضغوط العمل لدى المعلمين والسلوك القيادي لدى المديرين. وقد اشتمل كل نوع على الدراسات المحلية والعربية والأجنبية، وتبيّن الوفرة الكبيرة في عدد هذه الدراسات نظرا لأهمية موضوع ضغوط العمل وكذلك موضوع السلوك القيادي للمديرين واهتمام الباحثين بهذين الموضوعين.

أغلب الدراسات المحلية والعربية أكدت على تعرض المعلمين ذوي الخبرة القليلة للضغوط بصورة أقل من المعلمين أصحاب الخبرات الطويلة، ومنها دراسة (الفرماوي، 1990م)، ودراسة (اليوسفي، 1990م)، ودراسة (عبدالحافظ، 1993م)، ودراسة (عبدالمقصود وطاحون، 1993م)، ودراسة (التويجري، 1426هـ). فيما أكدت دراسات أخرى عدم وجود أي علاقة دالة إحصائيا بين ضغوط العمل لدى المعلمين وبين خبرتهم، ومنها دراسة (ياركندي 1993م، وباقرضوض 1416هـ والسلمان 1420هـ والغامدي 1421هـ).

ولقد توزعت الدراسات السابقة عموما لتشمل ضغوط العمل لدى المديرين وأحيانا لدى المشرفين وأحيانا أخرى لدى المعلمين، ولذا فاقتصرت الدراسة الحالية على المعلمين

دون سواهم من الفئات الإدارية التربوية. وكذلك تنوعت دراسات السلوك القيادي لدى المديرين، فأحيانا تعرض الباحثون لدراسة السلوك من خلال وجهات نظر المعلمين وأحيانا أخرى من خلال وجهات نظر المديرين. وتشير معظم دراسات السلوك القيادي أن هناك بعدان للسلوك هما البعد التنظيمي والبعد الإنساني وأن بإمكان المدير أن يهتم بهذين البعدين ويمارسهما معا.

وتشير الدراسات التي جمعت بين ضغوط العمل لدى المعلمين والسلوك القيادي لدى المديرين أن هناك علاقة إيجابية بين ضغوط العمل والسلوك القيادي لدى المديرين وخاصة في استخدام الأسلوب الإنساني المهتم بالعاملين واحترام مشاعرهم وتقديرهم.

وتتفق هذه الدراسة الحالية مع الدراسات التي تناولت ضغوط العمل وعلاقته بالسلوك القيادي لدى المديرين إلا أنها تختلف في الحدود الزمانية والمكانية، وكذلك فهذه الدراسة الحالية تعد الأولى التي تتناول موضوع ضغوط العمل لدى المعلمين وعلاقته بالسلوك القيادي لدى المديرين من خلال وجهة نظر معلمي المعاهد العلمية التابعة لجامعة الإمام محمد بن سعود الإسلامية. حيث إن جميع الدراسات السابقة ركزت على معلمي أو مديري مدارس التعليم العام سواء للبنين أو للبنات.

الدراسة الميدانية:

تمهيد:

يعرض الباحث في هذا الجزء الإجراءات المنهجية للدراسة، وفيها يوضح منهج الدراسة ومجتمعها والعينة التي طبقت عليها الدراسة، وكذلك يبيّن أداة الدراسة من حيث بناؤها ومحاورها، ومن حيث صدق الأداة وثباتها، والمعالجات الإحصائية، كما يعرض في هذا الجزء نتائج الدراسة الميدانية، ثـم بعد ذلك يوضح أهـم النتائج والتوصيات ويقترح دراسات مستقبلية.

أولاً: الإجراءات المنهجية للدراسة:

1- منهج الدراسة:

استخدم الباحث في هذه الدراسة المنهج الوصفي التحليلي الذي لا يقتصر على وصف الظاهرة أو المشكلة المراد دراستها، بل يتعداه إلى جمع المعلومات عنها ويفسرها ويحللها ويقومها، ويربط مدلولاتها أملا في الوصول إلى أفضل الاستنتاجات التي تسهم في فهم الواقع وتطويره، (العساف، 1416هـ). وهذا المنهج يركز على دراسة الواقع أو الظاهرة كما توجد ويصفها وصفاً دقيقاً ويعبر عنها كيفياً أو كمياً، فالتعبير الكيفي يصف الظاهرة ويوضح خصائصها، أما التعبير الكمي فيعطي وصفاً رقمياً يوضح مقدار هذه الظاهرة ودرجات ارتباطها مع الظواهر المختلفة الأخرى، (عبيدات وآخرون, 1993م).

2- مجتمع الدراسة:

يتكون مجتمع الدراسة من معلمي المعاهد العلمية في المملكة العربية السعودية البالغ عددهم (1539) معلما وذلك حسب إحصائية إدارة الإشراف التربوي بوكالة الجامعة لشؤون المعاهد العلمية خلال الفصل الدراسي الثاني من العام الدراسي 1428/27هـ

3- عينة الدراسة:

يؤكد (العساف، 1416هـ) أن الأصل في البحوث العلمية أن تجرى على جميع أفراد المجتمع لأن ذلك أدعى لصدق النتائج، ولكن يلجأ الباحث لاختيار عينة منهم إذا

تعذر ذلك بسبب كثرة عددهم. لذا فقد بلغ عدد عينة الدراسة (385) معلما اختيروا بطريقة عشوائية، أي بنسبة بلغت 25% من مجتمع الدراسة.

4- أداة الدراسة:

صمم الباحث استبانة خاصة بأهداف هذه الدراسة، وفيما يلي وصف لخطوات بناء الاستبانة ومحاورها وحساب صدقها وثباتها.

4. 1. بناء الأداة:

اعتمد الباحث في بناء أداة الدراسة على البحوث والدراسات المحلية والعربية والأجنبية خاصة تلك التي تحدثت عن ضغوط العمل لدى المعلمين والسلوك القيادي لدى المديرين.

4. 2. محاور الأداة:

اشتملت الأداة -الاستبانة- على محاور أربعة؛ المحور الأول يتعلق بالبيانات الأولية كالخبرة والعمر، والمحور الثاني يتعلق بضغوط العمل لدى المعلمين التي قسمت إلى أقسام أربعة؛ هي الضغوط المادية والنفسية والمهنية والتنظيمية، وقد جاءت في عشرين عبارة، كل قسم منها يتكون من خمس عبارات.

أما المحور الثالث الذي يتعلق بالسلوك القيادي بنوعيه التنظيمي والإنساني، فقد تكونت عباراته من ثلاثين عبارة، كل نوع يتكون من خمسة عشر عبارة. والمحور الرابع خصص للمقترحات التي يرى المعلم مناسبتها وضرورة التطرق لها.

4. 3. صدق الأداة:

عرض الباحث الأداة -الاستبانة- على مجموعة من الخبراء المختصين لمعرفة مدى صلاحية عبارات كل محور من الاستبانة ومدى انتمائها لكل محور، وكذلك التأكد من الوضوح والمناسبة والسلامة اللغوية لكل عبارة، وقد أجمع المحكمون على صلاحية الاستبانة بشكل عام، كما طلبوا تعديل أو حذف بعض العبارات واقترحوا بعض العبارات

البديلة، وتم الأخذ بهذه التعديلات والاقتراحات، وبذلك أصبحت الاستبانة تتصف بدرجة من الصدق يمكن من استخدامها لأغراض تحقيق أهداف الدراسة والإجابة عن أسئلتها.

4. 4. ثبات الأداة:

قام الباحث بحساب ثبات الاستبانة بواسطة اختبار (ألفا، Alpha)، حيث تم حساب معامل الارتباط بين درجات التطبيق الاستطلاعي لعينة عشوائية من المعلمين، ودرجة نفس العينة في التطبيق النهائي، وقد بلغ معامل الارتباط بين التطبيقين للاستبانة(0.9003) في المرة الأولى، أما في المرة الثانية فقد بلغ معامل الارتباط (0.8356) وهما قيمتا ثبات مرتفعة.

5- المعالجة الإحصائية:

جمع الباحث المعلومات اللازمة ثم قام بتحليلها من خلال البرنامج الإحصائي للعلوم الاجتماعية (SPSS), وقد استخدم الباحث عدداً من الأساليب الإحصائية المناسبة لطبيعة هذه الدراسة, وهي كما يلي:

1- التكرارت والنسب المئوية، والمتوسط الحسابي والانحراف المعياري.
2- استخدام معامل ارتباط بيرسون (Pearson Correlation).
3- استخدام تحليل التباين الأحادي (Anova Oneway).

وقد اعتمد الباحث في تحديد درجة ضغوط العمل لدى المعلمين والسلوك القيادي لدى مديري المعاهد العلمية على معيار خماسي متدرج, ونظرا لكون مدى الموافقة أو الممارسة يساوي (4) وهو الفرق بين أعلى درجة (5) وأدنى درجة (1)؛ وبقسمة المدى (4) على عدد الفئات (5) يصبح طول الفئة (0.80), والجدول رقم (1) يوضح معيار التقدير الخماسي والقيمة الوزنية لدرجة الضغط أو الموافقة على عبارات السلوك القيادي.

جدول رقم (1)
معيار التقدير الخماسي والقيمة الوزنية
لدرجة الضغط أو الموافقة

مدى الموافقة أو الممارسة	الدرجة	القيمة الوزنية
كبيرة جدا أو دائما	خمس درجات	من (4.2) إلى (5)
كبيرة أو غالبا	أربع درجات	من (3.4) إلى أقل من (4.2)
متوسطة أو أحيانا	ثلاث درجات	من (2.6) إلى أقل من (3.4)
ضعيفة أو نادرا	درجتان	من (1.8) إلى أقل من (2.6)
ضعيفة جدا أو أبدا	درجة واحدة	من (1) إلى أقل من (1.8)

وبهذا يكتمل عرض الإجراءات المنهجية للدراسة، وينتقل الباحث إلى عرض نتائج الدراسة الميدانية ومناقشتها.

ثانياً: عرض نتائج الدراسة ومناقشتها:

هدفت هذه الدراسة إلى تحديد درجة ضغوط العمل لدى معلمي المعاهد العلمية، ومعرفة ضغوط العمل الأكثر انتشارا لديهم، ومعرفة العلاقة بين متغيري العمر والخبرة مع ضغوط العمل، وتحديد نوع السلوك القيادي لدى مديري المعاهد العلمية، ومعرفة العلاقة بين درجة ضغوط العمل لدى المعلمين والسلوك القيادي لدى مديري المعاهد العلمية.

ويقدم الباحث وصفا لأفراد عينة الدراسة من حيث الخبرة في التدريس والعمر. والجدول رقم (2) ورقم (3) يوضحان سنوات الخبرة والعمر لدى العينة:

جدول رقم (2)
الخبرة لدى أفراد عينة الدراسة

الخبرة لدى أفراد العينة	التكرار	النسبة المئوية
أقل من خمس سنوات	39	11.8
من خمس سنوات إلى عشر سنوات	73	22.1
أكثر من عشر سنوات	218	66.1
لم يبيّن	20	0
المجموع	355	100

جدول رقم (3)
العمر لدى أفراد عينة الدراسة

العمر لدى أفراد العينة	التكرار	النسبة المئوية
أقل من 35 سنة	115	35.5
من 35 سنة إلى 50 سنة	190	58.6
أكثر من 50 سنة	19	5.9
لم يبيّن	31	0
المجموع	355	100

وقد تبيّن من نتائج الجدول رقم (2) أن 66.1% من أفراد عينة الدراسة تزيد خبرتهم في المعاهد العلمية عن عشر سنوات، ثم فئة من خمس إلى عشر سنوات في المرتبة الثانية بنسبة مئوية بلغت 22.1% وأخيرا أصحاب الخبر التي هي أقل من خمس سنوات، حيث بلغت نسبتهم المئوية 11.8%. كما امتنع عن إيضاح الخبرة (20) فردا من أفراد عينة الدراسة، ولم يوضحوا سبب الامتناع عن بيان سنوات خبرتهم في المعاهد العلمية. وتؤكد هذه النتائج أن 88.2% من أفراد عينة الدراسة لديهم خبرة خمس سنوات في التدريس بالمعاهد العلمية، وهذه المدة كافية جدا للحكم على مستوى ضغوط العمل، وكذلك تحديد ضغوط العمل الأكثر انتشارا، وتحديد السلوك القيادي لدى مديري المعاهد العلمية.

كما تبيّن من نتائج الجدول رقم (3) أن 58.6% من أفراد عينة الدراسة من الفئة العمرية (من 35 إلى 50 سنة)، يلي ذلك الفئة (أقل من 35 سنة) بنسبة بلغت 35.5% وأخيرا الفئة الثالثة (أكثر من 50 سنة) إذ بلغت 5.9% من أفراد عينة الدراسة، كما امتنع عن بيان العمر (31) فردا من دون بيان السبب. وتؤكد هذه النتيجة أن 64.5% من أفراد عينة الدراسة أعمارهم أكثر من 35 سنة مما يدلل على قدرتهم على تحديد مستوى ضغوط العمل المهنية والنفسية والتنظيمية والمادية التي يواجهونها كمعلمين في المعاهد العلمية.

وهنا يتم عرض نتائج الدراسة ومناقشتها ابتداء بالسؤال الأول للدراسة:

1- إجابة السؤال الأول:

يعرض الباحث نتائج السؤال الأول من أسئلة هذه الدراسة المتعلق بمعرفة مدى ضغوط العمل لدى معلمي المعاهد العلمية من وجهة نظرهم، والجدول رقم (4) يوضح استجابات المعلمين لجميع عبارات ضغوط العمل. والعبارات العشرين جاءت مرتبة حسب أعلى متوسط حسابي، حيث جاءت العبارة "قلة الحوافز المادية الأخرى" كأعلى عبارة تسبب ضغوطا للمعلمين، حيث بلغ المتوسط الحسابي 5 من 5 والانحراف المعياري 1.306، والذي يدل على انحراف وتباعد هذه العبارة عن متوسط استجابات عينة الدراسة لهذه العبارة التي هي من عبارات الضغوط المادية.

جدول رقم (4)
يوضح استجابات المعلمين لجميع عبارات ضغوط العمل

الانحراف المعياري	المتوسط الحسابي	العبـــارة	م
1.306	5	قلة الحوافز المادية الأخرى	1
1.106	4.78	لا يتعاون أولياء أمور الطلاب في حل مشكلات أبنائهم	2
1.557	4.47	لا تتيح لي وظيفتي الحالية فرصا جيدة للترقي الوظيفي	3
1.370	4.42	فرص النمو المهني في عملي محدودة	4
1.415	4.11	أفتقد إلى الدعم والمساندة المهنية من الإشراف التربوي	5
1.363	3.94	لا يساعدني عملي على تنمية قدراتي	6
1.326	3.90	لا تحرص إدارة المعهد على إقامة دورات تدريبية	7
1.326	3.76	لا أستطيع توفير الموارد المالية اللازمة لبعض الأنشطة	8
1.276	3.68	أشعر بالرتابة والملل من نمطية عملي كمعلم	9
1.232	3.68	أعاني من قلة تفاعل المعلمين بالمعهد مع بعضهم البعض اجتماعيا	10
1.310	3.65	قلة الإمكانات المادية المتاحة بالمعهد تزيد من أعبائي كمعلم	11
1.331	3.60	أقف عاجزا أمام نقص الاعتمادات المالية بالمعهد	12
1.059	3.33	أعاني من كثرة متطلبات العمل بالمعهد	13
1.241	3.29	لا توفر إدارة المعهد فرص الإبداع والابتكار في العمل	14
1.181	3.26	لا أشعر بأن الراتب الذي أتقاضاه نظير عملي كافيا	15
1.249	3.22	لا أشعر بتحقيق ذاتي من خلال عملي في المعهد	16
1.071	3.01	مسؤولياتي كمعلم غير محددة بصورة دقيقة	17
1.101	2.87	أعمل في ظل قرارات متضاربة	18
0.998	2.87	أعاني من كثرة صراعات العمل بين الزملاء	19
1.098	2.71	لا أشعر بالأمان والاستقرار في عملي الحالي	20
1.245	3.67	المتوسط	21

ثم جاءت العبارة الثانية "لا يتعاون أولياء أمور الطلاب في حل مشكلات أبنائهم" في المرتبة الثانية بمتوسط حسابي بلغ 4.78، وهي من ضغوط العمل النفسية، أما العبارة التي جاءت في المرتبة الثالثة فهي "لا تتيح لي وظيفتي الحالية فرصا جيدة للترقي الوظيفي" بمتوسط حسابي بلغ 4.47، وهي من ضغوط العمل التنظيمية، أما العبارة الرابعة فهي "فرص النمو المهني في عملي محدودة" بمتوسط حسابي بلغ 4.42، وهي من ضغوط العمل المهنية. ويلاحظ أن كل عبارة من العبارات الأولى الأربع جاءت من محور مختلف.

وبالنظر كذلك إلى الجدول رقم (4) يتبيّن أن أقل عبارات ضغوط العمل لدى المعلمين كانت "أعمل في ظل قرارات متضاربة" و"أعاني من كثرة صراعات العمل بين الزملاء" بمتوسط حسابي بلغ 2.87 لكل عبارة، أما عبارة "لا أشعر بالأمان والاستقرار في عملي الحالي" فقد بلغ المتوسط الحسابي لها 2.71 كأقل عبارة من عبارات ضغوط العمل لدى المعلمين.

أما المتوسط الحسابي لجميع عبارات ضغوط العمل لدى معلمي المعاهد العلمية فقد بلغ 3.67 مما يعني أن ضغوط العمل لديهم كبيرة، وتركز الانحراف المعياري في مستوى 1.245.

وهذه النتائج المتعلقة بالسؤال الأول لهذه الدراسة تتفق مع نتائج دراسات عديدة لعل من أهمها دراسة (دوائي 1989م، وعبدالمقصود وطاحون 1993م، وحسني ومحمود 1993م، والغامدي 1421هـ).

فقد أكدت نتائج دراسة دوائي 1989م أن المعلم الأردني يعاني من احتراق نفسي بدرجة متوسطة، وأكدت نتائج دراسة عبدالمقصود وطاحون 1993م أن متوسط الضغوط لدى المعلمين في مصر أعلى من المعلمين في المملكة العربية السعودية، وأكدت نتائج دراسة حسني ومحمود 1993م أن المعلمين بصفة عامة يعانون من ضغوط عمل بدرجة كبيرة، وكذلك أكدت نتائج دراسة الغامدي 1421هـ أن المعلمين يتعرضون لضغوط عمل عالية جدا في نقص الدافعية والضيق بالمهنة وزيادة العبء المهني.

2- إجابة السؤال الثاني:

يعرض الباحث نتائج السؤال الثاني المتعلق بتحديد ضغوط العمل الأكثر انتشارا لدى معلمي المعاهد العلمية، والجداول رقم (5، 6، 7، 8) توضح استجابات المعلمين في محاور ضغوط العمل الأربعة؛ المهنية والمادية والتنظيمية والنفسية. وبالنظر إلى هذه الجدول الأربعة يتبيّن أن ضغوط العمل الأكثر انتشارا لدى معلمي المعاهد العلمية هي الضغوط المهنية بمتوسط حسابي بلغ 3.9 والانحراف المعياري 1.356، يلي ذلك الضغوط المادية بمتوسط حسابي 3.8 والانحراف المعياري 1.290، ثم في المرتبة الثالثة جاءت الضغوط التنظيمية بمتوسط حسابي بلغ 3.4 والانحراف المعياري 1.212، وفي نفس المرتبة جاءت الضغوط النفسية بمتوسط حسابي بلغ 3.4 والانحراف المعياري 1.136.

جدول رقم (5)

يوضح استجابات المعلمين في محور ضغوط العمل المهنية

م	العبـارة	ضغط بدرجة					المتوسط الحسابي	الانحراف المعياري
		كبيرة جدا	كبيرة	متوسطة	ضعيفة	ضعيفة جدا		
1	فرص النمو المهني في عملي محدودة	%30	%20.9	%22.3	%14.6	%12.3	4.42	1.370
2	أفتقد إلى الدعم والمساندة المهنية من الإشراف التربوي	%23.1	%17.4	%25.1	%15.4	%18.9	4.11	1.370
3	لا يساعدني عملي على تنمية قدراتي	%16.4	%20.1	%24.7	%18.4	%20.4	3.94	1.363
4	لا تحرص إدارة المعهد على إقامة دورات تدريبية	%19.8	%16.3	%20.6	%20.3	%23	3.9	1.439
5	لا تـوفر إدارة المعهـد فـرص الإبـداع والابتكار في العمل	%7.8	%9.2	%20.8	%28.3	%33.8	3.29	1.241
6	متوسط المحور						3.9	1.356

وبالنظر إلى الجدول رقم (5) أعلاه يتضح أن آراء المعلمين في محور ضغوط العمل المهنية قد تركزت في أن "فرص النمو المهني في عملي محدودة" حيث أكد المعلمون أن هذه العبارة تشكل لهم ضغطا بدرجة كبيرة جدا. وجاءت العبارة "أفتقد إلى الدعم والمساندة المهنية من الإشراف التربوي" في المرتبة الثانية، حيث أكدوا وجودها بدرجة كبيرة. وقد حصلت كذلك عبارات هذا المحور على تأييد المعلمين مثل عدم حرص إدارة المعهد على إقامة دورات تدريبية أو توفر فرص الإبداع والابتكار في العمل، إلا أنها أقل من غيرها من عبارات هذا المحور، حيث بلغ المتوسط الحسابي 3.9 و3.29 على التوالي.

والجدول رقم (6) أدناه يوضح استجابات المعلمين في محور ضغوط العمل المادية، حيث أكد المعلمون أن "قلة الحوافز المادية الأخرى" هي أعلى عبارة تسبب ضغوط العمل المادية بدرجة كبيرة جدا، فقد حظيت بمتوسط حسابي بلغ 5 من 5 كأعلى عبارة على الإطلاق. وجاء في المرتبة الأقل عبارة "لا أشعر بأن الراتب الذي أتقاضاه نظير عملي كافيا" بمتوسط حسابي بلغ 3.26 والذي يعني أن هذه العبارة تشكل ضغطا بدرجة متوسطة.

جدول رقم (6)

يوضح استجابات المعلمين في محور ضغوط العمل المادية

الانحراف المعياري	المتوسط الحسابي	ضغط بدرجة					العبـارة	م
		ضعيفة جدا	ضعيفة	متوسطة	كبيرة	كبيرة جدا		
1.306	5	9.7%	4.9%	12%	22.3%	51.1%	قلة الحوافز المادية الأخرى	1
1.326	3.76	13.7%	19.9%	24%	21.1%	11.3%	لا أستطيع توفير الموارد المالية اللازمة لبعض الأنشطة	2
1.310	3.65	23.3%	27.3%	23%	14.2%	12.2%	قلة الإمكانات المادية المتاحة بالمعهد تزيد من أعبائي كمعلم	3
1.331	3.6	26.4%	25.5%	22%	14.2%	11.9%	أقف عاجزا أمام نقص الاعتمادات المالية بالمعهد	4
1.181	3.26	34.7%	24.3%	26.3%	9.5%	5.2%	لا أشعر بأن الراتب الذي أتقاضاه نظير عملي كافيا	5
1.290	3.8						متوسط المحور	6

جدول رقم (7)

يوضح استجابات المعلمين في محور ضغوط العمل التنظيمية

الانحراف المعياري	المتوسط الحسابي	ضغط بدرجة					العبـارة	م
		ضعيفة جدا	ضعيفة	متوسطة	كبيرة	كبيرة جدا		
1.557	4.47	20.2%	9.8%	11%	21%	38%	لا تتيح لي وظيفتي الحالية فرصا جيدة للترقي الوظيفي	1
1.276	3.68	22.3%	23.7%	30%	12%	12%	أشعر بالرتابة والملل من نمطية عملي كمعلم	2
1.059	3.33	23.6%	36.9%	27.3%	7.7%	4.5%	أعاني من كثرة متطلبات العمل بالمعهد	3
1.071	3.01	40.1%	30.9%	20.1%	5.2%	3.7%	مسؤولياتي كمعلم غير محددة بصورة دقيقة	4
1.101	2.87	49.3%	28.5%	11.4%	7.1%	3.7%	أعمل في ظل قرارات متضاربة	5
1.212	3.4						متوسط المحور	6

والجدول رقم (7) أعلاه يوضح استجابات المعلمين في محور ضغوط العمل التنظيمية حيث جاءت عبارة "لا تتيح لي وظيفتي الحالية فرصا جيدة للترقي الوظيفي" بالمرتبة الأولى من العبارات وبدرجة كبيرة جدا، إذ بلغ المتوسط الحسابي 4.47. أما العبارة الأقل في هذا المحور فقد جاءت "أعمل في ظل قرارات متضاربة"، إذ بلغ المتوسط الحسابي 2.87 أي بدرجة متوسطة.

جدول رقم (8)

يوضح استجابات المعلمين في محور ضغوط العمل النفسية

الانحراف المعياري	المتوسط الحسابي	ضغط بدرجة					العبارة	م
		ضعيفة جدا	ضعيفة	متوسطة	كبيرة	كبيرة جدا		
1.106	4.78	%3.4	%10.2	%23	%31.3	%32.1	لا يتعاون أولياء أمور الطلاب في حل مشكلات أبنائهم	1
1.232	3.68	%21.6	%22.4	%31.5	%15.1	%9.4	أعاني من قلة تفاعل المعلمين بالمعهد مع بعضهم البعض اجتماعيا	2
1.249	3.22	%39.7	%22.1	%21.3	%10.6	%6.3	لا أشعر بتحقيق ذاتي من خلال عملي في المعهد	3
0.998	2.87	%44.7	%33.8	%14.6	%4	%2.9	أعاني من كثرة صراعات العمل بين الزملاء	4
1.098	2.71	%61.6	%19	%10.5	%4.5	%4.3	لا أشعر بالأمان والاستقرار في عملي الحالي	5
1.136	3.4						متوسط المحور	6

والجدول رقم (8) يوضح استجابات المعلمين في محور ضغوط العمل النفسية، وفي هذا المحور أخذت عبارة واحدة فقط درجة كبيرة جدا، وعبارة أخرى أخذت درجة كبيرة، وثلاث عبارات أخذت درجة متوسطة. وقد جاءت العبارة "لا يتعاون أولياء أمور الطلاب في حل مشكلات أبنائهم" كأعلى عبارة حظيت برأي المعلمين في أنها تشكل ضغطا نفسيا عليهم، إذ بلغ المتوسط الحسابي 4.78. وجاءت العبارة "لا أشعر بالأمان

والاستقرار في عملي الحالي" كأقل عبارة حظيت بضغط نفسي ـ على المعلمين إذ بلغ المتوسط الحسابي 2.71، أي بدرجة متوسطة.

وهذه النتائج المتعلقة بالسؤال الثاني لهذه الدراسة تتفق مع نتائج دراسات عديدة من أهمها دراسة (بسطا 1990م، والزهراني 1411هـ وعبدالحافظ 1993م، وباقرضوض 1416هـ وزيدان 1997م، والتويجري 1426هـ).

فقد أكدت نتائج دراسة بسطا 1990م أن المعلمين والمعلمات بجمهورية مصر العربية يعانون من ضغوط العمل وأن أهم ثلاثة أبعاد لمصادر ضغوط العمل تتمثل في كثافة الفصول وحالة الحجرات في المدرسة، ومشكلات تتعلق بالنمو المهني للمعلم، ونتيجة دراسة الزهراني 1411هـ التي اكتشفت وجود ضغوط مهنية لدى المعلمين، ونتيجة دراسة عبدالحافظ 1993م التي بيّنت أن المعلمات غير السعوديات أكثر تعرضا للضغوط المهنية المتعلقة بالشكوى من سلوك التلميذات والتقدير المهني وقلة الراتب، ونتيجة دراسة باقرضوض 1416هـ التي بيّن فيها المعلمون أن أعباء العمل الوظيفي هي المصدر الأساس لضغوط العمل، ونتيجة دراسة زيدان 1997م التي أكد فيها أن المعلمين يعانون من الضغوط المهنية بدرجة كبيرة، ونتيجة دراسة التويجري 1426هـ التي أكدت فيها المعلمات أن أبرز الضغوط التي يواجهنها تتعلق بالجانب المادي ثم التنظيمي.

3- إجابة السؤال الثالث:

يعرض الباحث نتائج السؤال الثالث المتعلق ببيان العلاقة بين ضغوط العمل لدى معلمي المعاهد العلمية وبين متغيري العمر والخبرة، والجدول رقم (9) ورقم (10) يوضحان علاقة ضغوط العمل باختلاف العمر والخبرة لدى المعلمين، ونتائج الجدولين تؤكد عدم وجود أي علاقة إحصائية دالة بين ضغوط العمل وبين متغيري العمر أو الخبرة لدى معلمي المعاهد العلمية.

وهذه النتائج المتعلقة بالسؤال الثالث لهذه الدراسة تتفق مع نتائج دراسات عديدة من أهمها دراسة (ياركندي 1993م، وباقرضوض 1416هـ والسلمان 1420هـ والغامدي 1421هـ) مع نتيجة الدراسة الحالية فيما يتعلق بعلاقة ضغوط العمل باختلاف الخبرة

لدى المعلمين، حيث لم تجد أي علاقة دالة إحصائيا بين ضغوط العمل لدى المعلمين وبين خبرتهم.

وفي المقابل فقد اختلفت نتائج دراسة (الفرماوي 1990م، واليوسفي 1990م، وعبدالحافظ 1993م، وعبدالمقصود وخان 1993م،والتويجري 1426هـ) مع نتيجة الدراسة الحالية فيما يتعلق بعلاقة ضغوط العمل باختلاف الخبرة لدى المعلمين، حيث بيّنت أن ضغوط العمل لدى معلمي التعليم العام تقل بزيادة خبرة المعلمين.

كما أن الدراسة الحالية لم تجد أي علاقة دالة إحصائيا بين ضغوط العمل لدى المعلمين وبين العمر، وهي بهذه النتيجة تتفق مع دراسات عدة منها دراسة (السلمان 1420هـ والغامدي 1421هـ)، وتختلف مع دراسة واحدة هي دراسة باقرضوض 1416هـ التي وجدت أثرا محدودا للعمر مع ضغوط العمل.

جدول رقم (9)
تحليل التباين الأحادي لدلالة الفروق
بين ضغوط العمل والعمر لدى المعلمين

مصدر التباين	مجموع المربعات	درجات الحرية	متوسط مجموع المربعات	قيمة ف	مستوى الدلالة
بين المجموعات	1119.033	2	559.517	2.519	0.82
داخل المجموعات	71302.732	321	222.127		
المجموع	72421.765	323			

جدول رقم (10)
تحليل التباين الأحادي لدلالة الفروق
بين ضغوط العمل والخبرة لدى المعلمين

مصدر التباين	مجموع المربعات	درجات الحرية	متوسط مجموع المربعات	قيمة ف	مستوى الدلالة
بين المجموعات	770.452	2	385.226	1.751	0.175
داخل المجموعات	71953.745	327	220.042		
المجموع	72421.765	323			

4- إجابة السؤال الرابع:

يعرض الباحث نتائج السؤال الرابع المتعلق بتحديد السلوك القيادي المتبع لدى مديري المعاهـد العلميـة من وجهة نظر المعلمين، والجدول رقم (11) يوضح استجابات المعلمين نحو تحديد السلوك القيادي التنظيمي لدى مديري المعاهد العلمية، حيث دلت النتائج عـلى توافـق عـال مـن قبـل المعلمـين عـلى عبـارات السـلوك القيـادي التنظيمي، وذلك من خلال القيم الكبيرة للمتوسط الحسابي لأغلب عبارات هذا المحور، كما يتضح ذلـك أيضـا مـن خلال قيمة المتوسط العام لعبارات هذا المحور(المتوسط = 4.8)، وبهذه النتيجة فإن معلمي المعاهد العلمية يرون أن السلوك القيادي التنظيمي هو السلوك المتبع لدى مديري تلك المعاهد، وحيث إن الاتجـاه في الإدارة التقليديـة يتمثل في تغليب البعد المؤسسي على البعد الشخصي، لذا فإن مديري المعاهد العلمية يتجهون إلى الإدارة التقليدية من خلال إتباعهم للسلوك القيادي التنظيمي.

جدول رقم (11)
يوضح استجابات المعلمين للسلوك القيادي التنظيمي

م	العبـــارة	المتوسط الحسابي	الانحراف المعياري
1	يحرص أن تكون اتجاهاته واضحة لدى المعلمين	5	1.4
2	يجرب أفكاره الجديدة مع المعلمين	4	0.995
3	يدير العمل بيد من حديد	5	1.4
4	ينتقد العمل الرديء	4.9	1.3
5	يتحدث بطريقة لا تدعو إلى السؤال والاستفسار	4	0.995
6	يسند واجبات محددة للمعلمين	5	1.4
7	يعمل بدون خطة	4.8	1.3
8	يضع للمعلمين مستويات أداء محددة للعمل	4.8	1.3
9	يؤكد على أهمية وفاء المعلمين بالعمل في المدة المحددة	5	1.4
10	يشجع على استخدام إجراءات عمل موحدة معلومة	5	1.4
11	يحرص على أن يكون دوره في العمل واضحا ومفهوما لكل معلم	5	1.4
12	يتابع التزام المعلمين بالقواعد واللوائح المنظمة	5	1.4
13	يهتم بأن يعرف المعلم ما هو متوقع من عمله	4.8	1.3
14	يهتم بأن يرى المعلم يعمل بأقصى طاقة لديه	5	1.4
15	يهتم بأن يكون العمل الذي يؤدى يتم بالتنسيق والتعاون	4.7	1.2
16	المتوسط	4.8	1.306

وقد حظيت ثمان عبارات من بين عبارات السلوك القيادي التنظيمي على متوسط حسابي قدره 5 من 5 والانحراف المعياري 1.4، والذي يدل على انحراف وتباعد هذه العبارة عن متوسط استجابات عينة الدراسة لهذه العبارات، وهي العبارات التالية: "يحرص أن تكون اتجاهاته واضحة لدى المعلمين"، "يدير العمل بيد من حديد"، "يسند واجبات محددة للمعلمين"، "يؤكد على أهمية وفاء المعلمين بالعمل في المدة المحددة"،

"يشجع على استخدام إجراءات عمل موحدة معلومة"، "يحرص على أن يكون دوره في العمل واضحا ومفهوما لكل معلم"، "يتابع التزام المعلمين بالقواعد واللوائح المنظمة"، "يهتم بأن يرى المعلم يعمل بأقصى طاقة لديه".

وجاءت أقل عبارة من عبارات هذا القسم بمتوسط حسابي قدره 4.7 من 5 والانحراف المعياري 1.2، وهي العبارة "يهتم بأن يكون العمل الذي يؤدى يتم بالتنسيق والتعاون".

كما تدل نتائج الجدول رقم (12) على استجابات معلمي المعاهد العلمية لعبارات السلوك القيادي الإنساني، وتبيّن النتائج أن عبارة "شخص يسهل فهمه" لها أعلى قيمة للمتوسط 5 من 5، كذلك جاءت العبارة "يؤدي أعمالا بسيطة تجعل المعلمين معه سعداء" في الترتيب الثاني ولها ثاني أعلى قيمة للمتوسط 4.3، ثم العبارات "راغب في إحداث تغييرات ايجابية " و"يشعر المعلمين أنهم على راحتهم" في الترتيب الثالث ثم عبارات: "يعامل كل المعلمين كزملاء له" و"صادق ويشجع على الاقتراب منه" و"يرفض أن يقوم بتفسير ما يقوم به من أعمال" في الترتيب الرابع . ثم عبارة "يقدم خدمات شخصية للمعلمين" في الترتيب الخامس. وإجمالا تعطي استجابات المعلمين لعبارات محور السلوك الإنساني متوسط عام قدره 3.8 وانحراف معياري 1.105.

وهذه النتائج المتعلقة بالسؤال الرابع لهذه الدراسة تتفق مع نتائج دراسة القاسم 1411هـ حيث أكدت المديرات أنهن يملن إلى الأسلوب القيادي العملي أي القيادي التنظيمي، كما أكدت دراسة الهدهود والجبر 1985م بشكل عام اهتمام المديرين والمديرات بجانب السلوك القيادي الوظيفي أو التنظيمي.

جدول رقم (12)
يوضح استجابات المعلمين للسلوك القيادي الإنساني

الانحراف المعياري	المتوسط الحسابي	العبارة	م
1	3.9	يقدم خدمات شخصية للمعلمين	1
1.3	4.3	يؤدي أعمالا بسيطة تجعل المعلمين معه سعداء	2
2	5	شخص يسهل فهمه	3
1	3.9	يجد الوقت ليصغي للمعلمين	4
1	3.1	يبتعد بنفسه عن الآخرين (منغلق على ذاته)	5
1	3.5	يهتم بالمصالح الشخصية لكل معلم	6
1.1	4	يرفض أن يقوم بتفسير ما يقوم به من أعمال	7
1	3	يعمل بدون استشارة المعلمين	8
0.882	3.1	بطيء في قبول الأفكار الجديدة	9
1.1	4	يعامل كل المعلمين كزملاء له	10
1.1	4.1	راغب في إحداث تغييرات إيجابية	11
1	4	صادق ويشجع على الاقتراب منه	12
1.1	4.1	يُشعر المعلمين أنهم على راحتهم عندما يتحدثون معه	13
1	3.5	يضع اقتراحات المعلمين موضع التنفيذ العملي	14
1	3.5	يحصل على موافقة المعلمين في الأمور الهامة قبل أن يخطو للأمام في معالجتها	15
1.105	3.8	المتوسط	16

فيما اختلف نتائج الدراسات (الهدهود والجبر 1985م، والقاسم 1411هـ والغامدي 1420هـ) مع الدراسة الحالية، حيث أكدت دراسة الهدهود والجبر 1985م اهتمام المديرات بجانب السلوك القيادي الإنساني، فيما أكدت دراسة القاسم 1411هـ

اهتمام المديرين بجانب السلوك القيادي الإنساني، أما دراسة الغامدي 1420هـ فقد أكدت أن المديرين يمارسون البعد التنظيمي وكذلك يمارسون البعد الإنساني إلا أن الدلالة الإحصائية تتجه نحو السلوك القيادي للمدير الذي يهتم بالعاملين، أي نحو السلوك الإنساني.

5- إجابة السؤال الخامس:

يعرض الباحث نتائج السؤال الخامس المتعلق ببيان العلاقة بين ضغوط العمل لدى المعلمين وبين السلوك القيادي لدى مديري المعاهد العلمية في الجدول رقم (13)، فالجدول يبيّن قيمة معامل الارتباط لعلاقة جميع عبارات ضغوط العمل (العبارات التي وردت في جدول رقم 4) وعبارات السلوك القيادي التنظيمي (العبارات التي وردت في جدول رقم 11). وتدل نتائج الجدول رقم (13) على وجود علاقة ارتباطيه موجبة ومتوسطة ودالة إحصائيا عند مستوى دلالة (0.05) بين ضغوط العمل لدى المعلمين وبين السلوك القيادي التنظيمي لدى مديري المعاهد العلمية.

جدول رقم (13)
يوضح علاقة ضغوط العمل بالسلوك القيادي التنظيمي

م	ضغوط العمل	السلوك القيادي التنظيمي
1	Pearson Correlation	*0.57
2	الدلالة	0.02
3	العدد	355

* دلالة عند مستوى (0.05)

كما يبيّن الجدول رقم (14) قيمة معامل الارتباط بين عبارات ضغوط العمل (العبارات التي وردت في جدول رقم 4) وعبارات السلوك القيادي الإنساني (العبارات التي وردت في جدول رقم 12)، وتدل نتائج الجدول رقم (14) على وجود علاقة ارتباطيه عكسية ودالة إحصائيا عند مستوى الدلالة (0.01) بين ضغوط العمل لدى المعلمين وبين عبارات السلوك القيادي الإنساني.

دول رقم (14)

يوضح علاقة ضغوط العمل بالسلوك القيادي الإنساني

م	ضغـوط العمـل	السلوك القيادي الإنساني
1	Pearson Correlation	**0.71-
2	الدلالة	0.00
3	العدد	355

** دلالة عند مستوى (0.01)

جدول (15)

يوضح علاقة ضغوط العمل بالسلوك القيادي إجمالا

م	ضغوط العمل TA	السلوك القيادي TB
1	Pearson Correlation	**0.66 -
2	الدلالة	0.00
3	العدد	355

** دلالة عند مستوى (0.01)

ويبيّن الجدول رقم (15) علاقة ضغوط العمل لدى المعلمين بالسلوك القيادي لدى المديرين، والنتائج توضح وجود علاقة ارتباطيه عكسية ومتوسطة ودالة إحصائيا عند مستوى الدلالة (0.01) بين ضغوط العمل لدى المعلمين وبين جميع عبارات السلوك القيادي إجمالا (التنظيمي والإنساني).

وهذه النتائج المتعلقة بالسؤال الخامس لهذه الدراسة تختلف مع نتائج دراسة (كونز وهوي Kunz & Hoy 1976م، وشاهدبور Shahidehpour، 1986م) التي بيّنت أنه كلما زادت ضغوط العمل لدى المرؤوسين تبيّن أن السلوك القيادي الإنساني هو السلوك القيادي المتبع لدى المديرين، بينما أكدت دراسة ياركندي 2003م عدم وجود علاقة بين ضغوط العمل والقيادة التربوية. وبهذا تختلف الدراسة الحالية في نتائجها مع الدراسات السابقة، حيث دلت النتائج على وجود علاقة ارتباطيه موجبة ومتوسطة ودالة إحصائيا

عند مستوى دلالة (0.05) بين ضغوط العمل لدى معلمي المعاهد العلمية وبين السلوك القيادي التنظيمي لـدى مديري المعاهد العلمية.

ثالثاً: أهم النتائج والتوصيات:

حدد الباحث أهداف هذه الدراسة وأجاب عن أسئلتها من خلال عرض ما سبق من النتائج ويسلط الضوء فيما يلي على أهم النتائج التي توصل إليها، وكذلك ما توصل إليه من توصيات ومقترحات لبحوث مستقبلية.

1- أهم النتائج:

يعرض الباحث أهم نتائج هذه الدراسة من خلال إجابة أسئلة الدراسة الخمسة:

1.1. حدد الباحث السؤال الأول لهذه الدراسة بما مدى ضغوط العمل لدى معلمي المعاهـد العلميـة مـن وجهـة نظرهم، وبلغ المتوسط الحسابي لإجابات المعلمين عن هذا السؤال 3.67 من 5، مما يعني أن ضغوط العمل لديهم كبيرة، وتركز الانحراف المعياري في مستوى 1.245.

2.1. حدد الباحث السؤال الثاني لهذه الدراسة بما هي ضغوط العمل الأكثر انتشارا لدى معلمي المعاهـد العلميـة من وجهة نظرهم، حيث تبيّن أن ضغوط العمل الأكثر انتشارا لدى معلمي المعاهد العلمية هي الضـغوط المهنية بمتوسط حسابي بلغ 3.9 والانحراف المعياري 1.356، يلي ذلك الضغوط المادية بمتوسط حسابي 3.8 والانحراف المعياري 1.290، ثم في المرتبـة الثالثة جـاءت الضـغوط التنظيميـة بمتوسط حسابي بلـغ 3.4 والانحراف المعياري 1.212، وفي نفس المرتبة جاءت الضغوط النفسية بمتوسط حسابي بلغ 3.4 والانحراف المعياري 1.136.

3.1. حدد الباحث السؤال الثالث بما العلاقة بين ضغوط العمل لدى معلمي المعاهد العلمية وبين متغيري العمـر والخبرة، وقد أكدت النتائج عدم وجود أي علاقة إحصائية دالة بين ضغوط العمل وبين متغيري العمـر أو الخبرة لدى معلمي المعاهد العلمية.

4.1. حدد الباحث السؤال الرابع بما السلوك القيادي المتبع لدى مديري المعاهد العلمية من وجهة نظر المعلمـين، وقد أكد المعلمون أن السلوك القيادي التنظيمي هو السلوك

المتبع لدى مديري المعاهد العلمية، إذ بلغ المتوسط الحسابي لعبارات المحور 4.8، كما حصلت ثمان عبارات من عبارات هذا المحور على 5 من 5. كما بلغ المتوسط الحسابي لعبارات محور السلوك القيادي الإنساني 3.8 من 5، لتؤكد هذه النتيجة أن السلوك القيادي التنظيمي هو السلوك السائد لدى مديري المعاهد العلمية يلي ذلك السلوك القيادي الإنساني.

5.1. حدد الباحث السؤال الخامس بمدى وجود علاقة بين ضغوط العمل لدى المعلمين وبين السلوك القيادي التنظيمي والإنساني لدى مديري المعاهد العلمية، ودلت النتائج على وجود علاقة ارتباطيه موجبة ومتوسطة ودالة إحصائيا عند مستوى دلالة (0.05) بين ضغوط العمل لدى المعلمين وبين السلوك القيادي التنظيمي لدى مديري المعاهد العلمية. كما دلت النتائج على وجود علاقة ارتباطيه عكسية ودالة إحصائيا عند مستوى الدلالة (0.01) بين ضغوط العمل لدى المعلمين وبين عبارات السلوك القيادي الإنساني.

2- أهم التوصيات:

في ظل ما أسفرت عنه نتائج هذه الدراسة، فإن الباحث يوصي بما يلي، العمل على:

1.2. تخفيف ضغوط العمل لدى معلمي المعاهد العلمية، وخاصة ضغوط العمل المهنية والمادية والتنظيمية والنفسية.

2.2. تشجيع السلوك القيادي الإنساني بين مديري المعاهد العلمية لما له من آثار إيجابية في التخفيف من ضغوط العمل لدى المعلمين.

3.2. تدريب معلمي المعاهد العلمية تدريبا مناسبا أثناء الخدمة من خلال إقامة دورات تدريبية لهم تؤهلهم تربويا بشكل عام وتساعدهم في التعامل مع ضغوط العمل والتقليل منها بشكل خاص.

4.2. إعداد مديري المعاهد العلمية إعدادا مناسبا قبل الخدمة في الإدارة وأثناء الخدمة من خلال إقامة دورات تدريبية للمديرين تتعلق بالجديد في الإدارة المدرسية والإشراف التربوي وفي كل جديد إداري تربوي.

5.2. إيجاد حوافز مادية ومعنوية للمتميز من المعلمين لتشجيعهم وتقدير تميزهم.

6.2. توثيق العلاقة بين أولياء أمور الطلاب وبين معلمي وإدارة المعاهد العلمية للمساهمة في حل مشكلات الطلاب التي تعترض طريقهم.

7.2. إتاحة فرص النمو المهني لمعلمي المعاهد العلمية، من خلال عقد الدورات التدريبية القصيرة والمتوسطة والطويلة المدى، ومن خلال الالتحاق ببرامج الدبلومات العالية وبرامج الدراسات العليا التخصصية بالجامعات السعودية.

8.2. تزويد معلمي المعاهد العلمية بالدعم والمساندة المهنية من خلال تفعيل الإدارة العامة للإشراف التربوي بوكالة الجامعة لشؤون المعاهد العلمية وتزويدها بالموارد البشرية والمادية لتقوم بأعمال الإشراف التربوي الإدارية والفنية على الوجه المأمول.

3- مقترحات لدراسات مستقبلية:

يقترح الباحث فيما يلي مجموعة من الدراسات المستقبلية، وهي:

3.1. ضغوط العمل وعلاقتها بالروح المعنوية لدى معلمي المعاهد العلمية.

3.2. ضغوط العمل وعلاقتها بالانتماء التنظيمي لدى معلمي المعاهد العلمية.

3.3. ضغوط العمل وعلاقتها بالرضا الوظيفي لدى معلمي المعاهد العلمية.

4.3. أثر الحوافز على ضغوط العمل لدى معلمي المعاهد العلمية.

5.3. ضغوط العمل وعلاقتها بالرضا الوظيفي لدى مديري المعاهد العلمية.

6.3. الثقافة التنظيمية وعلاقتها بالسلوك القيادي لدى مديري المعاهد العلمية.

7.3. السلوك القيادي لدى مديري المعاهد العلمية وعلاقته بالروح المعنوية لدى المعلمين.

8.3. ممارسة مديري المعاهد العلمية للعلاقات الإنسانية من وجهة نظر المعلمين والمديرين.

9.3. الانتماء التنظيمي وعلاقته بالرضا الوظيفي لدى مديري المعاهد العلمية.

10.3مدى فاعلية الإشراف التربوي في المعاهد العلمية من وجهة نظر المشرفين والمديرين والمعلمين.

11.3. دراسة تقويمية لبطاقات تقويم الأداء الوظيفي لمعلمي المعاهد العلمية.

مراجع الدراسة الرابعة

1- باقازي، محمد، (1403هـ)، **الأنماط الإدارية بمدارس مكة المتوسطة وأثرها على المعلم**، رسالة ماجستير غير منشورة، كلية التربية، جامعة أم القرى.

2- باقرضوض، فيصل، (1416هـ)، **ضغوط العمل الوظيفي لدى معلمي المرحلة الابتدائية بمدينة مكة المكرمة**، رسالة ماجستير غير منشورة، كلية التربية، جامعة أم القرى.

3- بسطا، لورنس، (1990م)، **ضغوط العمل لدى معلمي مرحلة التعليم الأساسي: مصادرها والانفعالات النفسية السلبية المصاحبة لها**، دراسات تربوية، المجلد 6، الجزء 30.

4- البليهد، منى، (1421هـ)، **مسببات ضغوط العمل لدى مديرات مدارس التعليم العام في مدينة الرياض**، رسالة ماجستير غير منشورة، كلية التربية، جامعة الملك سعود.

5- البوهي، فاروق، (2001م)، **الإدارة التعليمية والمدرسية**، دار قباء للطباعة والنشر والتوزيع، القاهرة.

6- التويجري، أريج، (1426هـ)، **ضغوط العمل لدى معلمات المدارس الثانوية الحكومية بمدينة الرياض**، رسالة ماجستير غير منشورة، كلية العلوم الاجتماعية، جامعة الإمام محمد بن سعود الإسلامية.

7- تيروري، جورج، (1982م)، **تأثير أسلوب مدير المدرسة على تحصيل التلاميذ**، المجلة العربية للبحوث التربوية، العدد 1 يناير.

8- الجاسر، وليد، (1426هـ)، **الاحتياجات التدريبية لمديري المعاهد العلمية ووكلائها من وجهة نظر الموجهين التربويين والمديرين والوكلاء والمعلمين**، رسالة ماجستير غير منشورة، كلية العلوم الاجتماعية، جامعة الإمام محمد بن سعود الإسلامية.

9- جامعة الإمام محمد بن سعود الإسلامية، (1412هـ)، **جامعة الإمام محمد بن سعود الإسلامية في 40 عاماً**، مطابع الجامعة، الرياض.

10- جامعة الإمام محمد بن سعود الإسلامية، (1419هـ)، **دليل جامعة الإمام محمد بن سعود الإسلامية**، مطابع الجامعة، الرياض.

11- جامعة الإمام محمد بن سعود الإسلامية، (1421هـ)، **جامعة الإمام محمد بن سعود الإسلامية في خمسة عقود**، مطابع الجامعة، الرياض.

12- جامعة الإمام محمد بن سعود الإسلامية، (425هـ)، **دليل جامعة الإمام محمد بن سعود الإسلامية**، مطابع الجامعة، الرياض.

13- الحامد، محمد، وآخرون، (1423هـ) **التعليم في المملكة العربية السعودية: رؤية الحاضر واستشراف المستقبل**. مكتبة الرشد، الرياض.

14- الحربي، قاسم، (1425هـ)، **القيادة المدرسية في ضوء اتجاهات القيادة التربوية الحديثة**، مكتبة الرشد، الرياض.

15- حسن، عزت، (1996م)، **المساندة الاجتماعية وضغط العمل وعلاقة كل منهما برضا المعلم عن العمل**، رسالة دكتوراه في التربية، قسم علم النفس التربوي، كلية التربية، جامعة الزقازيق.

16- حسني، محمد وحسن محمود، (1993م)، **ضغوط العمل لدى المعلمين وعلاقتها بنمط السلوك القيادي لناظر المدرسة**، مجلة كلية التربية، جامعة الأزهر، العدد 34: 73-128.

17- حسين، سلامة، (2004م)، **ضغوط العمل وعلاقتها بالرضا الوظيفي: دراسة ميدانية لدى العاملين في مجال الإدارة المدرسية**، المؤتمر العلمي الثاني لكلية التربية بجامعة الزقازيق بعنوان: التعليم والتنمية المستدامة، 279-219.

18- الخضيري، محسن، (1991م)، **الضغوط الإدارية: الظاهرة، الأسباب، العلاج**، مكتبة مدبولي، القاهرة.

19- دوائي، كمال، وآخرون، (1989م)، **مستويات الاحتراق النفسي لدى معلمي المدارس الحكومية في الأردن**، المجلة التربوية، كلية التربية، جامعة الكويت، العدد التاسع عشر، المجلد الخامس.

20- الزهراني، معيض، (1411هـ)، دراسة مقارنة لأبعاد الضغوط المهنية لمعلمي التربية الخاصة والعامة في المملكة العربية السعودية، رسالة ماجستير غير منشورة، جامعة الخليج.

21- زيدان، مراد، (1997م)، الضغوط المهنية التي يتعرض لها المعلم في التعليم قبل الجامعي، مجلة كلية التربية، جامعة الزقازيق، العدد 29، 315-401.

22- السالم، مؤيد، (1411هـ)، التوتر التنظيمي: مفهومه وأسبابه وإستراتيجيته وإدارته، مجلة الإدارة العامة، معهد الإدارة العامة، الرياض، العدد 68، 79-95.

23- السلوم، سعاد، (1422هـ)، عوامل ضغوط العمل التنظيمية وعلاقتها بالرضا الوظيفي للمشرفات الإداريات، رسالة ماجستير غير منشورة، كلية التربية، جامعة الملك سعود.

24- الشلعوط، فريز، (2002م)، نظريات في الإدارة التربوية، مكتبة الرشد، الرياض.

25- الصائغ، محمد، وعبدالرحمن قنديل، (1414هـ)، قياس القدرة على القيادة التربوية لدى بعض مديري المدارس بمدينة الرياض وعلاقتها ببعض المتغيرات، رقم 28، مركز البحوث التربوية والنفسية، جامعة أم القرى.

26- الصياد، عبدالعاطي، وحسن حسان، (1986م)، البناء العاملي لأنماط القيادة التربوية وعلاقة هذه الأنماط بالرضا الوظيفي للمعلم وبعض المتغيرات الأخرى في المدرسة المتوسطة السعودية، رسالة الخليج العربي، مكتب التربية العربي لدول الخليج، العدد 17، السنة 6، 97-151.

27- الطريري، عبدالرحمن، (1411هـ)، المؤشرات السلوكية الدالة على مستوى الضغط النفسي من خلال بعض المتغيرات، حولية كلية التربية، جامعة قطر، السنة 8، العدد 8، 435-453.

28- عبدالحافظ، ليلى، (1993م)، مدى تعرض معلمات المراحل التعليمية المختلفة بالمملكة العربية السعودية لضغوط العمل المتمثلة في الاحتراق النفسي، مجلة كلية التربية، سوهاج، جامعة أسيوط، المجلد 1، العدد 8، 201-232.

29- عبدالرحمن، أحمد، (1998م)، **دراسة وتحليل مسببات ضغوط العمل وآثارها في مجال العمل الأكاديمي بالجامعات**، مجلة البحوث التجارية المعاصرة، كلية التجارة بسوهاج، جامعة جنوب الوادي، المجلد الثاني عشر، العدد الأول: 281-363.

30- عبدالمقصود، هانم، وحسين طاحون، **الضغوط النفسية للمعلمين وعلاقتها ببعض المتغيرات: دراسة عبر ثقافية في كل من مصر والسعودية**، مجلة كلية التربية، جامعة عين شمس، العدد 17، ج2، 295-333.

31- عبيدات، ذوقان، وآخرون، (1993م)، **البحث العلمي: مفهومه-أدواته-أساليبه**. دار الفكر للنشر والتوزيع، عمان.

32- العديلي، ناصر، (1414هـ)، **إدارة السلوك التنظيمي**، مرامر للطباعة والنشر، الرياض.

33- عزت، عبدالمجيد، (2004م)، **ضغوط العمل الإداري وعلاقته بالمناخ التنظيمي السائد في مدارس التعليم الثانوي العام: دراسة ميدانية**، مجلة التربية والمجتمع، جامعة عين شمس، العدد الأول، المجلد الأول:147-182.

34- العساف، صالح, (1416هـ)، **المدخل إلى البحث في العلوم السلوكية**، مكتبة العبيكان، الرياض.

35- عسكر، سمير، (1988م)، **متغيرات ضغوط العمل: دراسة نظرية وتطبيقية في قطاع المصارف بدولة الإمارات العربية المتحدة**، مجلة الإدارة العامة، معهد الإدارة العامة، الرياض، العدد 60، 7-66.

36- العسكر، هلال، (1409هـ)، **الموظف وإرهاق العمل**، الخدمة المدنية، الديوان العام للخدمة العامة، الرياض، العدد 132، 12-13.

37- علي، شهمة، (1991م)، **التوتر التنظيمي وكيف نواجهه**، التنمية الإدارية، القاهرة، السنة 14، العدد 50، 78-84.

38- عياصرة، علي، (2006م)، **القيادة والدافعية في الإدارة التربوية**، دار الحامد للنشر والتوزيع، عمان، الأردن.

39- الغامدي، سعيد، (1420هـ)، **السلوك القيادي لمديري المدارس الثانوية في منطقة الباحة التعليمية وعلاقته بالروح المعنوية للمعلمين**، رسالة ماجستير غير منشورة، كلية التربية، جامعة أم القرى.

40- الغامدي، محمد، (1421هـ)، **الضغوط النفسية للمعلمين بمراحل التعليم المختلفة بمنطقة مكة المكرمة**، رسالة ماجستير غير منشورة، كلية التربية، جامعة أم القرى.

41- الفرماوي، حمدي، (1990)، **مستوى ضغط المعلم وعلاقته ببعض المتغيرات**، المؤتمر السنوي الثالث للطفل المصري، مركز دراسة الطفولة، جامعة عين الشمس، 427-451.

42- الفقي، مدحت، (2000م)، **برنامج إرشادي لتعديل أساليب التعامل مع الضغوط المهنية لدى معلمي المعاهد الأزهرية**، رسالة دكتوراه في التربية، قسم الصحة النفسية، كلية التربية، جامعة الأزهر.

43- القحطاني، سالم، (1422هـ)، **القيادة الإدارية: التحول نحو نموذج القيادي العالمي**، مرامر للطباعة والنشر، الرياض.

44- القرشي، ليلى، (1409هـ)، **دراسة استطلاعية لبعض مهارات القيادة الإدارية لمديرات المدارس الابتدائية بمنطقة مكة المكرمة التعليمية كما تراها المعلمات والموجهات**، رسالة ماجستير غير منشورة، كلية التربية، جامعة أم القرى.

45- كنعان، نواف، (1999م)، **القيادة الإدارية**، دار الثقافة للنشر والتوزيع، عمان، الأردن.

46- ماهر، أحمد، (1991م)، **علاقة ضغوط العمل بالأداء**، الإداري، معهد الإدارة العامة، مسقط، السنة 13، الأعداد 45-46، 295-327.

47- ماهر، أحمد، (2005م)، **كيفية التعامل مع وإدارة ضغوط العمل**، الدار الجامعية، الإسكندرية.

48- المحارب، ناصر، (1409هـ)، **الضغوط النفسية: المصادر والتحدي**، مؤسسة الجريسي، الرياض.

226

49- المحبوب، عبدالرحمن، (1415هـ)، **أبعاد القيادة الإدارية كما تراها مديرات المدارس الابتدائية**، مجلة كلية التربية، جامعة الأزهر، العدد 48: 149-180.

50- المطرفي، شجاع، (1412هـ)، **العلاقة بين السلوك القيادي لمديري المدارس الابتدائية والإعدادية والتحصيل الدراسي**، رسالة ماجستير غير منشورة، كلية التربية، جامعة أم القرى.

51- المغيدي، الحسن، (1426هـ)، **الإشراف التربوي الفعال**، مكتبة الرشد، الرياض.

52- منصور، علي، (2004م)، **مبادئ الإدارة: أسس ومفاهيم**، مجموعة النيل العربية، القاهرة.

53- المهدي، ياسر، (2002م)، **الالتزام التنظيمي وضغوط العمل الإداري لمديري مدارس التعليم الأساسي بجمهورية مصر العربية**، رسالة ماجستير في التربية، كلية التربية، جامعة عين شمس.

54- نجار، فريد، (2003م)، **المعجم الموسوعي لمصطلحات التربية**، مكتبة لبنان ناشرون، بيروت.

55- الهدهود دلال، وزينب الجبر، (1985م)، **النمط القيادي لنظار وناظرات مدارس التعليم العام في دولة الكويت كما يتصوره المعلمون والمعلمات**، رسالة الخليج العربي، مكتب التربية العربي لدول الخليج، العدد 28، السنة 9، 28-128.

56- هوانة وليد، وعلي تقي، (1999م)، **مدخل إلى الإدارة التربوية**، مكتبة الفلاح، بيروت.

57- هيجان، عبدالرحمن،(1419هـ)، **ضغوط العمل مصادرها ونتائجها وكيفية إدارتها**، مركز البحوث والدراسات الإدارية، معهد الإدارة العامة، الرياض.

58- وزارة المعارف، (1416هـ)، **سياسة التعليم في المملكة العربية السعودية**، الطبعة الرابعة، الرياض.

59- ياركندي، هانم، (1993م)، **مستوى ضغط المعلم وعلاقته بالطمأنينة النفسية وبعض المتغيرات الديمغرافية**، المجلة المصرية للدراسات النفسية، الجمعية المصرية للدراسات النفسية، العدد: 6.

60- ياركندي، هانم، (2003م)، **ضغوط العمل وعلاقتها بالقيادة التربوية ووجهة الضبط لدى مديرات المدارس بمحافظة جدة**، رسالة الخليج العربي، مكتب التربية العربي لدول الخليج، العدد: 89: 71-108.

61- اليوسفي، مشيرة، (1990م)، **ضغوط الحياة الموجبة والسالبة وضغوط عمل المعلم كمتنبي للتوافق**، مجلة البحث في التربية وعلم النفس، جامعة المنيا، العدد الرابع، المجلد الثالث.

62- Aloushan, (1987), Administrative behavior of Effective educational leaders as perceived by Saudi principals, unpublished Ph.D Dissertation, university of Pittsburg, USA.

63- Doyle, W. & Ahlbrand, W. (1974), Hierachical Group Performance abd Leader Orientation Administrator's. Notebook University of Chicago, Vol. XXII No. 3.

64- Kunz, D. & Hoy, W. (1976), Leader Behavior of Principals and the Professional Zone of Acceptance of Teachers. Educational Administration Quarterly, 12: 49-64.

65- McBride, G. (1991), Teachers Stress and Burnout, in Ri Schmid and L. Nogata, Contemporary issues in Special Education, 2nd Ed. McGraw Hill Co.

66- Mendenhall, R. (1981), Relationship of organizational structure and leadership behavior to staff satisfaction in EGE school.

67- Shahidehpour, M. (1986), Leadership styles and school managers under stressful conditions. Dissertation Abstracts International, N. Y. 47 (2): 368.

68- Stogdill, R. (1974), Handbook of Leadership: A Survey of Theory and Research, N. Y. Collier Macmillan Publishers.

الدراســـــة الخامســـــة

الالتزام التنظيمي وعلاقته بالرضا الوظيفي لدى مديري المعاهد العلمية

بجامعة الإمام محمد بن سعود الإسلامية

ملخص الدراسة

يحظى الالتزام التنظيمي والرضا الوظيفي بأهمية كبيرة من قبل رواد السلوك التنظيمي باعتبارهما موضوعان حيويان يعملان على تحقيق الفاعلية وزيادة الإنتاجية لدى العاملين في المنظمات الإدارية. وقد جاءت هذه الدراسة لتسلط الضوء على العلاقة بين الالتزام التنظيمي والرضا الوظيفي لدى مديري المعاهد العلمية بجامعة الإمام محمد بن سعود الإسلامية من أجل التوصل إلى مقترحات إجرائية وتوصيات عملية تعزز من الالتزام التنظيمي والرضا الوظيفي لدى المديرين.

أعدت أداة الدراسة بعد مسح الإنتاج العلمي المحلي والعربي والأجنبي حول موضوع الالتزام التنظيمي والرضا الوظيفي، ومقابلة عدد من مديري المعاهد العلمية للتعرف عن كثب على جوانب الالتزام التنظيمي وجوانب الرضا الوظيفي.

وقد توصلت الدراسة إلى العديد من النتائج، ومن أهمها أن مستوى الالتزام التنظيمي لدى مديري المعاهد العلمية بلغ 4.58 من 5، أي بدرجة كبيرة جدا، وعدم وجود فروق دالة إحصائيا بين الالتزام التنظيمي وبين الخصائص الشخصية وهي العمر والخبرة والمستوى الوظيفي والمؤهل العلمي. وتوصلت إلى أن مستوى الرضا الوظيفي لدى مديري المعاهد العلمية بلغ هو 3.72 من 5، أي بدرجة كبيرة، وعدم وجود فروق دالة إحصائيا بين الرضا الوظيفي وبين الخصائص الشخصية وهي العمر والمؤهل العلمي. وتوجد فروق ذات دلالة إحصائية بين الرضا الوظيفي وبين الخبرة عند مستوى الدلالة (0.05)، لصالح الأكثر خبرة من مديري المعاهد العلمية، ووجود فروق ذات دلالة إحصائية بين الرضا الوظيفي والمستوى الوظيفي عند مستوى الدلالة (0.01)، لصالح أصحاب المستوى السادس من مديري المعاهد العلمية. كما توصلت الدراسة إلى وجود علاقة ذات دلالة إحصائية عند مستوى الدلالة (0.01) بين مستوى الالتزام التنظيمي ومستوى الرضا الوظيفي، وتوصلت أيضا إلى وجود علاقة ارتباطية موجبة ضعيفة غير دالة إحصائيا بين مستوى الالتزام

التنظيمي وخصائص كل من الخبرة والمستوى الوظيفي. كما توجد علاقة ارتباطية سالبة ضعيفة غير دالة إحصائيا بين مستوى الالتزام التنظيمي وخصائص كل من العمر والمؤهل العلمي، وتوصلت كذلك إلى وجود علاقة ارتباطية موجبة ضعيفة بين مستوى الرضا الوظيفي ومتغير المؤهل العلمي فقط. كما توجد علاقة ارتباطية سالبة ضعيفة غير دالة إحصائيا بين مستوى الرضا الوظيفي وخصائص العمر والخبرة والمستوى الوظيفي.

وقدمت الدراسة مجموعة من التوصيات بناء على نتائجها تتعلق بموضوعي الدراسة ومقترحات لدراسات مستقبلية.

المدخل

أولاً: المقدمة:

الالتزام متطلب أساس لكل منظمة تعنى بفاعليتها وإنتاجيتها وتحقيق أهدافها، والقادة الملتزمون مطلب كل منظمة تسعى للمنافسة والتطور في مجالها، كما أن القادة الراضون وظيفيا قادرون أكثر من غيرهم على تحقيق مصالح المنظمة. فقدرة الإدارة على تنمية روح الولاء والإخلاص والكفاءة عند الأفراد والعمل على إيجاد المناخ التنظيمي المناسب من أجور وحوافز ورضا وظيفي سيؤدي بصورة حتمية إلى نجاح واستمرار المنظمة الإدارية والوصول إلى أهدافها، فيوفر الالتزام التنظيمي في المنظمات ضمان لنجاحها واستمرارها وزيادة إنتاجها، (اللوزي، 2003م).

الالتزام أو الولاء يعتبر مفهوما قديما تطرق إليه علماء الاجتماع والسلوك مؤكدين أن الالتزام التنظيمي هو امتداد للولاء الاجتماعي المتمثل في مشاعر الفرد وولائه وانتمائه للمجتمع الذي يعيش فيه، (الجوهري، 1983م).

وتعددت مفاهيم الالتزام التنظيمي لتشمل جوانب عديدة من أهمها بأنه اقتران فعال بين الفرد والمنظمة، بحيث يبدي الموظفون الموالون لها رغبتهم في خدمتها بغض النظر عن المردود الذي يحصلون عليه منها، فالالتزام التنظيمي حالة نفسية تؤثر على قرار الفرد البقاء في التنظيم أو تركه.

وعلى صعيد منظمات العمل تذكر نعمة وآخرون (1996م، 760) إشارة المراجع العلمية إلى أن الالتزام والولاء والإخلاص والحب والطاعة من أكثر المسائل التي أخذت تشغل بال إدارة المنظمات، وذلك لكونها أصبحت تتولى مسؤولية المحافظة على المنظمة في حالة صحية سليمة تمكنها من الاستمرار والبقاء، وانطلاقاً من ذلك فقد برزت الحاجة لدراسة السلوك الإنساني في هذا النوع من المنظمات لغرض تحفيزه وزيادة درجات الالتزام بأهدافها وقيمها.

وانتشر مصطلح الرضا الوظيفي داخل المنظمات وفي معظم مجالات العمل والوظائف، وله أثر فاعل على إنتاجية العمل وتطوره ويسهم في التزام العاملين

بمؤسساتهم ووفائهم لتعهداتهم نحوها وارتباطهم بعملهم. كما أن الرضا الوظيفي يسهم في تحسين صحة العامل الجسمية والنفسية ونوعية الحياة داخل بيئة العمل وخارجها، (حجاج، 2007م). وقد ذكر (Al-Sumih, 1999) أن (Lock) أحصى بحلول عام 1976م أكثر من 3350 دراسة عن الرضا الوظيفي، مما يؤكد اهتمام المنظمات المتزايد بأوضاع العاملين في تلك المنظمات خاصة ما يتعلق برضاهم الوظيفي.

كما أكد (حجاج، 2007م) أن موضوع الرضا الوظيفي لم يحظ بالاهتمام في الفترات السابقة، ولم يكن هناك اهتمام بالأفراد، وكان العامل يشتغل ليل نهار بأجر زهيد، وجاءت أفكار العالم (فريدريك تايلور) وزملاؤه من رواد الإدارة العلمية عام 1911م لتركز على كيفية زيادة الإنتاجية دون الاهتمام بالعنصر البشري، ثم تطور الفكر الإداري وجاءت حركة العلاقات الإنسانية التي كان أشهر روادها العالم (ألتون مايو) خلال الفترة من 1927م إلى 1932م، وركزت على العنصر البشري وحاجاته، ومنذ تلك الفترة تزايدت الدراسات حول الرضا الوظيفي، واهتم كثير من الباحثين في مجال الإدارة، والسلوك التنظيمي، وعلم النفس، بهذا الموضوع لما له من أثر كبير على الإنتاجية.

ولقد أصبح موضوع الرضا يحظى باهتمام السلوكيين والإداريين، وذلك ببحث الجوانب المختلفة لوسائل الرضا ومصادره لدى الموظف، ويتحقق الرضا من مصادر متعددة مثل: الأجر، ونوع العمل، وفرص الترقي، ونمط العلاقة مع الرئيس، وإدراك الفرد لعدالة العوائد المحققة؛ والأهم من كل ذلك، رضا الأفراد عن الإجراءات الخاصة بالعمل. كما أن الرضا الوظيفي يتحقق من عوامل متعددة، منها عوامل خارجية، كبيئة العمل؛ وعوامل داخلية، تتعلق بالعمل ذاته، وتؤدي تلك العوامل دورا أساسيا في شعور الفرد بالرضا عن عمله، أو أنها تعزز من عدم رضاه، (اليافي، 2003م). ويعرف الرضا الوظيفي بأنه القوة اللازمة للشخص للقيام بعمله على أعلى مستويات الأداء وطبقا لما أورده (Dubrin, 1988) فان الرضا الوظيفي ليس مشابها للدافع, إنما الرضا الوظيفي هو حالة داخلية للإنسان, وهو مقدار القناعة المصاحبة للعمل. والفرد الذي يكون لديه ذلك الرضا يكون لديه مشاعر وتصرفات ايجابية نحو العمل بما يسمح بتحقيق طموحاته.

وتؤكد (صادق، 2000م)، أن السبب الرئيس الذي جعل من الولاء أو الالتزام التنظيمي أحد المواضيع الأكثر شيوعا في الأبحاث خلال الثلاثين سنة الماضية في مجال علم النفس الصناعي والسلوك التنظيمي هو افتراض أن الولاء أو الالتزام التنظيمي له تأثير على الأداء، وبالرغم من أن الباحثين لم يستطيعوا تحويل هذه الفرضية إلى مسلمة إلا أن نتائج الدراسات تشير إلى ارتباط الولاء التنظيمي بالعديد من مظاهر السلوك الأخرى كالتغيب عن العمل، والرضا الوظيفي، وترك العمل وغيرها.

ثانياً: مشكلة وأسئلة الدراسة:

لقد أظهرت بعض الدراسات علاقة إيجابية بين الالتزام التنظيمي وكل من العمر والخبرة والمهارة في العمل، وأن الالتزام يؤدي إلى الأداء المتميز في العمل والرغبة في الاستمرار والبقاء في المنظمة، (بطاح، 2006م). وقد ذهب (الجهني، 1429هـ) إلى أن هناك ندرة في الدراسات العربية التي تناولت موضوع الولاء التنظيمي في مجالي الإدارة العامة وإدارة الأعمال، وتتفاقم ندرة الدراسات العربية للولاء التنظيمي في مجال الإدارة التربوية. فالالتزام التنظيمي يعتبر من الموضوعات الحديثة في أدبيات الإدارة العربية بصفة عامة والمملكة العربية السعودية بصفة خاصة، وعلى الرغم من كثرة الدراسات الغربية التي في مجال الالتزام التنظيمي إلا أن هذا الموضوع رغم أهميته لم يلق الاهتمام ولم يحظ بعدد كاف من الدراسات الميدانية في المملكة بصفة خاصة وعلى مستوى الوطن العربي بصفة خاصة، (العبادي، 1420هـ).

ويذكر (الفضلي، 1997م) تأكيد مجموعة من الدراسات على الأهمية الواضحة للانتماء أو الالتزام التنظيمي، خاصة فيما يتعلق بالتأثير الإيجابي للالتزام التنظيمي على مجموعة من الظواهر السلبية وخفض آثارها، إذ أوضحت تلك الدراسات أن ارتفاع مستويات الالتزام التنظيمي في بيئة العمل ينتج عنه انخفاض في مستويات مجموعة من الظواهر السلبية وفي مقدمتها تأتي ظاهرتا الغياب والتهرب عن أداء العمل.

أما الرضا الوظيفي للعاملين عموما وللمديرين خصوصا فهو يشكل حجز الزاوية لهم في الارتقاء بالمنظمة وزيادة إنتاجيتها، كما أن نقص مستوى الرضا الوظيفي لديهم

يعد عاملا خطيرا ومؤشرا لفشل المنظمة في تحقيق أهدافها. وتؤكد العديد من الدراسات أن تعزيز الالتزام التنظيمي لدى المديرين يقود إلى مستوى عال من الدافعية والأداء والإنجاز والرضا الوظيفي، (العواد والهران، 1427هـ). ويؤكد (العجمي، 1999م) أن الدراسات التي بحثت في علاقة الالتزام التنظيمي بالرضا الوظيفي قليلة، لكنها أكدت وجود علاقة متبادلة قوية، غير أنها لم تستطع تحديد من يسبب الآخر. في حين أكدت نتائج تلك الدراسات التي ربطت بين علاقة الالتزام بالرضا إلى وجود علاقة تبادلية مع الوقت، بمعنى أن الرضا قد يؤثر في الالتزام في بعض الأوقات والعكس صحيح، وأحيانا تكون هذه العلاقة دائرية أي بمعنى أن الرضا عن العمل يؤدي إلى تعميق الالتزام التنظيمي الذي بدوره يؤدي إلى الرضا الوظيفي، (العجمي، 1999م:56).

وقد خالفت نتيجة دراسة (Ward & Davis, 1995) هذه العلاقة، فبينت أنه ليس من الضروري أن يكون الرضا الوظيفي سببا للالتزام التنظيمي، فقد يوجد عاملون راضون عن العمل ولكن مستوى انتمائهم للمنظمة ضعيف. فعلاقة الرضا الوظيفي بالالتزام التنظيمي أو علاقة الالتزام التنظيمي بالرضا الوظيفي علاقة اختلفت فيها النتائج وفقا لاختلاف الآراء حولها، فمثلا (Tett & Meyer 1993, p. 260) يؤكدان الرأي الذي يركز على أن الرضا الوظيفي يؤدي بالشعور بالالتزام التنظيمي، بينما يؤكد (Oliver 1990, p. 522) الرأي الآخر المتعلق بأن الالتزام للمنظمة يولد الرضا الوظيفي، وأيا كانت نوعية العلاقة فالأهم في الأمر هو الكشف عن العلاقة بين الالتزام التنظيمي والرضا الوظيفي.

لذا فهذه الدراسة تحاول الإجابة عن الأسئلة الآتية:

1. ما مستوى الالتزام التنظيمي لدى مديري المعاهد العلمية؟

2. هل توجد فروق ذات دلالة إحصائية في تحديد مستوى الالتزام التنظيمي تعزى للخصائص الشخصية (العمر والخبرة والمؤهل العلمي والمستوى الوظيفي) لمديري المعاهد العلمية؟

3. ما مستوى الرضا الوظيفي لدى مديري المعاهد العلمية؟

4. هل توجد فروق ذات دلالة إحصائية في تحديد مستوى الرضا الوظيفي تعزى للخصائص الشخصية (العمر والخبرة والمؤهل العلمي والمستوى الوظيفي) لمديري المعاهد العلمية؟
5. ما العلاقة بين مستوى الالتزام التنظيمي ومستوى الرضا الوظيفي لدى مديري المعاهد العلمية؟
6. ما العلاقة بين مستوى الالتزام التنظيمي والخصائص الشخصية (العمر والخبرة والمؤهل العلمي والمستوى الوظيفي) لمديري المعاهد العلمية؟
7. ما العلاقة بين مستوى الرضا الوظيفي والخصائص الشخصية (العمر والخبرة والمؤهل العلمي والمستوى الوظيفي) لمديري المعاهد العلمية؟

ثالثاً: أهمية الدراسة:

تعد دراسات الالتزام أو الولاء التنظيمي في مؤسسات التعليم العامة من الدراسات القليلة عموما، ومن الدراسات القليلة جدا أو من النادرة تلك التي تربط بين الالتزام التنظيمي والرضا الوظيفي، ومن هنا تتضح أهمية هذه الدراسة.

كما أن انخفاض مستوى الالتزام لدى العاملين في مؤسسات التعليم أو لدى مديري تلك المؤسسات يؤكد على وجود خلل في تلك المؤسسات يتوجب معالجته، ولن يتم معرفة مستوى هذا الالتزام إلا من خلال الكشف عنه من خلال دراسات علمية.

كما أن أهمية هذه الدراسة تتضح من خلال المساهمة في إثراء المكتبة العربية بدراسة تتعلق بموضوعين مهمين من موضوعات السلوك التنظيمي؛ وهما الالتزام التنظيمي والرضا الوظيفي لدى مديري المعاهد العلمية.

رابعاً: أهداف الدراسة:

تهدف هذه الدراسة إلى التعرف على مستوى الالتزام التنظيمي والرضا الوظيفي لدى مديري المعاهد العلمية، والكشف عن العلاقة بين مستوى الالتزام التنظيمي ومستوى الرضا الوظيفي لدى مديري المعاهد العلمية، وتحديد العلاقة بين مستوى الالتزام التنظيمي

والخصائص الشخصية لمديري المعاهد العلمية، وكذلك تحديد العلاقة بين مستوى الرضا الوظيفي والخصائص الشخصية لمديري المعاهد العلمية.

وتهدف هذه الدراسة إلى التعرف على الفروق ذات الدلالة الإحصائية إن وجدت في تحديد مستوى الالتزام التنظيمي تعزى للخصائص الشخصية لمديري المعاهد العلمية، والتعرف على الفروق ذات الدلالة الإحصائية إن وجدت في تحديد مستوى الرضا الوظيفي تعزى للخصائص الشخصية لمديري المعاهد العلمية.

وبشكل مجمل، فإن هدف هذه الدراسة هو الإفادة من الكشف عن العلاقة بين الالتزام التنظيمي والرضا الوظيفي من أجل التوصل إلى مقترحات إجرائية وتوصيات عملية تعزز من الالتزام التنظيمي والرضا الوظيفي لدى مديري المعاهد العلمية.

خامساً: حدود الدراسة:

تقتصر هذه الدراسة في موضوعها على الالتزام التنظيمي والرضا الوظيفي لدى مديري المعاهد العلمية بجامعة الإمام محمد بن سعود الإسلامية، أما في زمانها فقد أجريت خلال الفصل الدراسي الثاني للعام الدراسي 1429/28هـ.

سادساً: مصطلحات الدراسة:

يعرف الباحث فيما يلي المصطلحات المستخدمة في هذه الدراسة تعريفا إجرائيا، ويتوسع في الحديث عن هذه المصطلحات في الإطار النظري:

1. **الالتزام التنظيمي**: الثمرة والنتيجة الطبيعية للإخلاص والاندماج والمحبة التي يبديها مدير المعهد تجاه عمله وتقبله لأهداف المعاهد العلمية بجامعة الإمام محمد بن سعود الإسلامية وتفانيه وجهده المتواصل لتحقيق تلك الأهداف، كما أنه الانتساب إلى المعاهد العلمية بالجامعة والاعتزاز بهذا الانتساب والاشتراك الإيجابي في جميع شؤون هذه المعاهد، واعتقاد المدير بأنه جزء من هذه المعاهد.

2. **الرضا الوظيفي**: الأحاسيس والمشاعر الإيجابية التي يشعر بها مدير المعهد تجاه عمله مديرا للمعهد، وخاصة فيما يتعلق بطبيعة العمل، والتعامل مع الزملاء، والتعامل مع الرؤساء، والمكانة الاجتماعية، والراتب، والنمو المهني، والتدريب أثناء العمل.

3. **المعاهد العلمية:** بدايتها كانت عام 1370هـ استجابة لتنامي الحاجة إلى طلبة العلم لتولي القضاء والإفتاء والإرشاد في أنحاء المملكة العربية السعودية، ثم توالى بعد ذلك افتتاح المعاهد العلمية حتى بلغ عددها 62 معهدا علميا للمرحلتين المتوسطة والثانوية، تتبع هذه المعاهد جامعة الإمام محمد بن سعود الإسلامية. ومدة الدراسة فيها ست سنوات تنقسم إلى مرحلتين متوسطة مدتها ثلاث سنوات وثانوية مدتها ثلاث سنوات، يمنح الخريج شهادة إتمام الدراسة الثانوية التي تمكنه من الالتحاق بالجامعات، وبلغ عدد خريجي المرحلة الثانوية في المعاهد العلمية بنهاية العام الدراسي 1428/27هـ 86145 طالبا.

الإطار النظري:

أولاً: الالتزام التنظيمي:

الانتماء التنظيمي مصطلح عربي يقابله باللغة الإنجليزية (Organizational Belonging)، أما مصطلح الولاء التنظيمي فيقابله (Organizational) Loyaltyوالالتزام التنظيمي فيقابله (Commitment Organizational)، رغم أن الخلط بين هذه المفاهيم أو المصطلحات آخذ في الاتساع، فكثير من الباحثين يتحدثون عن الالتزام ويقصدون الولاء أو يتحدثون عن الولاء ويقصدون الالتزام، رغم أن الفصل النهائي بين هذه المفاهيم المتداخلة يصعب، فإن كلا منها له مدلوله الخاص به، إلا أن مفهوم الالتزام هو الثمرة للانتماء وللولاء. كما أن معظم الدراسات الأجنبية ركزت على دراسة الالتزام التنظيمي لدى العاملين في المنظمات ولم تركز على دراسة الانتماء أو الولاء، إلا أن بعض الترجمات من اللغات الأجنبية إلى العربية خلطت في بعض الأحيان بين مصطلحي الانتماء والولاء مع الالتزام التنظيمي.

والولاء مشتق من الولاية وهي النصرة والمحبة والقرب والإخلاص، والانتماء أصله نمي نمياً وهو الزيادة ونما زاد وكثر، والالتزام: أصله لازم بمعنى لا يفارقه والتزمه بمعنى اعتنقه. ولقد حاول (بطاح، 2006م) أن يفرق بين الولاء والالتزام التنظيمي، حيث بيّن أن الالتزام يعني ببساطة التزام الفرد العامل في المؤسسة بقوانينها

وأنظمتها وتعليماتها وقيامه بواجباته بأفضل مستوى ممكن بغض النظر عن رأيه الشخصي بهذه القوانين والأنظمة والتعليمات المعمول بها في المنظمة، أما الولاء فإنه -من وجهة نظره- أكثر من مجرد الالتزام، إنه إيمان بأهداف المؤسسة والحماسة لمتطلباتها ورسالتها الأمر الذي يفترض أن يقود إلى عطاء متميز وبذل استثنائي في سبيل تحقيق الأهداف.

غير أن الباحث يؤكد أن الانتساب إلى المنظمة والاعتزاز بهذا الانتساب والاشتراك الإيجابي في شؤون هذه المنظمة واعتقاد العامل بأنه جزء من هذه المنظمة، هذا هو الانتماء، بينما الولاء هو المحبة والصداقة أو القرب والنصرة والإخلاص لهذا المنظمة، أما الالتزام فكأنه ضريبة هذا الانتماء وهذا الولاء أو نتيجة لانتماء وولاء الفرد لمنظمته. وهذا يتماشى تماما مع الفكر الإداري المعاصر وخاصة الأجنبي منه تجاه موضوع الدراسة الالتزام التنظيمي. ويؤكد (المهدي، 2002م) أن الالتزام التنظيمي قد درس بمكونات مختلفة وتحت مسميات متباينة، ففي الدراسات الأجنبية تم استخدام مصطلحات متعددة مثل (Identification, involvement) وفي الدراسات العربية تم استخدام مصطلحات مثل الانتماء والولاء والالتزام لوصف نفس الظاهرة وهي ظاهرة الالتزام التنظيمي أي (Organizational Commitment).

ويعتبر الالتزام أحد الأهداف الإنسانية التي تسعى جميع المنظمات لبلوغه لما له من اثر فعال في استمرارية الأفراد واستقرار العمل. فالالتزام للمنظمة في الفكر الإداري المعاصر تعبير يشير بشكل عام إلى مدى الإخلاص والاندماج والمحبة التي يبديها الفرد تجاه عمله وانعكاس ذلك على تقبل الفرد لأهداف المنظمة التي يعمل بها وتفانيه وجهده المتواصل لتحقيق تلك الأهداف. ولذلك فلقد عرفت خطاب (1988م) الالتزام للمنظمة بأنه اعتقاد قوى وقبول من جانب أفراد التنظيم بأهداف وقيم المنظمة التي يعملون بها ورغبتهم في بذل اكبر عطاء ممكن لصالحها مع رغبه قوية في الاستمرار بعضويتها والدفاع عنها وتحسين سمعتها.

ومن أوائل الذين قدموا مفهوم الالتزام التنظيمي كان بورتر وزملاؤه عام 1970م، حيث نظرا إليه من منظور نفسي ووصفاه بأنه: توجه يتسم بالفعالية والإيجابية نحو

المنظمة، ومن هذا المنطلق يعرف شيلدون الالتزام التنظيمي بأنه اتجاه أو توجـه نحـو المنظمة يربط شخصية وهوية الفرد بالمنظمة. ويركز اورايلي وشاتمن على المنظور النفسي للالتزام ويعرفاه عـلى أنـه الـربط النفسـي- الـذي يربط الفرد بالمنظمة، مما يدفعه إلى الاندماج في العمل وإلى تبني قيم المنظمة، (القرشي، 1418هـ).

إن مفهوم الالتزام التنظيمي وإن كان مفهوماً قديماً في مجال العلوم الإنسانية، إلا أنـه لم يحـظ بـالاهتمام الكافي في مجال الإدارة إلا بعد ظهور المدرسة السـلوكية التـي تؤكـد عـلى العلاقـات الإنسانية وأهميتها في مجال التنظيمات المختلفة. ومن المنطلق نفسه يوضح بوشنان مفهوم الالتزام التنظيمي على أنه توجه يتكـون مـن ثلاثـة أسس أو جوانب كما ذكرها (اللوزي، 2003م) وهي:

1. إحساس بالالتزام من خلال القناعة الذاتية بأهداف المنظمة وقيمها.
2. الانغماس والمشاركة الفعالة في العمل من خلال القناعة بأهمية دور الموظف في المنظمة وهذا نتيجة لانعكاس رضى الفرد النفسي بأهمية الأنشطة والأدوار التي يقوم بها.
3. الإخلاص الذي يتجسد بالرغبة الأكيدة في استمرار الفرد بالعمل لدى المنظمة.

وعلى الجانب الآخر تبنى البعض تفسيرا مغايرا للالتزام عن طريق المدخل التبادلي من حيث تبادل المنافع بين المنظمة والفرد، لذا يعرف بيكر الالتزام التنظيمي بأنه نزعـة للمشاركة المسـتمرة في نشـاطات معينة داخل المنظمة نتيجة لما استثمره الفرد فيها ويخشى أن يفقده إذا تركها. ويـرى سـتيفن وزمـلاؤه (1978م) كـما ورد في (الفوزان، 1424هـ) أن الالتزام التنظيمي من خلال المدخل التبادلي عبارة عن محصلة المسـاهمة في الصفقات بـين المنظمة والفرد، مع التركيز على رغبة الفرد في الاستمرار بالعضوية كشرط أساسي ورئيسي لتراكم إيجابيات وسلبيات الالتحاق بالمنظمة ومردودها التبادلي في العملية ككل.

ويمكن أن يأخذ الالتزام للمنظمة الأشكال المختلفة التالية:

1. **الالتزام المعنوي:** ويشير إلى تطابق الفرد مع المنظمة وانهماكه فيها وارتباطه شعوريا بها ورغبته في الاستمرار بالعمل فيها لأنه موافق على أهدافها وقيمها ويريد المشاركة في تحقيق تلك الأهداف.
2. **الالتزام الاستمراري:** ويشير الالتزام الاستمراري إلى قوة رغبة الفرد في البقاء في العمل في منظمة معينة لاعتقاده بأن ترك العمل فيها سيكلفه الكثير.
3. **الالتزام الأدبي:** ويشير إلى شعور الفرد بأنه ملتزم بالبقاء في المنظمة بسبب ضغوط الآخرين, فالأفراد الذين يقوى لديهم الالتزام الأدبي يأخذون في حسابهم إلى حد بعيد ماذا يمكن أن يقوله الآخرون لو ترك العمل بالمنظمة؟ فهو لا يريد أن يسبب قلقا لمنظمته أو يترك انطباعا سيئا لدى زملائه بسبب تركه العمل, إذا فهو التزام أدبي حتى لو كان على حساب نفسه.

ويؤكد (بطاح، 2006م) أن الولاء التنظيمي يتمثل في ثلاثة سلوكات، وهي:

1. قبول الموظف التام للأهداف والقيم التنظيمية.
2. استعداده لبذل جهود استثنائية لمصلحة التنظيم للوصول إلى الأهداف.
3. الرغبة الصادقة في المحافظة على الالتزام والعمل بفاعلية وبشكل دائم.

كما يؤكد بوشنان (Bochanan, 1974) أن الالتزام التنظيمي يرتكز على عدة مرتكزات يأتي في مقدمتها الإحساس بالانتماء والمشاركة الفعالة والإخلاص، فالإحساس بالانتماء يتجلى عادة بالافتخار بالمنظمة والاقتناع بأهدافها ورسالتها ووسائلها، أما المشاركة الفعالة فتتجلى بمساهمة الفرد في المنظمة العامل في المنظمة بأنشطتها وفعالياتها المختلفة، ويتجلى الإخلاص بالرغبة من قبل الفرد في المنظمة بالبقاء فيها والتفاني في سبيل إنجاز أهدافها. فإذا كانت هذه المرتكزات في حق الفرد العامل في المنظمة فإنها في حق مدير المنظمة يفترض أن تكون أعلى مستوى.

وبيّن بوشنان أن الالتزام التنظيمي يمر بمراحل ثلاث، بداية من مرحلة التجربة التي ربما تمتد لعام واحد بعد مباشرة العمل، ثم مرحلة الإنجاز والتي تستمر في العادة

بين العام الواحد والأربعة أعوام والتي تتصف بوضوح الالتزام التنظيمي لدى العامل، وأخيرا مرحلة الثقة بالتنظيم والتي تبدأ في السنة الخامسة من التحاق الفرد بالمنظمة وتستمر معه بعد ذلك والتي تتصف بترسيخ الالتزام التنظيمي وتدعيمه. أما مودي وبورتر فنظرا لمراحل الالتزام التنظيمي بشكل مختلف، إذا بيّن أنها تمر بثلاث مراحل هي مرحلة ما قبل العمل ومرحلة البدء في العمل ومرحلة الترسيخ، (اللوزي، 2003م). وقد ذكر العتيبي والسواط، (1997م) أن مير وآلن وسميث (1993م) حددوا ثلاثة أبعاد أو مكونات للالتزام التنظيمي، وهي:

1. **الالتزام المؤثر أو الوجداني أو العاطفي:** والذي يتأثر بدرجة إدراك الفرد الخصائص المميزة للعمل من درجة استقلالية وأهمية، وكيان وتنوع المهارات المطلوبة وقرب المشرفين وتوجيههم له، كما يتأثر بدرجة إحساس الموظف بالسماح له بالمشاركة الفعالة في اتخاذ القرارات بالبيئة التنظيمية التي يعمل بها سواء ما تعلق منها بعمله أو ما يخصه هو.

2. **الالتزام الأخلاقي أو المعياري:** والمقصود به الإحساس الذي يشعر به الموظف بالالتزام والبقاء في المؤسسة، ويعزز هذا الجانب الدعم الجيد من قبل المؤسسة لمنسوبيها، وسماحها لهم بالمشاركة الفعالة الإيجابية ليس في كيفية الإجراءات وتنفيذ العمل فقط، بل بمساهمتهم في وضع الأهداف والتخطيط ورسم السياسات العامة للتنظيم.

3. **الالتزام المستمر:** والمقصود به ما يحققه الفرد من قيمة استثمارية في حالة استمراره مع التنظيم مقابل ما سيفقده عند التحاقه بجهات أخرى.

وقياس مستوى الالتزام التنظيمي للعاملين بالمنظمات يعد بمثابة أداة تشخيصية جيدة تعتمد الإدارة الناجحة على استخدامها لقياس ومعرفة مشكلات والمعوقات التي تواجه الأفراد والتنظيم ومن ثم العمل على إيجاد الحلول المناسبة، (اللوزي، 2003).

ويلاحظ أن المكتبة العربية تفتقر إلى دراسات الالتزام التنظيمي، وهي مسألة قد ترد إلى حداثة هذا المبحث نسبيًا في أدبيات الإدارة. كما أن الدراسات العربية التي تناولت هذا الموضوع في معظمها وغالبيتها دراسات أجريت في منظمات الأعمال أو

مجال الإدارة العامة. وتتفاقم ندرة الدراسات العربية للولاء التنظيمي في المجال التربوي؛ فهي بالإضافة إلى ندرتها - تربويًا - تناولت الولاء أو الالتزام التنظيمي للقيادات التربوية أو الأكاديميين في الجامعات، (الجهني، 1429هـ مجلة المعرفة). وإن مما لا شك فيه فإن مفهوم الولاء التنظيمي يرتبط بمفاهيم العلاقات الإنسانية وإدارة الموارد البشرية والثقافة التنظيمية والسلوك التنظيمي وغيرها من سلسلة مترابطة من المفاهيم العلمية الإدارية، التي تقدّر في المقام الأول العنصر البشري في المنظمات الخدمية ومنظمات الأعمال (الجهني، 1429هـ مجلة المعرفة).

ويختلف مفهوم الالتزام التنظيمي تماما عن مفهوم الرضا الوظيفي عموما وعن مفهوم الرضا عن العمل خصوصا، فالفرد قد يكون راضيا عن عمله ولكنه يكره المنظمة التي يعمل بها ويود ممارسة نفس العمل الذي يمارسه في منظمة أخرى، والعكس صحيح أيضا، فقد يحب الفرد الانضمام لمنظمة معينة ولكنه يكره العمل الذي سوف يمارسه فيها.

ثانياً: الرضا الوظيفي:

اهتم كثير من الباحثين والمؤلفين في مجال الإدارة وعلم النفس التنظيمي أو علم النفس الإداري بدراسة وتحليل الرضا الوظيفي في كثير من المجالات والميادين لما له من أثر فاعل على إنتاجية العمل وتطوره، (الشافعي، 1999م). كما برزت أهمية الرضا الوظيفي في الحقل التعليمي بسبب قيمته الإنسانية ومكاسبه المادية، ويرجع ذلك لعدة أسباب حسبما أوردها (حسين، 2004م: 222)، وهي:

1. الرضا الوظيفي يؤثر على سلوك العاملين والذي يؤثر بدوره على كفاءة المدرسة.
2. الرضا الوظيفي هو انعكاس لجودة كفاءة المدرسة.
3. يؤدي تعامل العاملين في العمل باحترام إلى رضاهم عن الوظيفة.

ويتسم الرضا الوظيفي بدرجة عالية من التغير والتبدل مما يتطلب دراسته من وقت لآخر، ويرجع ذلك إلى تغير بعض المفاهيم الذاتية والقيم والتوقعات الشخصية التي ربما تتغير من وقت لآخر، مما يستوجب الكشف عن مستوى الرضا الوظيفي لدى العاملين بشكل دوري. وحظي مفهوم الرضا الوظيفي باهتمام الباحثين والكتاب والمؤلفين وذلك

لأنه ربما يعبر عن مجموع المشاعر الوجدانية التي يشعر بها الفرد نحو عمله، سواء كانت هذه المشاعر إيجابية أو سلبية، ولذلك اختلف هؤلاء الكتاب والباحثين والمؤلفين في الاتفاق على مفهوم واحد للرضا الوظيفي، فقد عرّف بأنه موقف الشخص تجاه العمل الذي يؤديه، ويكون نتيجة لإدراكه لعمله، ويكون تجاه الراتب، والترقية، والرئيس، والزملاء، ومحيط العمل، والأسلوب السائد في المعاملة، وفي إجراءات العمل اليومي. أو هو درجة شعور الفرد بمدى إشباع الحاجات التي يرغب في إشباعها من وظيفته الحالية، (اليافي، 2003م).

وهذا يعني أن الرضا الوظيفي هو الحالة التي يتكامل فيها الفرد مع وظيفته وعمله، ويصبح إنسانا تستغرقه الوظيفة ويتفاعل معها من خلال طموحه الوظيفي ورغبته في النمو والتقدم وتحقيق أهدافه الاجتماعية من خلالها، (حسين، 2004م). وفي هذا الاتجاه يؤكد (Golembiewski, 1993) أن الوظيفة عبارة عن شبكة من العلاقات المتداخلة والمعقدة من المهام والأدوار والمسؤوليات والتفاعلات والحوافز والمكافآت، وأن الرضا الوظيفي هو مجموعة من الظروف النفسية والفسيولوجية والبيئية التي تجعل الشخص راضيا عن وظيفته. كما أن الرضا الوظيفي تعبير يطلق على مشاعر العاملين تجاه عملهم، وهذه المشاعر تعتمد على إدراكين أوردهما (,Amoroso 2002:32)، وهما:

1. **الإدراك الأول:** يتعلق بإدراك العاملين بما يتيحه عملهم الحالي، أي إدراك ما هو كائن.

2. **الإدراك الثاني:** يتعلق بما يتطلع العاملون إلى ما تحققه لهم وظائفهم، أو ما ينبغي أن تحققه لهم.

وبذلك فإن الرضا الوظيفي يتحدد بمقدار ما بين هذين الإدراكين من اتفاق أو تطابق، وبالتالي فإن الرضا الوظيفي يساوي الإدراك بما هو كائن مقسوما على الإدراك بما ينبغي أن يكون.

ولقد تعددت نظريات الرضا الوظيفي لتشمل نظرية الحاجات ونظرية العاملين ونظرية العدالة والإنصاف ونظرية التوقع ونظرية ألدرفر Alderfer، وسيتناول الباحث الحديث عن هذه النظريات باختصار من خلال الرجوع إلى العديد من المصادر المختلفة،

ومن أهمهـا: (Spector, 1997)، (الشافعـي، 1999م)، (Al-Sumih, 1999)، (الأغبري 1424هـ)، (سلامة، 2004م)، (حجاج، 2007م). فنظرية الحاجات أو نظرية ماسلو Maslow القائمة على خمس مستويات من الحاجات، وهذه الحاجات هي الحاجة الفسيولوجية والحاجة إلى الأمان والحاجة إلى الانتماء والحاجة إلى التقدير والاحترام وأخيرا الحاجة إلى إثبات الذات وتحقيقها. وتفترض هذه النظرية أن الحاجات غير المشبعة تقود إلى نقص مستوى الرضا الوظيفي، ومن أهم التحفظات على هذه النظرية أنها تتجاهل حاجات أخرى تؤثر على مستوى الرضا الوظيفي ولم تظهر في السلم، كما أنها تؤكد على أن حاجات الفرد ثابتة، بينما حاجات الفرد متغيرة، كما أنها تقوم على افتراض أن حاجات معينة لابد وأن تشبع بالكامل قبل أن تظهر الحاجة التي تليها في الأهمية.

أما نظرية العاملين أو نظرية هرزبرج Herzberg فتفسر الرضا الوظيفي بتقسيم العوامل المؤثرة على الرضا إلى عوامل مسببه للرضا وعوامل أخرى مسببه لعدم الرضا، فالمجموعة الأولى تسمى العوامل الدافعة والمجموعة الثانية تمسى العوامل الصحية، ومن شأن العوامل الدافعة أن تزيد من الرضا الوظيفي، وتشمل هذه العوامل الإنجاز والاعتراف والتقدم والترقي الوظيفي والعمل نفسه، أما العوامل الصحية التي تشمل الإشراف وظروف العمل والأجور والرواتب وسياسة الإدارة والعلاقات مع الرؤساء والزملاء، وهذه عوامل عدم الرضا الوظيفي. ومن أهم المآخذ على هذه النظرية أنها أغفلت الفروق الفردية وأثرها بين العاملين، وأنها فصلت بين العوامل بينما في الحقيقة يصعب الفصل فبين المجموعين تداخلا كبيرا ولا يمكن الفصل التام بين مجموعتي العوامل، كما تكرس هذه النظرية إرجاع أسباب عدم الرضا الوظيفي إلى الآخرين المسؤولين عن ظروف العمل أو الإشراف.

ونظرية العدالة والإنصاف أو التكافؤ والمساواة أو كما تسمى أيضا بنظرية آدمز Admas التي تركز على التفاعل بين حاجات الفرد وتوقعاته وقيمه، لذا فالرضا الوظيفي يتحدد في هذه النظرية من خلال إدراك الشخص لمخرجات عمله وإدراكه لعدالة هذه المخرجات وينتج عدم الرضا الوظيفي عند شعور العامل بعدم العدالة. فهذه النظرية تؤكد

على أهمية إحداث التوازن بين توقعات العاملين وتوقعات المنظمة، فشعور العامل بالعدالة أو انعدامها هو المحرك الرئيس للشعور بالرضا الوظيفي. ومن أهم المآخذ على هذه النظرية أن هناك أفرادا أكثر حساسية عن غيرها لإدراك العدالة وعدم العدالة.

ونظرية التوقع التي قدمها فروم Vroom ترتكز على رغبة الفرد بالتوقع بالحصول على شيء ما سواء كان ماديا أو معنويا بمجرد التحاقه بالعمل يشبع حاجات هامة لديه، وتتضمن هذه النظرية ثلاث متغيرات هي المنفعة والأداء مقابل المكافأة والجهد مقابل الأداء، ولذلك فالتفاعل بين قوة الرغبة في الحصول على ناتج معين ودرجة التوقع بأن ذلك التصرف سوف يؤدي إلى الناتج المفضل. ومن أهم المآخذ على هذه النظرية أن التوقع يكون قبل أداء العمل والنتيجة المتوقعة هي التي تحقق الرضا الوظيفي وليس تحقيق الهدف والوصول إليه، كما أن النظريه تمنح العامل مساحه كبيره للتفكير العميق قبل القيام بالعمل، وهذا ربما مستوى يصعب الوصول إليه لدى أفراد كثيرين.

وأخيرا نظرية ألدرفر Alderfer التي اختصرت سلم الحاجات الخمسة في نظرية ماسلو Maslow إلى ثلاثة مستويات رئيسة، وهي حاجات: الوجود والارتباط والنمو، وبذلك فالنظرية تتفق مع سلم الحاجات إلا أنها تختلف عنها في كون انتقال الفرد من مستوى إلى مستوى آخر من الحاجات دون ضرورة إشباع المستوى الذي قبل، كما يمكن إشباع أكثر من حاجة في وقت واحد بخلاف نظرية ماسلو التي تؤكد على الترتيب الهرمي للحاجات. ومن أهم المآخذ على هذه النظرية أن الحاجات تختلف باختلاف الأفراد والمجتمعات والبيئات والثقافات وأنها مجرد تقسيم للحاجات دون العمق في فهم الدافعية للأفراد ومعرفة مستوى الرضا الوظيفي لديهم.

وللرضا الوظيفي عوامل تؤثر فيه إيجابا وسلبا، ولا يمكن القول بأن العوامل التي تؤثر في الرضا الوظيفي يجب أن تكون جميعها مجتمعة حتى يحدث ذلك الرضا. وتنقسم تلك العوامل إلى عدة أقسام، منها ما يتعلق بطبيعة الوظيفة وظروف العمل فيها، ومنها ما يتعلق بالراتب والمكافآت والحوافز، ومنها ما يتعلق بالنمو المهني والارتقاء الوظيفي، ومنها ما يتعلق بالعلاقات الإنسانية بين الزملاء وبين الرؤساء، ومنها ما يتعلق بطبيعة مهنة التربية والتعليم، ومنها ما يتعلق بالمكانة الاجتماعية.

والرضا الوظيفي يتأثر بعوامل أو متغيرات ديموغرافية كثيرة مثل العمر والجنس أو النوع والخبرة والمستوى الوظيفي والمستوى التعليمي أو المؤهل العلمي.

وهناك علاقة متبادلة بين الالتزام التنظيمي والرضا الوظيفي، فالرضا الوظيفي قد يؤثر في مستوى الالتزام، وقد يؤثر الالتزام في مستوى الرضا الوظيفي، وقد تكون هذه العلاقة دائرية أي بمعنى أن الرضا الوظيفي يؤدي إلى تعميق الالتزام التنظيمي الذي بدوره يؤدي إلى الرضا الوظيفي. كما أن نتائج الرضا الوظيفي كثيرة، فمنها ما يتعلق بالرضا عن العلاقات بين الأفراد والتعاون بينهم، فالراضي والمحب لعمله يكون دائما معاونا لزملائه, ويحاول دائما حل المشاكل التي تعترض مسار العمل, ولا يشتكي عادة ويتلقى التعليمات والتوجيهات دون اعتراض ويسعى دائما إلى تحسين بيئة العمل. ومن نتائج الرضا الوظيفي عدم التغيب عن العمل أو السعي للتقاعد المبكر أو الاستقالة, ومن نتائج الرضا الوظيفي زيادة الإنتاجية كما وكيفا، وكذلك زيادة الالتزام التنظيمي.

ثالثاً: الدراسات السابقة:

أجريت العديد من الدراسات في الالتزام التنظيمي والرضا الوظيفي بمدارس التعليم العام، إلا أن دراسات الرضا الوظيفي تعد كثيرة إلى حد كبير في تلك المؤسسات لأنها تركز على مختلف العاملين في التعليم العام من معلمين ومرشدين طلابيين بالإضافة إلى العاملين في مجال الإدارة المدرسية. أما دراسات العلاقة بين الالتزام التنظيمي والرضا الوظيفي لدى مديري مدارس التعليم العام فتعد قليلة أو نادرة، ومع ذلك فلقد استطاع الباحث الحصول على العديد من الدراسات المتعلقة بالالتزام التنظيمي والرضا الوظيفي لدى المديرين، ويعرض الباحث الدراسات السابقة موضوع الدراسة حسب التسلسل الزمني بداية من الأقدم وصولا إلى الأحدث، وانطلاقا من دراسات الالتزام التنظيمي وصولا إلى دراسات الرضا الوظيفي ونهاية بالدراسات التي جمعت بين الالتزام التنظيمي والرضا الوظيفي لدى مديري مدارس التعليم العام سواء على المستوى المحلي أو العربي أو الأجنبي، يلي ذلك التعليق على تلك الدراسات.

1. دراسات الالتزام التنظيمي في مجال الإدارة المدرسية:

قـام Mottaz 1988 بدراسـة لمحددات الالتـزام التنظيمي محاولا تحديد مستوى مكافآت العمل مـع قيم العمل في التأثير على الالتزام التنظيمي وكذلك الكشف عـن أثـر المتغيرات الديموغرافيـة عـلى الالتـزام التنظيمـي، وتكونت عينة الدراسة من 1385 عاملا من فئات وظيفية مختلفة ومنهم مديرو المدارس. ومن أهم النتائج التـي وتوصلت إليها هذه الدراسة أن مكافآت العمل لها تأثير إيجابي قوي على الالتزام التنظيمي بينما قيم العمـل لها تأثير سلبي ضعيف عليه. كما توصلت إلى أن تأثير المتغيرات الديموغرافية مثل العمر والتعليم والجنس على الالتزام التنظيمي هو تأثير غير مباشر فهو يحدث أساسا من خلال مكافآت العمل وقيمه ولـذلك فهـي لا تمثل محـددات للالتزام التنظيمي في حد ذاتها.

وأجـرى كل مـن Hart & Willower 1994 دراسـة عـن الالتـزام التنظيمـي لمـديري المـدارس الثانويـة وحيوية البيئة المدرسية بإحدى ولايات إقليم وسط أتلانتك بالولايات المتحدة الأمريكية، وبلغت عينة الدراسة مـن 51 مديرا، وتوصلت هذه الدراسة إلى نتائج أهمها أن هناك علاقة موجبة بين الالتزام التنظيمي الذي يقرره مـدير المدرسة ذاتيا وتقديره للحيوية المدرسية.

أجـرى العبادي 1420هـ دراسة بهدف التعرف على درجة الالتزام التنظيمـي والعوامـل المرتبطـة بـه لـدى مديري مدارس التعليم العام للبنين في محافظة جدة بالمملكة العربية السعودية مستخدما مقياس بـورتر وزملائـه (1974م) لقياس مستوى الالتـزام التنظيمـي ومقيـاس موتـاز (1989م) لقيـاس العوامـل المرتبطـة بـه كالمتغيرات الشخصية ومتغيرات بيئة العمل. وتوصلت الدراسة إلى أن الالتزام التنظيمـي لدى المديرين مرتفع، ولم تتوصل إلى وجود علاقة بين الصفات الشخصية وهي العمر والمستوى الوظيفي وسنوات الخدمة والمؤهل التعليمـي والحالة الاجتماعية والراتب وبين الالتزام التنظيمي، إلا أنها توصلت إلى وجود علاقة عند مستوى الدلالة الإحصائية 0.01 بين رضا مديري المدارس عن الرواتب والمكافآت الجانبية وتقدير العمل الـذي يقـوم بـه مـدير المدرسة مـن قبـل المشرفين والمسؤولين بالإدارة وبين الالتزام التنظيمي.

الدراسة الخامسة، الالتزام التنظيمي وعلاقته بالرضا الوظيفي

وقام Hawkins 2000 بدراسة لمؤشرات الالتزام التنظيمي بين مديري المدارس الثانوية بالولايات المتحدة الأمريكية بهدف تقدير كل من العمر والجنس والمنصب التنظيمي والدعم التنظيمي المدرك والعدالة المدركة والاستقلالية المدركة في تفسير الالتزام التنظيمي، وبلغت العينة 396 مديرا ومديرة. وتوصلت الدراسة إلى نتائج من أهمها أن 58% من الاختلاف في درجات الالتزام التنظيمي بين مديري المدارس يمكن رده إلى العدالة المدركة والمنصب الوظيفي والدعم التنظيمي المدرك وعمر المدير، كما توصلت إلى أن أعلى المتغيرات المفسرة للالتزام التنظيمي هي العدالة المدركة وأقلها تفسيرا عمر مدير المدرسة.

أجرى المهدي 2002م دراسة بهدف التعرف على مستوى الالتزام التنظيمي ومستوى ضغوط العمل الإداري لدى مديري مدارس التعليم الأساسي بجمهورية مصر العربية بغية تعزيز وتفعيل الالتزام التنظيمي لدى مديري المدارس الابتدائية، وبلغت عينة الدراسة 615 مديرا ومديرة من أصل 13191 مديرا ومديرة للمرحلة الابتدائية بجمهورية مصر العربية. ومن أهم نتائج الدراسة التي توصل إليها ارتفاع مستوى الالتزام التنظيمي العام لدى مديري المدارس الابتدائية، حيث وصلت نسبة الالتزام التنظيمي العام إلى ما يزيد عن 79%، ووجد فروقا ذات دلالة إحصائيا في مستوى الالتزام التنظيمي العام تعزى للجنس لصالح المديرين الذكور، ولم يجد فروقا ذات دلالة إحصائيا في مستوى الالتزام التنظيمي العام تعزى للمستوى التعليمي أو للخبرة الإدارية.

وأجرى عطاري وآخرون 1427هـ دراسة عن الولاء التنظيمي للهيئة الإدارية والتدريسية بمدارس وزارة التربية والتعليم بسلطنة عمان بهدف الكشف عن مدى ارتباط الولاء التنظيمي ببعض المتغيرات الشخصية، وقد أظهرت النتائج ولاءً مرتفعا لعينة الدراسة، كما تبين تأثر إجابات الهيئة الإدارية والتدريسية بالجنس لصالح الإناث وبالمستوى التعليمي لصالح الأعلى مؤهلا، كما أظهرت النتائج ارتباط الولاء بعدد سنوات الخبرة، ووجدت فروقا ذات دلالة إحصائية في مستوى الولاء التنظيمي بين الهيئة التدريسية والإدارية لصالح الإداريين.

2. دراسات الرضا الوظيفي في مجال الإدارة المدرسية:

أجرت بخاري 1407هـ دراسة بهدف التعرف على مستوى الرضا الوظيفي للعاملات في التعليم العام بمنطقة مكة المكرمة في المملكة العربية السعودية في ضوء اللائحة التعليمية الصادرة عام 1402هـ وقد اشتملت العينة على الموجهات والمديرات والمساعدات والمعلمات في جميع مراحل التعليم العامة، وتوصلت الباحثة إلى أن اللائحة التعليمية لم تحقق الهدف منها في زيادة الرضا الوظيفي عند العاملات في التعليم العام، وأن الرضا الوظيفي لدى تلك الفئات يعود لتلاؤم الأعمال التعليمية مع خصائص المرأة.

قام العمري 1992م بدراسة هدفها التعرف على مستوى الرضا الوظيفي لمديري المدارس الحكومية في الأردن وعلاقته ببعض خصائصهم الشخصية والوظيفية، وتكونت عينة الدراسة من 223 مديرا ومديرة، وتوصل إلى أن مستوى الرضا الوظيفي بشكل عام عال نسبيا لديهم، ولم يتوصل إلى وجود فروق ذات دلالة إحصائية في مستوى الرضا الوظيفي وفقا لمتغيرات الدراسة وهي الجنس والخبرة التربوية والخبرة الإدارية وعدد الطلاب في المدرسة والمرحلة التعليمية.

وأجرت الهدهود 1994م دراسة عن العوامل المؤثرة في الرضا الوظيفي لدى نظار وناظرات مدارس التعليم العام في الكويت، وبلغت عينة الدراسة 210 ناظرا وناظرة، وتوصلت إلى أن الرضا الوظيفي لدى العينة يتراوح بين كونه جيدا ومتوسطا، ولم تتوصل إلى وجود فروق ذات دلالة إحصائية في مستوى الرضا الوظيفي وفقا لمتغيرات الدراسة وهي الجنس والمرحلة التعليمية والمنطقة التعليمية والعمر والخبرة والمؤهل الدراسي.

وقام ألركسن Ulriksen 1996 بإجراء دراسة عن وجهة نظر المعلمين والمديرين حول العوامل المتعلقة بالرضا الوظيفي في المرحلة الثانوية في مدينة لوس أنجلوس من ولاية كاليفورنيا الأمريكية، وقد بلغت العينة 64 معلما ومديرا من الجنسين، وكانت أداة الدراسة الاستبانة والمقابلات الشخصية، وتوصل إلى أن العمل الذي يؤدنه والإنجاز الذي يقومون به وشعورهم بالمسؤولية والتقدير يجعل المديرون والمعلمون يشعرون بالرضا الوظيفي.

وهدفت دراسة الشايجي 1417هـ إلى التعرف على مستوى الرضا الوظيفي لشاغلي الوظائف التعليمية بمدارس التعليم العام الثانوي الحكومي والأهلي بمدينة جدة في المملكة العربية السعودية، وبلغت عينة الدراسة 741 مديرا ووكيلا ومرشدا طلابيا ومعلما، وتوصلت الدراسة إلى أن أغلب أفراد عينة الدراسة راضون بشكل عام، ولم تتوصل الدراسة إلى وجود فروق ذات دلالة إحصائية بين بعض المتغيرات الشخصية والرضا الوظيفي.

وقام العريمي 1998م بدراسة عن الرضا الوظيفي لدى مديري مدارس التعليم العام بسلطنة عمان والعوامل المؤثرة فيه، وبلغت العينة 283 مديرا ومديرة، وتوصلت الدراسة إلى أن هناك رضا وظيفيا عاما، كما كان هناك رضا وظيفيا عند مديري المدارس على جميع أبعاد الرضا الوظيفي بخلاف المديرات اللواتي أظهرن عدم رضا وظيفي تجاه بعض الأبعاد.

وأجرى محمود وشرف الدين 1999م دراسة بهدف التعرف على وجهة نظر كل من المديرين والوكلاء والمدرسين الأوائل في تفويض السلطة والتعرف على العلاقة بين تفويض السلطة والرضا الوظيفي في مدارس التعليم العام بجمهورية مصر العربية، وتوصلا إلى أن هناك علاقة ارتباط موجبة متوسطة القوة بين درجة تفويض السلطة ودرجة الرضا الوظيفي عند كل من فئتي الوكلاء والمدرسين الأوائل، فكلما زادت درجة تفويض السلطة كلما ارتفعت درجة الرضا الوظيفي لدى العاملين والعكس.

وهدفت دراسة الرويلي 1422هـ إلى التعرف على درجة الرضا الوظيفي لدى مديري ومديرات مدارس التعليم العام الحكومي بمنطقة الحدود الشمالية في المملكة العربية السعودية، وبلغت عينة الدراسة 167 مديرا ومديرة، وتوصلت الدراسة إلى أن درجة الرضا الوظيفي لدى العينة بصفة عامة متوسطة، ووجدت فروقا ذات دلالة إحصائية في درجة الرضا الوظيفي بين المديرين والمديرات تعزى للمرحلة التعليمية لصالح مديري ومديرات المرحلة الابتدائية.

وأجرت صادق وآخرون 2003م دراسة عن الرضا عن العمل وعلاقته بالرضا عن الاتصال لدى مديري ومديرات مدارس التعليم العام بدولة قطر، وبلغت العينة 192 مديرا ومديرة، وتوصلت الدراسة إلى توفر الرضا عن العمل لدى العينة دون تحديد درجته أو مستواه، وتوصلت كذلك إلى وجود علاقة إيجابية بين الرضا عن العمل والرضا عن الاتصال، ووجدت فروقا ذات دلالة إحصائية بين الرضا عن العمل والمرحلة التعليمية ولم تتوصل إلى وجود فروق ذات دلالة إحصائية بين الرضا عن العمل ومستوى الخبرة.

وأجرى حسين 2004م دراسة عن ضغوط العمل وعلاقتها بالرضا الوظيفي لدى العاملين في مجال الإدارة المدرسية بالمرحلة الإعدادية، وبلغت عينة الدراسة 82 مديرا و132 وكيلا بمحافظة القليوبية بجمهورية مصر العربية، وتوصل إلى أن المديرين والوكلاء رضاهم الوظيفي بشكل عام عال، كما توصل إلى عدم وجود فروق ذات دلالة إحصائية في الرضا الوظيفي بين المديرين والوكلاء مما يدل على تكافؤ المجموعتين في الرضا الوظيفي.

وقام الأغبري 1424هـ بدراسة هدفها التعرف على مستوى الرضا الوظيفي لدى عينة من مديري مدارس التعليم العام في بالمنطقة الشرقية في المملكة العربية السعودية، وبلغت العينة 83 مديرا، وتوصل إلى أن مستوى الرضا الوظيفي عن الراتب والشعور بالإنجاز وتعاون المعلمين والإحساس بالأمن والاستقرار الوظيفي تمثل مصدرا كبيرا للرضا في حين أن مستوى الرضا الوظيفي عن الفرص المتاحة للنمو المهني والترقي الوظيفي كان منخفضا لدى عينة أفراد الدراسة، واكتشف علاقة ارتباطية ذات دلالة إحصائية بين مستوى الرضا الوظيفي وبين المتغيرات المستقلة للدراسة وهي نوع المبنى المدرسي، والمرحلة التعليمية، وسنوات الخبرة والسن.

أجرى البابطين 1426هـ دراسة عن الرضا الوظيفي لعينة من مديري مدارس التعليم العام في المملكة العربية السعودية بهدف التعرف على مستوى رضاهم، حيث بلغت عينة الدراسة 145 مديرا، وتوصلت إلى أن مستوى الرضا الوظيفي لديهم متوسط، ولم

يتوصل إلى وجود فروق ذات دلالة إحصائية في مستوى الرضا الوظيفي وفقا لمتغيرات الدراسة وهي المرحلة التعليمية وعدد سنوات الخبرة والتدريب.

3. دراسات العلاقة بين الالتزام التنظيمي والرضا الوظيفي:

أجرى المير 1416هـ دراسة عن العلاقة بين ضغوط العمل والولاء التنظيمي والرضا الوظيفي والصفات الشخصية بين أربع مجموعات من اليد العاملة ذات المهام الإدارية وغير الإدارية الذين يعملون في المؤسسات الحكومية والصناعية والتعليمية والصحية في المملكة العربية السعودية. وتوصلت الدراسة إلى وجود علاقة إيجابية ذات دلالة إحصائية بين الولاء والعمر، فكلما زاد عمر الموظف زاد ولاؤه، كما توصلت إلى أن هناك فروقا ذات دلالة إحصائية بين المجموعات الأربع في متوسط مستوى الولاء التنظيمي والرضا الوظيفي، وأن هناك علاقة إيجابية ذات دلالة إحصائية بين الولاء التنظيمي والرضا الوظيفي لأفراد كل مجموعة.

وقام Knoop 1995 بدراسة عن تأثير المشاركة في صنع القرار على الرضا الوظيفي والالتزام التنظيمي لمديري المدارس الابتدائية بالولايات المتحدة الأمريكية، وتكونت العينة من 163 مديرا، وتوصل إلى أن المشاركة في صنع القرار والرضا الوظيفي يرتبطان إيجابا بالالتزام التنظيمي للمديرين، وأن هناك ارتباطا إيجابيا قويا بين الالتزام التنظيمي وأبعاد الرضا الوظيفي المختلفة.

4. التعليق على الدراسات السابقة:

استعرض الباحث عددا من الدراسات المحلية والعربية والأجنبية التي تناولت الالتزام التنظيمي والرضا الوظيفي بمجال الإدارة المدرسية في المؤسسات التعليمية. وكانت أغلب الدراسات تركز على قياس مستوى الرضا الوظيفي، ودراسات أخرى أقل عددا تركز على الالتزام التنظيمي، أما الدراسات التي تناولت العلاقة بين الالتزام التنظيمي والرضا الوظيفي فقد كانت فقط دراستين. مما يؤكد أن الباحثين يتناولون دراسة الالتزام التنظيمي لوحده أو مع بعض المتغيرات الشخصية، والقليل منهم أو النادر من يتناوله بالدراسة من ناحية علاقته ببعض المتغيرات التنظيمية المهمة كالرضا الوظيفي أو الدافعية أو الروح المعنوية أو الأداء الوظيفي أو تسرب العاملين.

وقد استخدمت جميع الدراسات الواردة أعلاه المنهج الوصفي، وجعلت الاستبانة أداة لها. والدراسة الحالية تنفرد عن الدراسات السابقة في كونها تركز على قياس مستوى الالتزام التنظيمي ومستوى الرضا الوظيفي لدى مديري المدارس والكشف عن العلاقة بينهما، وتتفق معها في المنهج المتبع والأداة المستخدمة. قد أجريت الدراسات السابقة في العديد من المناطق التعليمية داخل المملكة العربية السعودية أو على المستوى العربي أو الأجنبي، إلا أنه هذه الدراسة الحالية تتميز عن الدراسات السابقة بأنها تحاول الكشف عن العلاقة بين الالتزام التنظيمي والرضا الوظيفي لدى مديري المعاهد العلمية، والتي لم يسبق لأحد من الباحثين دراستها من قبل. وقد أفاد الباحث من جميع الدراسات السابقة في العديد من الجوانب المهمة سواء في بناء الإطار النظري للدراسة والأداة أو في المعالجة الإحصائية إضافة إلى تفسير ومقارنة نتائج هذه الدراسة الحالية بنتائج الدراسات السابقة ذات العلاقة بمديري مدارس التعليم العام.

ولقد أجريت دراسات أخرى للالتزام التنظيمي -رغم النقص- مثل دراسة (القطان، 1987م) التي قارنت بين الولاء التنظيمي والصفات الشخصية والأداء الوظيفي لدى العمالة الأسيوية والعربية، ودراسة (العتيبي، 1993م) التي تناولت أثر الولاء التنظيمي والعوامل الشخصية على الأداء الوظيفي لدى العمالة الوافدة والعمالة الكويتية، ودراسة (نعمة وآخرون، 1996م) التي درست الالتزام التنظيمي وفاعلية المنظمة في الكليات العلمية والإنسانية في جامعة بغداد، ودراسة (خطاب، 1988م) المتعلقة بالانتماء التنظيمي والرضا عن العمل لدى المرأة العاملة السعودية، ودراسة (الدخيل الله، 1995م) التي تناولت مقدمات الالتزام لمنظمة أكاديمية، ودراسة (الطجم، 1996م) المتعلقة بقياس مدى قدرة العوامل التنظيمية والديموغرافية في التنبؤ بمستوى الالتزام التنظيمي بالأجهزة الإدارية السعودية، ودراسة (العتيبي والسواط، 1997م) المتعلقة بالولاء التنظيمي لمنسوبي جامعة الملك عبدالعزيز والعوامل المؤثرة فيه، ودراسة (المعاني، 1999م) المتعلقة بالولاء التنظيمي لدى المديرين في الوزارات الأردنية، (ودراسة العمري، 1424هـ) التي عملت على بناء نموذج سببي لدراسة تأثير كل من الولاء التنظيمي والرضا الوظيفي وضغوط العمل على الأداء الوظيفي والفعالية التنظيمية لدى عينة من

موظفي البنوك السعودية، ودراسة (الهاجري، 1423هـ) المتعلقة بالعلاقة بين الولاء التنظيمي وبعض العوامل الاجتماعية والتنظيمية لدى موظفي الخطوط الجوية العربية السعودية بمدينة الرياض، ودراسة (القرشي، 1418هـ) بعنوان الولاء التنظيمي للموظفين الحكوميين في مدينة جدة، ودراسة (الشهري، 1418هـ) عن أثر العلاقات الوظيفية غير الرسمية و الولاء التنظيمي في الأداء الوظيفي لدى العاملين في حرس الحدود، ودراسة (العجمي، 1999م) عن الولاء التنظيمي والرضا عن العمل من خلال عقد مقارنة بين القطاع العام والقطاع الخاص في دولة الكويت، ودراسة (القحطاني، 1422هـ) عن أثر بيئة العمل الداخلية على الولاء التنظيمي لدى ضباط حرس الحدود بالمنطقة الشرقية، ودراسة (الشعلان، 1422هـ) المتعلقة بالولاء التنظيمي وعلاقته بكفاءة الأداء لدى العاملين بجوازات مطار الملك خالد الدولي، ودراسة (الفوزان، 1424هـ) عن أثر السياسة التنظيمية والمتغيرات الشخصية على الولاء التنظيمي لدى الموظفين في المؤسسات السعودية العامة.

الدراسة الميدانية:

يقدم الباحث فيما يلي الدراسة الميدانية بداية من الإجراءات المنهجية للدراسة ومجتمع الدراسة وأداتها والمعالجة الإحصائية ثم يعرض نتائج الدراسة الميدانية ويناقش نتائجها ثم بعد ذلك يوضح أهم النتائج والتوصيات ويقترح دراسات مستقبلية.

أولاً: الإجراءات المنهجية للدراسة:

1. منهج الدراسة:

استخدم الباحث المنهج الوصفي التحليلي الذي يعتمد على دراسة الواقع أو الظاهرة كما توجد ويصفها وصفا دقيقا ويعبر عنها كيفيا أو كميا، فالتعبير الكيفي يصف الظاهرة ويوضح خصائصها، أما التعبير الكمي فيعطي وصفا رقميا يوضح مقدار هذه الظاهرة أو حجمها ودرجات ارتباطها مع الظواهر المختلفة الأخرى، (عبيدات، وآخرون، 1993م). لذلك فاختيار هذا المنهج سيصف بدقة رأي مديري المعهد العلمية في مستوى الالتزام

التنظيمي وسمتوى الرضا الوظيفي، كما سيوضح العلاقة بين الالتزام التنظيمي والرضا الوظيفي.

2. مجتمع الدراسة:

يتكون مجتمع الدراسة من جميع مديري المعاهد العلمية بجامعة الإمام محمد بن سعود الإسلامية بالمملكة العربية السعودية، والبالغ عددهم اثنان وستون (62) مديرا. وقد أخذ الباحث جميع أفراد مجتمع الدراسة، ووزع عليهم أداة الدراسة، وعاد منها اثنان وخمسون (52) استبانة بنسبة بلغت 83.9%، وتم استبعاد ثلاث استبانات لعدم اكتمال بياناتها، وبذلك تكون عدد الاستبانات التي خضعت للمعالجة الإحصائية 49 استبانة.

3. أداة الدراسة:

اعتمد الباحث في إجراء هذه الدراسة على الاستبانة أداة لجمع البيانات الخاصة بالالتزام التنظيمي والرضا الوظيفي لمديري المعاهد العلمية بجامعة الإمام محمد بن سعود الإسلامية. ولقد قام الباحث بعمل خطوات عدة من أجل جمع البيانات وذلك قبل تحديد الأداة، تمثلت تلك الخطوات بالتالي:

1. مسح الإنتاج العلمي المحلي والعربي والأجنبي حول موضوع الالتزام التنظيمي والرضا الوظيفي.
2. مقابلة عدد من مديري المعاهد العلمية بالجامعة للتعرف عن كثب على جوانب الالتزام التنظيمي وجوانب الرضا الوظيفي وبعض القضايا التنظيمية المتعلقة بموضوع الدراسة.
3. تصميم استبانة خاصة تلائم مديري المعاهد العلمية بالجامعة لتحديد مستوى الالتزام التنظيمي لديهم، وذلك بعد مراجعة المقاييس الموجودة مثل مقياس بورتر وزملاؤه (1970م)، ومقياس ماير وآلن (1990م)، ومقياس ماير وآخرون (1993م)، ولتحديد مستوى الرضا الوظيفي لدى المديرين، وذلك بعد مراجعة مقياس آرونسون (1989م) ومقياس Lester ليستر (1987م)، ومقياس سبكتر (1985م) ومقياس مينيسوتا

(MSQ) (1967م)، ومقياس الوصف الوظيفي (JDI) (1969م)، ومقياس بورتر للرضا (NSQ) (1961م)، وغيرها من المقاييس والأدوات.

وبناء على ذلك أعد الباحث أداة دراسته في ضوء أهدافها وأسئلتها، وقدمها لمجموعة من المحكمين بهدف الحصول على آرائهم في هدف الدراسة وأسئلتها وكذلك محاورها وعباراتها، وأجرى التعديلات المطلوبة من المحكمين. وقد اشتملت الأداة على ثلاثة أجزاء، الأول يتعلق بالبيانات الشخصية لمديري المعاهد العلمية مثل الخبرة والعمر والمستوى الوظيفي والمؤهل العلمي واسم الجامعة التي حصل على آخر مؤهل منها.

ويتعلق الجزء الثاني بدرجة موافقة المدير على جوانب الالتزام التنظيمي، حيث اشتمل على عشرين عبارة متعلقة بمكونات الالتزام التنظيمي الثلاثة، وهي الالتزام الوجداني أو العاطفي والالتزام المستمر والالتزام المعياري أو الأخلاقي. أما الجزء الثالث فيتعلق بدرجة موافقة المدير على جوانب الرضا الوظيفي بأبعاده المختلفة. كما اشتملت الأداة على خطاب موجه للمستجيبين يوضح الهدف من الدراسة وأسلوب الإجابة عن الاستبانة، كما خصص الباحث للمستجيبين مكانا مناسبا ليضيفوا وجهات نظرهم فيما يتعلق بالالتزام التنظيمي وبالرضا الوظيفي.

4. المعالجة الإحصائية:

جمع الباحث المعلومات اللازمة ثم قام بتحليلها من خلال البرنامج الإحصائي للعلوم الاجتماعية (SPSS), وقد استخدم الباحث عدداً من الأساليب الإحصائية المناسبة لطبيعة هذه الدراسة، ومن أهمها التكرارت والنسب المئوية، والمتوسط الحسابي والانحراف المعياري، واستخدام معامل ارتباط بيرسون (Pearson Correlation) وأسلوب تحليل التباين أحادي الاتجاه (ANOVA).

وقد اعتمد الباحث في تحديد مستوى الالتزام التنظيمي ومستوى الرضا الوظيفي على معيار خماسي متدرج من درجة موافق بدرجة كبيرة جدا إلى درجة ضعيفة جدا, ونظرا لكون مدى الموافقة يساوي (4) وهو الفرق بين أعلى درجة (5) وأدنى درجة(1)؛ وبقسمة المدى (4) على عدد الفئات (5) يصبح طول الفئة (0.80), والجدول رقم (1)

يوضح معيار التقدير الخماسي والقيمة الوزنية لدرجة الموافقة على عبارات الالتزام التنظيمي والرضا الوظيفي.

جدول رقم (1)

معيار التقدير الخماسي والقيمة الوزنية لدرجة الموافقة

درجة الموافقة	الدرجة	القيمة الوزنية
كبيرة جدا	خمس درجات	من (4.2) إلى (5)
كبيرة	أربع درجات	من (3.4) إلى أقل من (4.2)
متوسطة	ثلاث درجات	من (2.6) إلى أقل من (3.4)
ضعيفة	درجتان	من (1.8) إلى أقل من (2.6)
ضعيفة جدا	درجة واحدة	من (1) إلى أقل من (1.8)

وبهذا يكتمل عرض الإجراءات المنهجية للدراسة، وينتقل الباحث إلى عرض نتائج الدراسة الميدانية ومناقشتها.

ثانياً: عرض نتائج الدراسة ومناقشتها:

يعرض الباحث فيما يلي نتائج الدراسة ومناقشتها، بداية من عرض البيانات الأولية، ثم التعرف على مستوى الالتزام التنظيمي ومستوى الرضا الوظيفي ثم الكشف عن العلاقة بين مستوى الالتزام التنظيمي ومستوى الرضا الوظيفي لدى مديري المعاهد العلمية، يلي ذلك تحديد العلاقة بين مستوى الالتزام التنظيمي والخصائص الشخصية للمديرين، ومن ثم تحديد العلاقة بين مستوى الرضا الوظيفي والخصائص الشخصية للمديرين، وكذلك التعرف على الفروق ذات الدلالة الإحصائية إن وجدت في تحديد مستوى الالتزام التنظيمي تعزى للخصائص الشخصية للمديرين، وأخيرا التعرف على الفروق ذات الدلالة الإحصائية إن وجدت في تحديد مستوى الرضا الوظيفي تعزى للخصائص الشخصية لمديري المعاهد العلمية.

ويقدم الباحث وصفا لأفراد الدراسة من حيث الخبرة في المعاهد العلمية والعمر والمؤهل العلمي واسم الجامعة التي حصل على آخر مؤهل منها والمستوى الوظيفي. والجداول رقم (2) ورقم (3) ورقم (4) ورقم (5) ورقم (6) توضح ذلك:

جدول رقم (2)

الخبرة لأفراد الدراسة

الخبرة لأفراد الدراسة	التكرار	النسبة المئوية
أقل من خمس سنوات	1	2
من خمس سنوات إلى عشر سنوات	6	12.3
أكثر من عشر سنوات	40	81.7
لم يبيّن	2	4
المجموع	49	100

وقد تبيّن من نتائج الجدول رقم (2) أن 81.7% من أفراد مجتمع الدراسة تزيد خبرتهم في المعاهد العلمية عن عشر سنوات، ثم فئة من خمس إلى عشر سنوات في المرتبة الثانية بنسبة مئوية بلغت 12.3% وأخيرا أصحاب الخبر التي هي أقل من خمس سنوات، حيث بلغت نسبتهم المئوية 2%. كما امتنع عن إيضاح الخبرة فردين من مجتمع الدراسة بما نسبته 4%. وتؤكد هذه النتائج أن 94% من أفراد مجتمع الدراسة لديهم خبرة خمس سنوات في المعاهد العلمية، وهذه المدة كافية جدا للحكم على مستوى الالتزام التنظيمي ومستوى الرضا الوظيفي.

جدول رقم (3)

العمر لأفراد الدراسة

العمر لأفراد الدراسة	التكرار	النسبة المئوية
أقل من 35 سنة	1	2
من 35 سنة إلى 50 سنة	27	55.1
أكثر من 50 سنة	18	36.8
لم يبيّن	3	6.1
المجموع	49	100

كما تبيّن من نتائج الجدول رقم (3) أن 55.1% من أفراد مجتمع الدراسة من الفئة العمرية (من 35 إلى 50 سنة)، يلي ذلك الفئة (أكثر من 50 سنة) بنسبة بلغت 36.8% وأخيرا الفئة الثالثة (أقل من 35 سنة) إذ بلغت 2% من أفراد مجتمع الدراسة، كما امتنع عن بيان العمر (3) أفراد من دون بيان السبب بنسبة بلغت 6.1%. وتؤكد هذه النتيجة أن 91.9% من أفراد مجتمع الدراسة أعمارهم أكثر من 35 سنة مما يدلل على قدرتهم على إيضاح مستوى الالتزام التنظيمي والرضا الوظيفي.

جدول رقم (4)

المؤهل لأفراد الدراسة

المؤهل لأفراد الدراسة	التكرار	النسبة المئوية
جامعي	18	36.8
فوق الجامعي	30	61.2
لم يبيّن	1	2
المجموع	49	100

كما تبيّن من نتائج الجدول رقم (4) أن 61.2% من أفراد مجتمع الدراسة حاصلون على مؤهل فوق الجامعي وهو الماجستير والدكتوراه في مجالات مختلفة، و36.8% من المجتمع حاصلون على مؤهل جامعي، وامتنع عن بيان المؤهل العلمي فردين من دون بيان السبب بنسبة بلغت 2%. وتؤكد هذه النتيجة أن 61.2% من أفراد مجتمع الدراسة يحملون مؤهلات عالية في تخصصات متنوعة.

جدول رقم (5)

الجامعة التي حصل أفراد الدراسة على المؤهل العلمي منها

الجامعة	التكرار	النسبة المئوية
جامعة الإمام محمد بن سعود الإسلامية	40	81.7
جامعة أم القرى	4	8.1
الجامعة الإسلامية	2	4.1
أخرى	3	6.1
المجموع	49	100

وقد تبيّن من نتائج الجدول رقم (5) أن 81.7% من أفراد مجتمع الدراسة حصلوا على المؤهل العليم من جامعة الإمام محمد بن سعود الإسلامية، وهذه النسبة العالية تعود لمنح إدارة الجامعة فرصا لمنسوبي المعاهد العلمية للالتحاق ببرامج الدراسات العليا المختلفة بالجامعة، لذلك زادت نسبة الحاصلين على مؤهل علمي من الجامعة، حيث سجل أفراد الدراسة آخر مؤهل حصلوا عليه. يلي ذلك فئة من حصل على مؤهله من جامعة أم القرى بنسبة بلغت 8.1%، وأخيرا فئة من حصل على مؤهله من الجامعة الإسلامية بنسبة مئوية بلغت 4.1%. كما امتنع عن تسمية الجامعة التي حصل على مؤهله منها ما نسبته 6.1% من أفراد عينة الدراسة.

كما تبيّن من نتائج الجدول رقم (6) أن 69.4% من أفراد مجتمع الدراسة مستواهم الوظيفي الخامس، ثم المستوى السادس بنسبة بلغت 22.4%، وأخيرا من هم في المستوى الرابع بنسبة بلغت 4.1%، ومثلها الذين لم يبينوا مستواهم الوظيفي. وبالنظر إلى نتائج الجدول رقم (4) و(5) و (6) المتعلقة بالمؤهل العلمي ومكان الحصول عليه والمستوى الوظيفي، والتي تعد نتائجها مرتفعة جدا، فإن مجتمعا هذه بعض أوصافه وبعض بياناته الشخصية يتوقع منه ارتفاعا في مستوى الالتزام التنظيمي وارتفاعا في مستوى الرضا الوظيفي.

جدول رقم (6)

المستوى الوظيفي لأفراد الدراسة

المستوى الوظيفي لأفراد الدراسة	التكرار	النسبة المئوية
الرابع	2	4.1
الخامس	34	69.4
السادس	11	22.4
لم يبيّن	2	4.1
المجموع	49	100

وبهذا يكتمل وصف الباحث للبيانات الشخصية لأفراد مجتمع الدراسة، ويقدم بعد ذلك عرضا لنتائج الدراسة ومناقشتها ابتداء بالسؤال الأول للدراسة:

1. إجابة السؤال الأول:

الجدول رقم (7) يوضح مستوى الالتزام التنظيمي لمديري المعاهد العلمية، حيث كان سؤال الدراسة الأول: ما مستوى الالتزام التنظيمي لدى مديري المعاهد العلمية؟ فقد أكد مديرو المعاهد العلمية أن مستوى التزامهم التنظيمي بلغ 4.58 من 5، أي بدرجة كبيرة جدا، حيث أكد المديرون التزامهم التنظيمي بدرجة كبيرة جدا لسبعة عشر عبارة من عبارات الالتزام التنظيمي العشرين، فيما جاءت ثلاث عبارات بدرجة كبيرة، وكانت قيمة الانحراف المعياري 0.5539، وهي قيمة صغيرة تشير إلى تشتت قليل بين الاستجابات.

وقد حظيت عبارة "أحرص على سمعة المعهد" حيث أكدها التزامهم بها 98% من أفراد الدراسة بدرجة كبيرة جدا، و2% بدرجة كبيرة فقط، أي بمتوسط حسابي بلغ 4.98 من 5، يلي ذلك عبارة "أهتم بواقع ومستقبل المعهد" وعبارة "أشعر بارتباطي القوي بالمعهد" حيث حصلتا على متوسط حسابي بلغ 4.90 من 5. كما حظيت عبارة "أشعر بالفخر والاعتزاز عندما اخبر أحدا بأني أعمل بالمعهد" حيث بلغ المتوسط الحسابي 4.86 من 5، وقد حصلت عبارة "تدعم الحوافز المادية من انتمائي للمعهد" على أقل متوسط حسابي إذ بلغ 3.46 من 5. وجميع متوسطات الالتزام التنظيمي تقع ضمن الدرجة الخامسة والرابعة أي أنها تقع ضمن القيمة الوزنية من 3.4 إلى 5 أي أن مدى الموافقة بدرجة كبيرة جدا أو كبيرة.

وتتفق هذه النتيجة تماما مع دراسة Mottaz 1988 حيث توصلت إلى أن مكافآت العمل لها تأثير إيجابي قوي على الالتزام التنظيمي، وقد أخذت عبارة "تدعم الحوافز المادية من انتمائي للمعهد" على درجة كبيرة بالرغم من أنها حصلت على أقل متوسط حسابي. كما اتفقت نتيجة هذه الدراسة مع دراسة المهدي 2002م عن مديري المدارس الابتدائية بجمهورية مصر العربية، حيث توصل إلى ارتفاع مستوى الالتزام التنظيمي العام إلى ما يزيد عن 79%. واتفقت نتيجة هذه الدراسة أيضا مع نتيجة دراسة العبادي

الدراسة الخامسة، الالتزام التنظيمي وعلاقته بالرضا الوظيفي

1420هـ الذي توصل إلى أن الالتزام التنظيمي لدى مديري مدارس التعليم العام في محافظة جدة بالمملكة العربية السعودية مرتفع. واتفقت نتيجة هذه الدراسة مع نتيجة دراسة عطاري وآخرون 1427هـ الذي توصل إلى أن الولاء التنظيمي مرتفع لدى الهيئة الإدارية والتدريسية بمدارس وزارة التربية والتعليم بسلطنة عمان.

جدول رقم (7)

مستوى الالتزام التنظيمي لأفراد الدراسة

م	العبـارة	الالتزام التنظيمي بدرجة										المتوسط الحسابي	الانحراف المعياري
		كبيرة جدا		كبيرة		متوسطة		ضعيفة		ضعيفة جدا			
		ك	%	ك	%	ك	%	ك	%	ك	%		
1	أحرص على سمعة المعهد	48	98	1	2	0	0	0	0	0	0	4.98	0.143
2	أهتم بواقع ومستقبل المعهد	44	89.9	5	10.2	0	0	0	0	0	0	4.90	0.306
13	أشعر بارتباطي القوي بالمعهد	44	89.8	5	10.2	0	0	0	0	0	0	4.90	0.306
24	أشعر بالفخر والاعتزاز عندما أخبر أحدا بأني أعمل بالمعهد	44	89.8	4	8.2	0	0	0	0	1	2	4.86	0.500
45	أبذل مزيدا من الجهد لتحقيق أهداف المعهد	44	89.8	5	10.2	0	0	0	0	0	0	4.82	0.391
6	أعمل على تحقيق أهداف المعهد	43	87.8	5	10.2	0	0	0	0	1	2	4.82	0.635
7	أشعر بالفخر والاعتزاز بانتمائي للمعهد	41	83.7	6	12.2	2	4.1	0	0	0	0	4.80	0.499
8	أشعر بالمسؤولية تجاه نجاح أو فشل المعهد	41	83.7	7	14.3	0	0	1	2	0	0	4.80	0.539
9	أشعر بالفخر والاعتزاز بتاريخ المعهد	42	85.7	5	10.2	1	2	1	2	0	0	4.80	0.577
10	أعطي المعهد أحسن ما عندي في أسلوب أداء العمل	40	81.6	8	16.3	0	0	1	2	0	0	4.78	0.550
11	أشعر بالفخر والاعتزاز باستمرار عملي في المعهد	40	81.6	3	6.1	4	8.2	0	0	0	0	4.77	0.598
12	أرى أن قيمي تتفق مع قيم العمل بالمعهد	38	77.6	10	20.4	0	0	1	2	0	0	4.73	0.569

0.487	4.63	0	0	0	0	0	0	36.7	18	63.3	31	أشعر أن أهدافي المهنية تتطابق مع أهداف المعهد	13
0.489	4.63	0	0	0	0	0	0	36.7	18	61.2	30	أقدم مصلحة العمل على مصلحتي الشخصية	14
0.617	4.51	0	0	2	1	0	0	42.9	21	55.1	27	أشارك في التخطيط لرسم مستقبل المعهد	15
0.791	4.43	0	0	4.1	2	6.1	3	32.7	16	57.1	28	أتحدث عن المعهد بأنه أفضل مكان يمكن العمل به	16
0.872	4.22	0	0	6.1	3	10.2	5	38.8	19	44.9	22	أتمنى أن يلتحق أبنائي بالعمل مستقبلا في المعاهد العلمية	17
1.090	3.98	2	1	6.1	3	28.6	14	18.4	9	44.9	22	أعمل في المعهد بسبب حاجتي للعمل فقط	18
0.996	3.83	2	1	10.2	5	14.3	7	46.9	23	24.5	12	يساعد جو العمل على بذل مزيد من الجهد	19
1.129	3.46	8.2	4	6.1	3	34.7	17	30.6	15	18.4	9	تدعم الحوافز المادية من انتمائي للمعهد	20
0.5539	4.58											متوسط الالتزام التنظيمي	-

2. إجابة السؤال الثاني:

يعرض الباحث نتائج السؤال الثاني المتعلق بتحديد الفروق ذات الدلالة الإحصائية في تحديد مستوى الالتزام التنظيمي تعزى للخصائص الشخصية (العمر والخبرة والمؤهل العلمي والمستوى الوظيفي) لمديري المعاهد العلمية. والجدول رقم (8) يوضح نتائج تلك الفروق باستخدام تحليل التباين الأحادي لمعرفة دلالة الفروق في الالتزام التنظيمي

الدراسة الخامسة، الالتزام التنظيمي وعلاقته بالرضا الوظيفي

والخصائص الشخصية، ويلاحظ عدم وجود فروق دالة إحصائيا بين الالتزام التنظيمي وبين الخصائص الشخصية وهي العمر والخبرة والمستوى الوظيفي والمؤهل العلمي.

جدول رقم (8)
تحليل التباين الأحادي ANOVA
لدلالة الفروق بين الالتزام التنظيمي
والعمر والخبرة والمستوى الوظيفي والمؤهل العلمي

المتغير	مصدر التباين	مجموع المربعات	درجات الحرية	متوسط المربعات	قيمة ف	مستوى الدلالة
العمر	بين المجموعات داخل المجموعات المجموع	4.129 8.722 12.851	2 47 49	0.258 0.291	0.888	غير دالة
الخبرة	بين المجموعات داخل المجموعات المجموع	3.611 12.306 15.917	2 47 49	0.226 0.397	0.569	غير دالة
المستوى الوظيفي	بين المجموعات داخل المجموعات المجموع	7.611 30.056 37.667	2 47 49	0.476 0.970	0.491	غير دالة
المؤهل العلمي	بين المجموعات داخل المجموعات المجموع	3.167 8.083 11.250	2 47 49	0.198 0.261	0.759	غير دالة

وتتفق نتيجة هذه الدراسة مع نتيجة دراسة (Mottaz, 1988) المتعلقة بـأثر المتغيرات الديموغرافية على الالتزام التنظيمي التي توصلت إلى أن تأثير المتغيرات الديموغرافية مثل العمر والتعليم والجنس عـلى الالتـزام التنظيمي هو تأثير غير مباشر فهو يحدث أساسا من خلال مكافآت العمل وقيمه ولـذلك فهـي لا تمثل محـددات للالتزام التنظيمي في حد ذاتها. كما تتفق مع دراسة (المهدي، 2002م) الذي لم يجد فروقا ذات دلالة إحصائيا في مستوى الالتزام التنظيمي العام تعزى للخبرة الإدارية، وكذلك مع دراسة (العبـادي، 1420هـ) التـي لم تتوصـل إلى وجود علاقة بين الصفات الشخصية وهي العمر والمستوى الوظيفي وسنوات الخدمـة والمؤهـل التعليمـي والحالـة الاجتماعية والراتب وبين الالتزام التنظيمي.

وتختلف نتيجة هذه الدراسة مع الدراسات السابقة التي درست العلاقة بـين مسـتوى الالتـزام التنظيمـي والخصائص الشخصية، ومنها دراسة (المير، 1416هـ) التي توصلت إلى وجود علاقة إيجابية ذات دلالة إحصائية بين الولاء والعمر، فكلما زاد عمر الموظف زاد ولاؤه. وتختلـف هـذه النتيجـة مـع نتيجـة دراسـة (عطـاري وآخـرون، 1427هـ) التي توصلت إلى تأثر إجابات الهيئة الإدارية والتدريسية بـالجنس لصـالح الإنـاث وبالمسـتوى التعليمـي لصالح الأعلى مؤهلا، كما أظهرت النتائج ارتباط الولاء بعدد سنوات الخبرة، ووجدت فروقا ذات دلالة إحصائية في مستوى الولاء التنظيمي بين الهيئة التدريسية والإدارية لصالح الإداريين.

3. إجابة السؤال الثالث:

الجدول رقم (9) يبيّن نتائج مستوى الرضا الـوظيفي لـدى مـديري المعاهـد العلميـة، حيـث كـان سـؤال الدراسة الثالث: ما مستوى الرضا الوظيفي لدى مديري المعاهد العلمية؟ وجاءت الإجابة على هذا السؤال حسـب التالي: سبع عبارات من عبارات الرضا الوظيفي العشرين جاءت بدرجة كبيرة جـدا، وسـت عبـارات بدرجة كبيرة، وخمس عبارات بدرجة متوسطة، وعبارتان بدرجة ضعيفة، ولم تصل نتيجة أي عبـارة مـن العبـارات العشـرين إلى درجة ضعيفة جدا، وبناء على ذلك فالمتوسط الحسابي لجميع عبارات مستوى الرضا الوظيفي بأبعاده المختلفة هو 3.72 من 5، وهذه الدرجة تقع ضمن القيمة الوزنية من 3.4

إلى أقل من 4.2 أي أن مدى الموافقة بدرجة كبيرة، أي بمعنى أن مستوى الرضا الوظيفي لدى مديري المعاهد العلمية عال ووصل إلى الدرجة الكبيرة. كما أن المتوسط العام لجميع عبارات الرضا الوظيفي فيما يخص الانحراف المعياري بلغ 0.9058 مما يعكس تشتتا عاليا لإجابات أفراد الدراسة.

بالرغم من أن المتوسط العام لجميع عبارات الرضا الوظيفي هو ضمن الدرجة الكبيرة، فإن عبارات الرضا الوظيفي المتعلقة بالعلاقة مع الزملاء والرؤساء وطبيعة العمل والمكانة الاجتماعية للعمل بأعلى المستويات، في حين حظيت عبارات الرضا الوظيفي المتعلقة بالجوانب المادية وفرص الترقي بأقل مستويات الرضا.

وبهذه النتيجة فإن هذه الدراسة تتفق مع العديد من الدراسات المحلية في تحديد مستوى الرضا الوظيفي لدى المديرين بالمرتفع، وبالذات دراسات (الشايجي 1417هـ والأغبري 1424هـ)، بينما تتفق نتيجة هذه الدراسة جزئيا مع الدراسات المحلية (الرويلي 1422هـ والبابطين 1426هـ)، حيث جاءت نتائجها في تحديد مستوى الرضا الوظيفي بالمتوسط. وتتفق نتيجة هذه الدراسة في الرضا الوظيفي مع الدراسات المحلية والأجنبية وخاصة (العمري1992م، الركسن 1996م، العريمي 1998م، حسين 2004م)، وتتفق إلى حد ما مع نتائج بعض الدراسات الأخرى الخليجية مثل (الهدهود 1994م، صادق وآخرون 2003م).

جدول رقم (9)
مستوى الرضا الوظيفي لأفراد الدراسة

م	العبـــارة	الرضا الوظيفي بدرجة										المتوسط الحسابي	الانحراف المعياري
		كبيرة جدا		كبيرة		متوسطة		ضعيفة		ضعيفة جدا			
		ك	%	ك	%	ك	%	ك	%	ك	%		
1	أعمل مع زملاء العمل بشكل ودي	27	55.1	20	40.8	0	0	0	0	0	0	4.57	0.500
2	علاقتي مع زملاء العمل متميزة	30	61.2	15	30.6	3	6.1	0	0	0	0	4.56	0.616
13	أحظى بتقدير واحترام زملاء العمل	26	53.1	21	42.9	2	4.1	0	0	0	0	4.49	0.582
24	أحظى بتقدير واحترام الرؤساء	26	53.1	19	38.8	3	6.1	1	2	0	0	4.43	0.707
45	أشعر بأني شخص مقبول في العمل	18	36.7	27	55.1	4	8.2	0	0	0	0	4.29	0.612
6	أشعر في عملي بالراحة والطمأنينة	22	44.9	21	42.9	4	8.2	2	4.1	0	0	4.29	0.791
7	أمنح وقتا كاف لإتمام العمل بكفاءة	18	36.7	23	46.9	6	12.2	0	0	0	0	4.26	0.675
8	ظروف عملي مناسبة	14	28.6	29	59.2	5	10.2	1	2	0	0	4.14	0.677
9	يساهم الرؤساء في حل المشكلات المتعلقة بالعمل	14	28.6	24	49	8	16.3	1	2	1	2	4.02	0.863
10	يتناسب راتبي الذي أتقاضاه مع عملي	18	36.7	17	34.7	10	20.4	3	6.1	1	2	3.98	1.010
11	يساهم الزملاء في حل المشكلات المتعلقة بالعمل	9	18.4	24	49	13	26.5	2	4.1	0	0	3.83	0.781
12	يتيح لي عملي فرصة التعرف على شخصيات مرموقة بالمجتمع	14	28.6	17	34.7	11	22.4	3	6.1	2	4.1	3.81	1.076
13	يقدر رؤسائي إنجازاتي	9	18.4	24	49	11	22.4	3	6.1	2	4.1	3.71	0.979
14	أحصل على التكريم المعنوي على أدائي المتميز	6	12.2	14	28.6	15	30.6	11	22.4	3	6.1	3.18	1.112
15	فرص الترقي في العمل متكافئة	3	6.1	17	34.7	15	30.6	7	14.3	5	10.2	3.13	1.096

م	العبارة	الرضا الوظيفي بدرجة										المتوسط الحسابي	الانحراف المعياري
		كبيرة جدا		كبيرة		متوسطة		ضعيفة		ضعيفة جدا			
		ك	%	ك	%	ك	%	ك	%	ك	%		
16	إجازاتي التي أحصل عليها كافية	7	14.3	9	18.4	17	34.7	11	22.4	4	8.2	3.08	1.164
17	يعطيني عملي فرصة للتدريب بشكل مستمر	4	8.2	12	24.5	19	38.8	7	14.3	7	14.3	2.98	1.145
18	يتيح عملي فرصة استكمال دراساتي العليا	5	10.2	11	22.4	15	30.6	12	24.5	6	12.2	2.94	1.180
19	فرصة الترقية في عملي كبيرة	6	12.2	7	14.3	8	16.3	12	24.5	15	3.6	2.52	1.399
20	أحصل على التكريم المادي على أدائي المتميز	6	12.2	14	28.6	15	30.6	11	22.4	3	6.1	2.26	1.151
-	متوسط الرضا الوظيفي											3.72	0.9058

4. إجابة السؤال الرابع:

يعرض الباحث نتائج السؤال الرابع المتعلق بتحديد الفروق ذات الدلالة الإحصائية في تحديد مستوى الرضا الوظيفي تعزى للخصائص الشخصية (العمر والخبرة والمؤهل العلمي والمستوى الوظيفي) لمديري المعاهد العلمية. والجدول رقم (10) يوضح نتائج تلك الفروق باستخدام تحليل التباين الأحادي لمعرفة دلالة الفروق في الرضا الوظيفي والخصائص الشخصية، ويلاحظ عدم وجود فروق دالة إحصائيا بين الرضا الوظيفي وبين الخصائص الشخصية وهي العمر والمؤهل العلمي.

كما يوضح الجدول وجود فروق ذات دلالة إحصائية بين الرضا الوظيفي وبين الخبرة عند مستوى الدلالة (0.05)، ومن أجل معرفة لصالح من هذه الفروق فيما بين فئات الخبرة، تم استخدام اختبار (شِيفي Scheffe) الذي أكد أن هذه الفروق لصالح الأكثر خبرة من مديري المعاهد العلمية، أي أن من خبرته عشر- سنوات فأكثر يزداد رضاه الوظيفي. ويوضح الجدول أيضا وجود فروق ذات دلالة إحصائية بين الرضا الوظيفي والمستوى الوظيفي عند مستوى الدلالة (0.01)، ومن أجل معرفة لصالح من هذه الفروق

فيما بين فئات المستوى الوظيفي، تم استخدام اختبار (شِيفي Scheffe) الذي أكد أن هذه الفروق لصالح أصحاب المستوى السادس من مديري المعاهد العلمية، أي أن من هو في المستوى السادس -وهو أعلى المستويات الوظيفية لدى المديرين- يزداد رضاه الوظيفي.

جدول رقم (10)
تحليل التباين الأحادي ANOVA
لدلالة الفروق بين الرضا الوظيفي
والعمر والخبرة والمستوى الوظيفي والمؤهل العلمي

المتغير	مصدر التباين	مجموع المربعات	درجات الحرية	متوسط المربعات	قيمة ف	مستوى الدلالة
العمر	بين المجموعات داخل المجموعات المجموع	7.184 5.667 12.851	2 47 49	0.299 0.258	1.162	غير دالة
الخبرة	بين المجموعات داخل المجموعات المجموع	13.167 2.750 15.917	2 47 49	0.527 0.125	4.213	دالة عند مستوى 0.05
المستوى الوظيفي	بين المجموعات داخل المجموعات المجموع	32.750 4.917 37.667	2 47 49	1.310 0.223	5.862	دالة عند مستوى 0.01
المؤهل العلمي	بين المجموعات داخل المجموعات المجموع	5.583 5.667 11.25	2 47 49	0.223 0.258	0.867	غير دالة

وتتفق هذه النتيجة مع نتائج دراسة (الهدهود، 1994م) التي لم تتوصل إلى وجود فروق ذات دلالة إحصائية في مستوى الرضا الوظيفي وفقا للمتغيرات التالية العمر والمؤهل الدراسي، ودراسة (الشايجي، 1417هـ) التي لم تتوصل إلى وجود فروق ذات دلالة إحصائية بين بعض المتغيرات الشخصية والرضا الوظيفي. وتتفق أيضا نتيجة هذه الدراسة مع دراسة (الأغبري، 1424هـ) التي توصلت إلى وجود علاقة ارتباطية ذات دلالة إحصائية بين مستوى الرضا الوظيفي وبين متغير سنوات الخبرة.

وتختلف نتيجة هذه الدراسة مع نتيجة دراسة (البابطين، 1426هـ) التي لم تتوصل إلى وجود فروق ذات دلالة إحصائية في مستوى الرضا الوظيفي وفقا لمتغيرات عدد سنوات الخبرة، وتختلف كذلك مع دراسة (صادق وآخرون، 2003م) التي لم تجد فروقا ذات دلالة إحصائية بين الرضا عن العمل ومستوى الخبرة. كما تختلف نتيجة هذه الدراسة مع دراسة (الأغبري، 1424هـ) التي توصلت إلى وجود علاقة ارتباطية ذات دلالة إحصائية بين مستوى الرضا الوظيفي وبين متغير السن أو العمر.

5. إجابة السؤال الخامس:

يعرض الباحث نتائج السؤال الخامس المتعلق بالكشف عن العلاقة ذات الدلالة الإحصائية بين مستوى الالتزام التنظيمي ومستوى الرضا الوظيفي لدى مديري المعاهد العلمية، والجدول رقم (11) يوضح هذه العلاقة، حيث تأكد وجود علاقة ذات دلالة إحصائية بين مستوى الالتزام التنظيمي ومستوى الرضا الوظيفي، فمعامل الارتباط 0.948 يشير إلى وجود علاقة موجبة قوية جدا بين الالتزام التنظيمي والرضا الوظيفي وذات دلالة إحصائية عند مستوى(0.01)، وهو ما يؤكد الافتراضات النظرية التي تشير إلى وجود ارتباط قوي بين الالتزام والرضا وهو ما تؤكده أيضا الغالبية العظمى من الدراسات السابقة. وهذا أيضا يساعد على أن تكون تفسيرات النتائج بالنسبة للالتزام والرضا واحدة لوجود هذه العلاقة الارتباطية القوية والمتطابقة.

جدول رقم (11)
علاقة مستوى الالتزام التنظيمي
بمستوى الرضا الوظيفي لدى مديري المعاهد العلمية

الالتزام التنظيمي	الرضا الوظيفي
معامل ارتباط بيرسون	0.948
الدلالة	0.01
العدد	49

وتتفق نتائج هذه الدراسة الحالية تماما مع نتائج دراسة كل من (المير، 1416هـ) ودراسة (Knoop, 1995)، حيث توصلت الأولى إلى أن هناك فروقا ذات دلالة إحصائية بين المجموعات الأربع في متوسط مستوى الولاء التنظيمي والرضا الوظيفي، وأن هناك علاقة إيجابية ذات دلالة إحصائية بين الولاء التنظيمي والرضا الوظيفي لأفراد كل مجموعة، وتوصلت الدراسة الثانية إلى أن المشاركة في صنع القرار والرضا الوظيفي يرتبطان إيجابا بالالتزام التنظيمي للمديرين، وأن هناك ارتباطا إيجابيا قويا بين الالتزام التنظيمي وأبعاد الرضا الوظيفي المختلفة. وتتفق نتائج هذه الدراسة في العلاقة بين مستوى الالتزام التنظيمي بمستوى الرضا الوظيفي مع دراسة (العبادي، 1420هـ)، حيث توصلت إلى وجود علاقة عند مستوى الدلالة الإحصائية(0.01) بين رضا مديري المدارس عن الرواتب والمكافآت الجانبية وتقدير العمل وبين الالتزام التنظيمي.

6. إجابة السؤال السادس:

يعرض الباحث نتائج السؤال السادس المتعلق بالعلاقة بين مستوى الالتزام التنظيمي والخصائص الشخصية (العمر والخبرة والمؤهل العلمي والمستوى الوظيفي) لمديري المعاهد العلمية، والجدول رقم (12) يوضح نتائج تلك العلاقة، ويلاحظ من هذا الجدول وجود علاقة ارتباطية موجبة ضعيفة غير دالة إحصائيا بين مستوى الالتزام التنظيمي وخصائص الخبرة والمستوى الوظيفي، حيث كانت معاملات الارتباط 0.215 0.172 على التوالي، وهذا يعنى أن الالتزام يزداد مع ازدياد الخبرة، ويمكن تفسير ذلك

في ازدياد النضج الاجتماعي لمديري المعاهد وإحساسهم بالمسؤولية تجاه منظمتهم، ويزداد الالتزام أيضا بالحصول على مستوى وظيفي أعلى، ويمكن تفسير ذلك في ضوء إحساس المديرين بالمعاهد العلمية بالامتنان للمنظمة كونها يسرت لأفرادها فرص الترقي الوظيفي.

جدول رقم (12)
علاقة مستوى الالتزام التنظيمي
لدى مديري المعاهد العلمية بالخصائص الشخصية

الخصائص	العمر	الخبرة	المؤهل العلمي	المستوى الوظيفي
الالتزام التنظيمي	0.131-	0.215	0.178-	0.172

كما تشير النتائج أيضا إلى وجود علاقة ارتباطية سالبة ضعيفة غير دالة إحصائيا بين مستوى الالتزام التنظيمي وخصائص العمر والمؤهل العلمي، حيث كانت معاملات الارتباط -0.131 -0.178 على التوالي، وهذا يعني أن الالتزام التنظيمي يتناقص مع العمر ومع المؤهل العلمي، ويمكن تفسير ذلك في ضوء إدراك المديرين بالمعاهد العلمية بمحدودية فرص الترقي إلى وظائف قيادية أعلى مقارنة بزملائهم الذين يقاربونهم في العمر والمؤهلات العلمية بالمؤسسات التعليمية الأخرى.

وهذه النتيجة تتعارض مع الدراسات السابقة التي درست العلاقة بين مستوى الالتزام التنظيمي والخصائص الشخصية، ومنها دراسة (المير، 1416هـ) التي توصلت إلى وجود علاقة إيجابية ذات دلالة إحصائية بين الولاء والعمر، فكلما زاد عمر الموظف زاد ولاؤه. وتختلف هذه النتيجة مع نتيجة دراسة (عطاري وآخرون، 1427هـ) التي توصلت إلى تأثر إجابات الهيئة الإدارية والتدريسية بالجنس لصالح الإناث وبالمستوى التعليمي لصالح الأعلى مؤهلا، كما أظهرت النتائج ارتباط الولاء بعدد سنوات الخبرة، ووجدت فروقا ذات دلالة إحصائية في مستوى الولاء التنظيمي بين الهيئة التدريسية والإدارية لصالح الإداريين.

وتتفق نتيجة هـذه الدراسة مع نتيجة دراسـة (Mottaz, 1988) المتعلقة بـأثر المتغيرات الديموغرافيـة على الالتزام التنظيمي التي توصلت إلى أن تأثير المتغيرات الديموغرافية مثل العمر والتعليم والجنس عـلى الالتزام التنظيمي هو تأثير غير مباشر فهو يحدث أساسا من خلال مكافآت العمل وقيمه ولذلك فهي لا تمثل محددات للالتزام التنظيمي في حد ذاتها. كما تتفق مع دراسة (المهدي، 2002م) الذي لم يجد فروقـا ذات دلالـة إحصائيا في مستوى الالتزام التنظيمي العام تعزى للخبرة الإدارية، وكذلك مع دراسة (العبـادي، 1420هـ) التي لم تتوصـل إلى وجود علاقة بين الصفات الشخصية وهي العمر والمستوى الوظيفي وسنوات الخدمـة والمؤهل التعليمـي والحالـة الاجتماعية والراتب وبين الالتزام التنظيمي.

7. إجابة السؤال السابع:

يعرض الباحث نتائج السؤال السابع المتعلق بالعلاقة بين مستوى الرضـا الـوظيفي والخصائص الشخصية (العمر والخبرة والمؤهل العلمي والمستوى الوظيفي) لمديري المعاهد العلمية، والجدول رقم (13) يوضح نتائج تلك العلاقة، ويلاحظ وجود علاقة ارتباطية موجبة ضعيفة بين مستوى الرضا الـوظيفي ومتغـير المؤهل العلمي فقط، حيث جاء معامل الارتباط 0.047، وهذا يعني أن الرضا الوظيفي يزاد مع ارتفاع المؤهل العلمـي لمـديري المعاهد العلمية.

كما يلاحظ وجود علاقة ارتباطية سالبة ضعيفة غير دالة إحصائيا بين مسـتوى الرضـا الـوظيفي وخصـائص العمر والخبرة والمستوى الوظيفي حيث كانت معاملات الارتباط -0.167 -0.225-0.195 على التوالي، وهـذا يعنـي أن الرضا الوظيفي يتناقص مع العمر والخبرة الوظيفية ومع الترقي إلى مستويات وظيفية أعلى، ويمكن تفسير ذلك في ضوء إدراك المديرين بالمعاهد العلمية بمحدودية فرص الترقي إلى وظائف قيادية أعلى مقارنة بزملائهم أصحاب نفس الخبرة والمستويات الوظيفية بالمؤسسات التعليمية الأخرى مـما لم يـؤثر في علاقة مستوى الرضا الـوظيفي ببعض الخصائص الشخصية كالعمر والخبرة والمستوى الوظيفي، كما يمكن تفسير ذلك بأن نظرة مديري المعاهد

العلمية تجاه الرضا الوظيفي لم تتأثر بالخصائص الشخصية خاصة العمر والخبرة والمستوى الوظيفي.

جدول رقم (13)
علاقة مستوى الرضا الوظيفي
لدى مديري المعاهد العلمية بالخصائص الشخصية

الخصائص	العمر	الخبرة	المؤهل العلمي	المستوى الوظيفي
الرضا الوظيفي	0.167-	0.225-	0.047	0.195-

وتتفق هذه النتيجة مع نتائج دراسة (العمري، 1992م) التي لم تتوصل إلى وجود فروق ذات دلالة إحصائية في مستوى الرضا الوظيفي وفقا لمتغيرات الدراسة وهي الجنس والخبرة التربوية والخبرة الإدارية وعدد الطلاب في المدرسة والمرحلة التعليمية، ودراسة (الهدهود، 1994م) التي لم تتوصل إلى وجود فروق ذات دلالة إحصائية في مستوى الرضا الوظيفي وفقا لمتغيرات الدراسة وهي الجنس والمرحلة التعليمية والمنطقة التعليمية والعمر والخبرة والمؤهل الدراسي، ودراسة (الشايجي، 1417هـ) التي لم تتوصل إلى وجود فروق ذات دلالة إحصائية بين بعض المتغيرات الشخصية والرضا الوظيفي. ودراسة (البابطين، 1426هـ) التي لم تتوصل إلى وجود فروق ذات دلالة إحصائية في مستوى الرضا الوظيفي وفقا لمتغيرات الدراسة وهي المرحلة التعليمية وعدد سنوات الخبرة والتدريب.

بينما توصلت دراسة (الرويلي، 1422هـ) إلى وجود فروق ذات دلالة إحصائية في درجة الرضا الوظيفي بين المديرين والمديرات تعزى للمرحلة التعليمية لصالح مديري ومديرات المرحلة الابتدائية. وتوصلت دراسة (صادق وآخرون، 2003م) إلى فروق ذات دلالة إحصائية بين الرضا عن العمل والمرحلة التعليمية، كما لم تتوصل إلى وجود فروق ذات دلالة إحصائية بين الرضا عن العمل ومستوى الخبرة. وتوصلت دراسة (الأغبري، 1424هـ) إلى وجود علاقة ارتباطية ذات دلالة إحصائية بين مستوى الرضا الوظيفي

وبين المتغيرات المستقلة للدراسة وهي نوع المبنى المدرسي، والمرحلة التعليمية، وسنوات الخبرة والسن.

ثالثاً: أهم النتائج والتوصيات:

1. أهم النتائج:

يلخص الباحث أهم نتائج هذه الدراسة من خلال عرض إجابات أسئلة الدراسة فيما يلي:

- مستوى الالتزام التنظيمي لدى مديري المعاهد العلمية بلغ 4.58 من 5، أي بدرجة كبيرة جدا، وبهذه النتيجة فإن مستوى الالتزام التنظيمي كبير جدا.
- عدم وجود فروق دالة إحصائيا بين الالتزام التنظيمي وبين الخصائص الشخصية وهي العمر والخبرة والمستوى الوظيفي والمؤهل العلمي.
- مستوى الرضا الوظيفي لدى مديري المعاهد العلمية بلغ هو 3.72 من 5، أي بدرجة كبيرة، وبهذه النتيجة فإن مستوى الرضا الوظيفي كبير.
- عدم وجود فروق دالة إحصائيا بين الرضا الوظيفي وبين الخصائص الشخصية وهي العمر والمؤهل العلمي. وتوجد فروق ذات دلالة إحصائية بين الرضا الوظيفي وبين الخبرة عند مستوى الدلالة (0.05)، لصالح الأكثر خبرة من مديري المعاهد العلمية، ووجود فروق ذات دلالة إحصائية بين الرضا الوظيفي والمستوى الوظيفي عند مستوى الدلالة (0.01)، لصالح أصحاب المستوى السادس من مديري المعاهد العلمية.
- وجود علاقة ارتباطية موجبة قوية جدا ذات دلالة إحصائية عند مستوى الدلالة (0.01) بين مستوى الالتزام التنظيمي ومستوى الرضا الوظيفي.
- وجود علاقة ارتباطية موجبة ضعيفة غير دالة إحصائيا بين مستوى الالتزام التنظيمي وخصائص كل من الخبرة والمستوى الوظيفي، وهذا يعنى أن الالتزام يزداد نسبيا مع الخبرة، ويزداد الالتزام أيضا نسبيا بالترقي الوظيفي. كما توجد علاقة ارتباطية سالبة ضعيفة غير دالة إحصائيا بين مستوى الالتزام التنظيمي وخصائص كل من العمر والمؤهل العلمي، وهذا يعني أن الالتزام التنظيمي يتناقص نسبيا مع العمر ومع المؤهل العلمي.

- وجود علاقة ارتباطية موجبة ضعيفة بين مستوى الرضا الوظيفي ومتغير المؤهل العلمي فقط، وهـذا يعنـي أن الرضا الوظيفي يزداد نسبيا مع ارتفاع المؤهل العلمي لمديري المعاهد العلمية. كما توجد علاقة ارتباطية سالبة ضعيفة غير دالة إحصائيا بين مستوى الرضا الوظيفي وخصائص العمر والخبرة والمستوى الوظيفي، وهـذا يعنـي أن الرضا الوظيفي يتناقص نسبيا مع العمر والخبرة والمستوى الوظيفي.

2. أهم التوصيات:

في ضوء نتائج هذه الدراسة يوصي الباحث بما يلي:

- العمل على المحافظة على مستوى الالتزام التنظيمي الكبير وتعزيزه بشتى الوسائل والطرق الإدارية والتنظيميـة الكفيلة بالمحافظة على ذلك المستوى والعمل على رفعه.

- العمل على رفع مستوى الرضا الوظيفي لدى مديري المعاهد العلمية، والعمل على تذليل جميع ما يؤثر عليه.

- دعم مديري المعاهد العلمية بكل الإمكانات والحوافز المادية والمعنويـة للمسـاهمة في رفع مستوى الالتزام التنظيمي ومستوى الرضا الوظيفي.

- العمل على تزويد مديري المعاهد العلمية بتقويم أدائهم الوظيفي سنويا وذلك لرفع مستوى الرضا الـوظيفي فيما يتعلق بالرؤساء.

- العمل على منح مديري المعاهد العلمية مكافأة مالية شهرية نظير قيامهم بعملهم الإداري.

- العمل على زيادة صلاحيات مديري المعاهد العلمية في إدارة المعاهد العلمية.

3. مقترحات لدراسات مستقبلية:

- يقترح الباحث إجراء دراسات مستقبلية تتعلق بـ:

- تجارب الدول العربية والغربية تجاه تحقيق الالتزام التنظيمي لدى مديري المدارس.

- الالتزام التنظيمي وعلاقته بالرضا الوظيفي لدى مديري ومديرات مدارس التعليم العام.

- الالتزام التنظيمي لدى معلمي المعاهد العلمية وعلاقته بالمتغيرات الشخصية.

- علاقة السلوك القيادي لدى المديرين بالرضا الوظيفي لدى المعلمين.

- الرضا الوظيفي وعلاقته بالتوتر التنظيمي لدى المديرين.
- الالتزام التنظيمي لدى مديري ومديرات التعليم الأهلي وعلاقته بالرضا الوظيفي.
- الثقافة التنظيمية وعلاقتها بالرضا الوظيفي لدى مديري المعاهد العلمية.
- الثقافة التنظيمية وعلاقتها بالالتزام التنظيمي لدى مديري المعاهد العلمية.

مراجع الدراسة الخامسة

1- إدريس ثابت، والمرسي جمال، (2002م)، السلوك التنظيمي: نظريات ونماذج وتطبيق عملي لإدارة السلوك في المنظمة، الدار الجامعية، الإسكندرية.

2- الأغبري، عبدالصمد، (1424هـ)، الرضا الوظيفي لدى عينة من مديري مدارس التعليم العام بالمنطقة الشرقية في المملكة العربية السعودية، مجلة دراسات الخليج والجزيرة العربية، العدد 109، الكويت، جامعة الكويت.

3- البابطين، عبدالرحمن، (1426هـ)، الرضا الوظيفي لعينة من مديري مدارس التعليم العام في المملكة العربية السعودية، مركز بحوث كلية التربية، جامعة الملك سعود، العدد 240.

4- بخاري، مريم، (1407هـ)، الرضا الوظيفي للعاملات في التعلم العام في ضوء اللائحة التعليمية، رسالة ماجستير غير منشورة، كلية التربية بجامعة أم القرى.

5- بطاح، أحمد، (2006م)، قضايا معاصرة في الإدارة التربوية، دار الشروق، الأردن.

6- الجهني، محمد، (1429هـ)، المعلم السعودي: هل لديه ولاء تنظيمي لمهنته وللوزارة؟ مجلة المعرفة، العدد 159.

7- الجوهري، عبدالهادي، (1983م)، أصول علم الاجتماع، مكتبة نهضة الشرق، القاهرة.

8- حجاج، خليل، (2007م)، الرضا الوظيفي لدى موظفي وزارة الحكم المحلي الفلسطينية، مجلة الجامعة الإسلامية، سلسلة الدراسات الإنسانية، المجلد الخامس عشر، العدد الثاني: 819-844.

9- حريم، حسين، (1997م)، السلوك التنظيمي: سلوك الأفراد في المنظمات، دار زهران للنشر والتوزيع، عمان.

10- حسين، سلامة، (2004م)، ضغوط العمل وعلاقتها بالرضا الوظيفي: دراسة ميدانية لدى العاملين في مجال الإدارة المدرسية، المؤتمر العلمي الثاني لكلية التربية بجامعة الزقازيق بعنوان: التعليم والتنمية المستدامة، 219-279.

11- الحقيل، سليمان، (1425هـ)، الإدارة المدرسية وتعبئة قواها البشرية في المملكة العربية السعودية، مطابع الحميضي، الرياض.

12- خطاب، عايدة، (1988م)، الانتماء التنظيمي والرضا عن العمل: دراسة ميدانية عن المرأة العاملة السعودية، مجلة العلوم الإدارية، جامعة الملك سعود، المجلد:13 العدد: 1: 23-64.

13- الدخيل الله، دخيل، (1995م)، مقدمات الالتزام التنظيمي لمنظمة أكاديمية، مجلة جامعة الملك سعود، المجلد: (7) العلوم التربوية الدراسات الإسلامية، العدد: (1): 33-71.

14- الرويلي، نواف، (1424هـ) الرضا الوظيفي لدى مديري ومديرات مدارس التعليم العام الحكومي بمنطقة الحدود الشمالية في المملكة العربية السعودية، رسالة ماجستير غير منشورة، كلية التربية بجامعة الملك سعود.

15- سايمون، هيربرت، (2003م)، السلوك الإداري: دراسة لعمليات اتخاذ القرار في المنظمات الإدارية، ترجمة عبدالرحمن هيجان وآخرون، مركز البحوث بمعهد الإدارة العامة، الرياض.

16- سلطان، محمد، (2002)، السلوك الإنساني في المنظمات: فهم وإدارة الجانب الإنساني للعمل، دار الجامعة الجديدة، الإسكندرية.

17- الشافعي، أحمد، (1999م)، الرضا الوظيفي لدى معلمي ومعلمات المعاهد الإعدادية والثانوية الأزهرية وعلاقته ببعض المتغيرات الشخصية والمهنية، مجلة التربية، العدد 87، كلية التربية بجامعة الأزهر.

18- الشايجي، طلال، (1417هـ)، الرضا الوظيفي لدى شاغلي الوظائف التعليمية بمدارس التعليم الثانوي للبنين (الحكومية والأهلية) بمدينة جدة: دراسة ميدانية مقارنة، رسالة ماجستير غير منشورة، كلية التربية بجامعة أم القرى.

19- الشهري، محمد، (1418هـ)، اثر العلاقات الوظيفية غير الرسمية و الولاء التنظيمي في الأداء الوظيفي لدى العاملين في حرس الحدود، رسالة ماجستير غير منشورة بجامعة نايف العربية للعلوم الأمنية.

20- الشهيب، محمد، (1990م)، السلوك التنظيمي في التنظيم، دار الفكر العربي، القاهرة.

21- صادق، حصة، (2000م)، العلاقة بين الولاء التنظيمي والاتجاه نحو العمل: دراسة مقارنة بين جامعتي قطر والإمارات العربية المتحدة، مجلة البحث في التربية وعلم النفس، المجلد 14، العدد 2، 263-294.

22- صادق، حصة، وآخرون، (2003م)، الرضا عن العمل وعلاقته بالرضا عن الاتصال لدى مديري ومديرات التعليم العام بدولة قطر، مجلة العلوم التربوية، العدد 3، كلية التربية بجامعة قطر.

23- الطجم، عبد الله، (1996م)، قياس مدى قدوة العوامل التنظيمية والديموغرافية في التنبؤ بمستوى الالتزام التنظيمي بالأجهزة الإدارية السعودية، المجلة العربية للعلوم الإدارية، مجلد 4.

24- الطويل، هاني، (1998م)، الإدارة التربوية والسلوك المنظمي: سلوك الأفراد والجماعات في التنظيم، دار وائل، الأردن.

25- العبادي، أحمد، (1420هـ)، الالتزام التنظيمي والعوامل المرتبطة بد لدى مديري مدارس التعليم العام للبنين بمحافظة جدة، رسالة ماجستير غير منشورة، كلية التربية بجامعة أم القرى.

26- عبيدات، ذوقان، وآخرون، (1993م)، البحث العلمي: مفهومه-أدواته-أساليبه. دار الفكر للنشر والتوزيع، عمان.

27- العتيبي سعود والسواط، طلق، (1997م)، الولاء التنظيمي لمنسوبي جامعة الملك عبد العزيز والعوامل المؤثرة فيه، مجلة الإداري، مسقط، السنة: 19، العدد: 70: 13-67.

28- العتيبي، آدم، (1993م)، أثر الولاء التنظيمي والعوامل الشخصية على الأداء الوظيفي لدى العمالة الكويتية والعمالة العربية الوافدة في القطاع الحكومي في دولة الكويت، المجلة العربية للعلوم الإدارية، المجلد 1، 109-134.

الدراسة الخامسة، الالتزام التنظيمي وعلاقته بالرضا الوظيفي

29- العجمي، راشد، (1999م)، الولاء التنظيمي والرضا عن العمل: مقارنة بين القطاع العام والقطاع الخاص في دولة الكويت، مجلة الاقتصاد والإدارة، جامعة الملك عبدالعزيز، المجلد 13، العدد 1، 49-70.

30- العديلي، ناصر، (1414هـ)، إدارة السلوك التنظيمي، مرامر للطباعة والنشر، الرياض.

31- العريمي، حليس، (1998م)، الرضا الوظيفي لدى مديري مدارس التعليم العام بسلطنة عمان والعوامل المؤثرة فيه، رسالة ماجستير غير منشورة، جامعة السلطان قابوس.

32- عطاري، عارف، وآخرون، (1427هـ)، الولاء التنظيمي للهيئة الإدارية والتدريسية بمدارس وزارة التربية والتعليم بسلطنة عمان، مجلة جامعة أم القرى للعلوم التربوية والاجتماعية والإنسانية، المجلد: 18، العدد: 2: 11-82.

33- العمايرة، محمد، (1999م)، مبادئ الإدارة المدرسية، دار المسيرة، الأردن.

34- العمري، خالد، (1992م)، مستوى الرضا الوظيفي لمدير المدارس في الأردن وعلاقته ببعض خصائصهم الشخصية والوظيفية، مؤتة للبحوث والدراسات، سلسلة العلوم الإنسانية والاجتماعية، المجلد السابع، العدد الثاني، جامعة مؤتة.

35- العمري، عبيد، (1424هـ)، بناء نموذج سببي لدراسة تأثير كل من الولاء التنظيمي و الرضا الوظيفي، مجلة جامعة أم القرى للعلوم التربوية والاجتماعية والإنسانية، مجلد: 16، العدد:1، 115-164.

36- العواد، فؤاد، والهران، محمد، (1427هـ)، العوامل المؤثرة في الالتزام التنظيمي لدى أعضاء هيئة التدريس بجامعة الملك سعود، مركز بحوث كلية العوم الإدارية بجامعة الملك سعود.

37- الفريجات، غالب، (2000م)، الإدارة والتخطيط التربوي: تجارب عربية متنوعة، المكتبة الوطنية، الأردن.

38- الفضلي، فضل، (1997م)، علاقة الالتزام التنظيمي بعلاقات العمل ما بين الرئيس وتابعيه والمتغيرات الديموغرافية، مجلة الإدارة العامة، مجلد 37، العدد الأول.

39- الفوزان، ناصر، (1424هـ)، أثر السياسة التنظيمية والمتغيرات الشخصية على الولاء التنظيمي في المؤسسات العامة، عمادة البحث العلمي، جامعة الملك سعود.

40- القرشي، سعاد، (1418هـ)، الولاء التنظيمي للموظفين الحكوميين في مدينة جدة: بعض المحددات والآثار، رسالة ماجستير غير منشورة، كلية العلوم الإدارية بجامعة الملك سعود.

41- القريوتي، محمد، (2000م)، السلوك التنظيمي: دراسة السلوك الإنساني الفردي والجماعي في المنظمات المختلفة، دار الشروق، الأردن.

42- القطان، عبدالرحيم، (1987م)، العلاقة بين الولاء التنظيمي والصفات الشخصية والأداء الوظيفي: دراسة مقارنة بين العمالة الأسيوية والعمالة السعودية والعمالة العربية، المجلة العربية للإدارة، المجلد:11، العدد:2: 5-31.

43- اللوزي، موسى، (2003م)، التطوير التنظيمي: أساسيات ومفاهيم حديثة، دار وائل، الأردن.

44- ماهر، أحمد، (2003م)، السلوك التنظيمي: مدخل بناء المهارات، الدار الجامعية، الإسكندرية.

45- محمود حسن وشرف الدين نشأت، (1999م)، تفويض السلطة في مدارس التعليم العام وعلاقته بالرضا الوظيفي للعاملين: دراسة ميدانية، مجلة للبحوث التربوية والنفسية والاجتماعية، كلية التربية، جامعة الأزهر، العدد (82)، 79-142.

46- المعاني، أيمن، (1996م)، الولاء التنظيمي: سلوك منضبط وإنجاز مبدع، مركز أحمد ياسين، عمان.

47- المعاني، أيمن، (1999م)، الولاء التنظيمي لدى المديرين في الوزارات الأردنية: دراسة ميدانية، الإداري، العدد: 78، 39-73.

48- منصور، علي، (2004م)، مبادئ الإدارة: أسس ومفاهيم، مجموعة النيل العربية، القاهرة.

49- المهدي، ياسر، (2002م)، الالتزام التنظيمي وضغوط العمل الإداري لمديري مدارس التعليم الأساسي بجمهورية مصر العربية، رسالة ماجستير في التربية، كلية التربية، جامعة عين شمس.

50- المير، عبد الرحيم، (1416هـ)، العلاقة بين ضغوط العمل وبين الولاء التنظيمي والأداء والرضاء الوظيفي والصفات الشخصية: دراسة مقارنة، الإدارة العامة، المجلد 35، العدد 2، 207-252.

51- نعمة، عباس، وآخرون، (1996م)، الالتزام التنظيمي وفاعلية المنظمة: دراسة مقارنة بين الكليات العلمية والإنسانية في جامعة بغداد، مجلة اتحاد الجامعات العربية، العدد: 31، 74-105.

52- النمر، سعود، (1993م)، الرضا الوظيفي للموظف السعودي في القطاعين العام والخاص، مجلة العلوم الإدارية، جامعة الملك سعود، المجلد 5، العدد 1، 63-109.

53- الهاجري، خالد، (1423هـ)، العلاقة بين الولاء التنظيمي و بعض العوامل الاجتماعية و التنظيمية : دراسة تطبيقية على موظفي الخطوط الجوية العربية السعودية بمدينة الرياض، رسالة ماجستير غير منشورة، كلية العلوم الإدارية بجامعة الملك سعود.

54- الهدهود، دلال، (1994م)، العوامل المؤثرة في الرضا الوظيفي لدى نظار وناظرات مدارس التعليم العام في دولة الكويت، مجلة كلية التربية، العدد 26، كلية التربية بجامعة المنصورة.

55- هيجان، عبدالرحمن، (1418هـ)، الولاء التنظيمي للمدير السعودي، الطبعة الأولى، أكاديمية نايف العربية للعلوم الأمنية.

56- اليافي، إيمان، (2003م)، العلاقة بين البيروقراطية،ضغوط العمل، وعدم الرضا الوظيفي: دراسة حالة، مجلة العلوم الإدارية، جامعة الملك سعود، المجلد 15، العدد 1، 25-71.

57- Al-Sumih, A. (1996), Job Satisfaction amongst the Teachers in the King Fahad Academy in London. Unpublished MA (Ed) Dissertation, University of Southampton.

58-

58- Al-Sumih, A. (1999), Job Satisfaction in a Saudi Arabian University:- a Quantitative and Qualitative Perspective. Unpublished Ph.D. Thesis, University of Southampton.

59- Amoroso, P. (2002), The Impact of Principal's Transformational Leadership Behaviors on Teacher Commitment and Job Satisfaction. Ph.D. Dissertation, Seton Hall University.

60- Bochanan, B. (1974), Building Organizational Commitment: the Socialization of Managers in Work Organization. Administrative Science Quarterly, Vol. 19 (4).

61- Davies, B. & West-Burnham, J. (2003), Handbook of Educational Leadership and Management. Pearson Longman, London.

62- Dubrin, A. (1988), Human relation-a job oriented approach. New Jersey. Prentic Hall, inc., New York.

63- Golembiewski, R. (1993), Handbook of Organizational Behavior, Marcel Dekker, Inc., New York.

64- Hart, D. & Willower, D. (1994), Principals' Organizational Commitment and school Environmental Robustness. The Journal of Educational Research, Vol. 87 (3), 174-179.

65- Hawkins, W. (2000), Predictors if Affective Organizational Commitment among High School Principals. D. A. I. Vol. 61 (1), 20-38.

66- Knoop, R. (1995), Influence of Participative Decision Making on Job Satisfaction and Organizational of School Principals. Psychological Reports, Vol. 76 (2), 379-382.

67- Lester, P. (1987), Development and factor analysis of the teacher Job Satisfaction Questionnaire, Edu. And Psy. Meas. Vol. 47 (1), 223-233.

68- Lock, E. (1976), the nature of job satisfaction, in Dunnette, M. D. Handbook of Industrial and Organizational Psychology. Chicago, Rand McNally College Publishing Company.

69- Meyer, J, and Allen, N, (1991), A three-commitment conceptualization of organizational commitment. Human Resource Management Review, 1 (1), 61-89.

70- Meyer, J. Allen, N. and Smith, C. (1993), Commitment to Organizations and Occupations, Journal of Applied Psychology, 78, 4, 538-551.

71- Mottaz, C. (1989), An Analysis of the Relationship between Attitudinal Commitment and Behavioral Commitment, The Sociological Quarterly, Vol. 30, 143-158.

72- Oliver, N. (1990), Work Rewards, Work values, and Organizational Commitment in an Employee-Owend Firm: Evidence from the U.K. Human Relations, 34, 513-526.

73- Spector, P. (1997), Job Satisfaction: Application, Assessment, Causes and Consequences: Sage Publications, London.

74- Tett, R. and Meyer, J. (1993), Job Satisfaction, Organizational Commitment, Turnover Intention, and Turnover: Path Analyses Based on Meta-Analytic Findings. Personnel Management, 46, 259-273.

75- Ulriksen, J. (1996), Perceptions of Secondary School Teachers and principals Concerning Factors Related to Job Satisfaction and Job Dissatisfaction. Ed. D. Dissertation, University of California, U.S.A.

76- Ward, E. and Davis, E. (1995), The Effect of Benefit Satisfaction on Organizational Commitment, Compensation & Benefits Management, Summer, 35-40.

T0148123

Printed in the United States
By Bookmasters